职业教育新形态教材·城市轨道交通类
城市轨道交通车辆技术系列　精品教材

车辆制动系统原理及检修

王　娜　周　琳　陶　敏　主　编

中国建材工业出版社
北　京

图书在版编目（CIP）数据

车辆制动系统原理及检修/王娜，周琳，陶敏主编. -- 北京：中国建材工业出版社，2025.4
ISBN 978-7-5160-3470-5

Ⅰ.①车… Ⅱ.①王… ②周… ③陶… Ⅲ.①城市铁路—铁路车辆—车辆制动—理论②城市铁路—铁路车辆—车辆制动—制动装置—车辆检修 Ⅳ.①U239.5 ②U260.13

中国版本图书馆 CIP 数据核字（2021）第 276782 号

车辆制动系统原理及检修
CHELIANG ZHIDONG XITONG YUANLI JI JIANXIU
王 娜 周 琳 陶 敏 主 编

出版发行：中国建材工业出版社
地　　址：北京市西城区白纸坊东街 2 号院 6 号楼
邮　　编：100054
经　　销：全国各地新华书店
印　　刷：北京印刷集团有限责任公司
开　　本：787mm×1092mm　1/16
印　　张：14
字　　数：350 千字
版　　次：2025 年 4 月第 1 版
印　　次：2025 年 4 月第 1 次
定　　价：56.00 元

本社网址：www.jskjcbs.com，微信公众号：zgjskjcbs
请选用正版图书，采购、销售盗版图书属违法行为
版权专有，盗版必究。本社法律顾问：北京天驰君泰律师事务所，张杰律师
举报信箱：zhangjie@tiantailaw.com　举报电话：（010）63567684
本书如有印装质量问题，由我社事业发展中心负责调换，联系电话：（010）63567692

本书编委会

主　编　王　娜　周　琳　陶　敏

副主编　毛红军　付俐芳　金晓梅

前　言

随着城市经济的发展、人口的增长，人们对社会公共交通的需求越来越高，越来越多的大城市把轨道交通纳入到城市规划中。近年来，我国大力发展城市轨道交通事业，轨道交通规划项目获批数量和运营线路里程快速增长。"十四五"规划提出，到2025年综合交通运输基本实现一体化融合发展，智能化、绿色化取得实质性突破。因此，城市轨道交通系统所需的技术人才越来越多。

城市轨道交通是集机械工程、电力电子、网络控制、空气动力学等学科于一身的高科技领域，制动技术、牵引技术、列车自动控制技术等成为本行业的重点和难点。本书主要针对制动技术方面进行了讲解，首先对制动技术进行了概述，然后对制动系统进行了讲解，包括制动指令（包括产生和传送）装置、制动控制系统、基础制动装置和供风系统几个方面；最后，详细介绍了现今城市轨道交通中采用的几种制动控制技术。本书宗旨是为城市轨道车辆专业的教学、企业员工的培训以及城市轨道交通的运营维护提供技术服务。

本书由昆明冶金高等专科学校王娜、陶敏，北京电子科技职业学院周琳担任主编，无锡学院毛红军、云南交通职业技术学院付俐芳、吉林电子信息职业技术学院金晓梅担任副主编。其中项目一至项目五由王娜、陶敏共同负责编写；项目六、七由周琳负责编写；项目八至项目十一由付俐芳、毛红军、金晓梅负责编写。在编写的过程中得到昆明地铁公司的大力支持，同时参考了有关城市轨道交通的文献和企业资料，以及相关内容的著作，在此谨向有关专家和学者致以诚挚的谢意。为方便教师和学生使用，每个项目配套的有对应的习题和电子课件，希望对学习者有所帮助。

由于城市轨道交通车辆发展迅速，许多技术、设备和资料都在快速发展和改变，所以书中的一些内容和现实技术、设备存在一些差异。鉴于时间仓促，资料缺少，作者水平有限，书中难免会存在一些不妥之处，恳请广大读者批评指正。

编　者

目　录

项目一　城市轨道交通车辆制动系统概述 ··· 1
　　任务一　车辆制动的基本概念 ··· 1
　　任务二　车辆制动系统的构成 ··· 3
　　任务三　车辆制动方式分类 ··· 9
　　任务四　车辆制动系统的制动模式 ·· 16
　　任务五　国内外城市轨道车辆制动系统的发展 ·································· 18

项目二　城市轨道交通车辆制动控制系统 ·· 23
　　任务一　制动控制系统概述 ·· 23
　　任务二　制动控制系统的类型 ·· 26
　　任务三　制动控制系统的组成 ·· 31
　　任务四　电空复合制动控制 ·· 35

项目三　制动控制原理 ··· 39
　　任务一　制动力的产生 ·· 39
　　任务二　制动力的计算与分配 ·· 44
　　任务三　防滑理论及防滑系统 ·· 48

项目四　电制动 ··· 60
　　任务一　电制动基本概述 ·· 60
　　任务二　直流牵引传动的电制动 ·· 62
　　任务三　交流牵引传动的电制动 ·· 80
　　任务四　斩波调压调速 ·· 87
　　任务五　逆变电路 ·· 88

项目五　供风系统 ··· 93
　　任务一　供风系统概述 ·· 93
　　任务二　空气压缩机 ·· 95
　　任务三　空气干燥器 ··· 101
　　任务四　辅助设备 ··· 105

项目六　基础制动装置 ·· 116
　　任务一　闸瓦制动装置 ··· 116

  任务二　盘形制动 ··· 131

项目七　KBGM 型制动控制系统 ·· 138
  任务一　KBGM 型制动控制系统概述 ·· 138
  任务二　KBGM 型制动控制系统的组成 ·· 139
  任务三　KBGM 制动控制系统控制原理 ·· 147

项目八　EP2002 制动控制系统 ··· 149
  任务一　EP2002 制动控制系统概述 ··· 149
  任务二　EP2002 阀的结构与特点 ··· 151
  任务三　EP2002 制动控制系统作用原理 ··· 156
  任务四　EP2002 制动控制系统的优缺点 ··· 161

项目九　HRDA 数字式指令制动系统 ··· 163
  任务一　HRDA 数字式指令制动系统的构成 ······································ 163
  任务二　HRDA 数字式指令制动系统的工作原理 ································· 173

项目十　KBWB 模拟式电气指令制动系统 ·· 186
  任务一　KBWB 制动系统概述 ·· 186
  任务二　KBWB 模拟式电气指令制动系统的作用原理 ···························· 193

项目十一　城市轨道交通车辆制动系统检修 ······································ 201
  任务一　城轨车辆制动系统检修工艺的基本认知 ································· 201
  任务二　城轨车辆制动系统维修设备的认知 ····································· 205
  任务三　城轨车辆制动系统调试 ·· 208

参考文献 ··· 215

项目一　城市轨道交通车辆制动系统概述

随着科学技术的进步，城市轨道交通也在快速发展，车辆的运行速度越来越快。轨道交通车辆的车辆启动、停车频繁，为了保证运行效率以及安全性，车辆在高速运行中必须保证具有良好的制动性能。因此，在城市轨道交通系统中，制动系统的重要性不言而喻。

任务一　车辆制动的基本概念

车辆制动的基本概念

1. 制动

制动是指人为地制止车辆运行（包括运行车辆减速、停车、阻止其运动或加速运动）或使静止的车辆保持其静止状态。

2. 缓解

对已经施加制动的车辆必须解除制动作用，又称为缓解。

3. 制动位

制动位通常出现在制动系统管路图中或阀类器件结构原理图中，是指处于向制动气缸充气的功能位，此状态下制动缸压力处在上升过程中。与制动位对应的还有保压位、缓解位。如果出现在司机制动控制器上，则是指制动区（包含多个制动级位），对应的还有运转位等。

4. 制动级位

通常标记在司机制动手柄的位置指示部分，是指常用制动所划分的等级。

5. 制动冲击率

制动冲击率是指制动时制动减速度随时间的变化率，本质上是制动力随时间的变化率（力学中力的冲击的描述）。

6. 制动率

制动率是指全车辆制动闸瓦或闸片的压力总和与车辆所受重力之比。制动率的概念可以延伸至一节车、一个转向架、一根轴的相应比值，也即单车制动率、转向架制动率、轴制动率。制动率是描述车辆制动能力的一个物理量。只有用相对值（比值）去比较不同车辆（辆、架、轴）的制动力大小才有意义。

7. 制动机

制动机是指产生制动原动力并可进行操作和控制的部分设备。

8. 制动力

制动力是指由制动装置产生的与车辆运行方向相反的外力。对于城市轨道交通车辆而言，制动力是制动时由制动装置产生作用后而引起的钢轨施加于车轮的与车辆运行方向相反的阻力。

9. 制动距离

制动距离是指从驾驶员施行制动的瞬间起（将制动手柄移至制动位）到车辆停止时所行驶的距离。制动距离是综合反应车辆制动装置的性能和实际制动效果的主要技术指标。上海地铁规定，车辆在满载乘客的条件下，在任何运行初速度下，其紧急制动距离不得超过 180m；广州地下铁道总公司规定的制动距离见表 1-1。

表 1-1 广州地铁总公司规定制动距离

初速度（km/h）	常用制动距离（m）	紧急制动距离（m）
80	234	200
60	136	118
40	65	56

10. 总风

总风是指供风系统的压缩空气气源。

11. 总风管

总风管是指供风系统贯穿全车的主管，它把空气压缩机、各个总风缸连接起来，把总风源送到各车供包括制动系统的各个用风系统使用。

12. 列车管

列车管是指贯穿列车的管路，是具有传递制动信号、传送压缩空气双重作用的管路。在较早的列车制动包括目前还在应用的干线部分货物列车传统制动系统中，只有一根贯穿列车的管路。此外，列车管也是一个与每节车的制动主管、支管相对应的能够表明位置和长度的概念。列车管的术语主要在单管供风系统中使用。

13. 制动管

制动管是指在双管供风系统中专门为制动控制所设的管路，其传输制动指令信息的功能与单管供风系统的列车管的作用相同，但列车管的供风功能是靠另一根贯穿全车的总风管（或称供风管）完成的。

14. 黏着

黏着是一个最有铁路特色的专业术语。黏着的原始含义是黏附、附着，其中附着的概念广泛应用于汽车等轮胎类车辆的轮胎与路面的接触区域，而黏着则被应用于铁路系统的轮轨关系描述中。轮轨接触区域同时存在物理（力学）中所定义的静摩擦与动摩擦，黏着就是区别于摩擦而概括地描述工程运用中的实际状态的专业术语。

15. 滑行

滑行是指车轮与钢轨接触区域存在滑动的状态，滑行的概念涉及到两种工况（牵引工况和制动工况）和两个界限。在牵引工况时，动轮与钢轨间的相对滑动的极限情况是动轮空转，在制动工况时，动轮与钢轨间的相对滑动的极限情况是轮对被抱死。两个界限：一是指发生与没发生滑行之间的界限，二是指发生滑行的程度上由"量变导致质变"的一个界限。这两个界限可以利用制动工况的滑行来说明，即制动时，如果车轮旋转时的踏面线速度低于当前车厢实际纵向速度，那么就认为轮轨间已经处于滑行状态

（即超过第一个界限），如果车轮已经停止旋转而此时车厢还在向前运动中，则车轮被制动装置抱死不转（俗称"抱死轮"，即超过第二个界限）。同样，牵引工况的滑行也存在这两个界限：牵引时，如果车轮旋转时的踏面线速度大于当前车厢实际纵向速度，那么就认为轮轨间已经处于滑行状态（即超过第一个界限）；如果车轮已经高速旋转而此时列车还未起动，则动轮发生空转（俗称"打飞轮"即超过第二个界限）。无论牵引工况还是制动工况，正常走行即车轮正常滚动时，虽然没有超过第一个界限，但由于轮轨表面各自的几何特性，实际接触区域已经发生了部分滑行，也就是说静摩擦与动摩擦同时存在。只要踏面速度与车速不同，就超过了第一种界限。

16. 抱死

抱死是指制动工况下，列车停车前就发生了某根轴不转动的极限情况（俗称"抱死轮"）。

17. 制动倍率

制动倍率是指制动原力通过基础制动装置传递到闸瓦的放大倍数。这种放大可以通过杠杆、齿轮、凸轮等机构来实现，所以有的场合称其为杠杆比。

任务二　车辆制动系统的构成

一、制动系统构成

车辆的制动系统可以从系统组成、功能等不同角度进行描述，大致可以分为制动指令（包括产生和传送）装置、制动控制系统、基础制动装置和供风系统四大部分。

制动设备主要分布在司机室、车辆各节车厢上，一节头车的制动设备及其相互关系如图1-1所示。

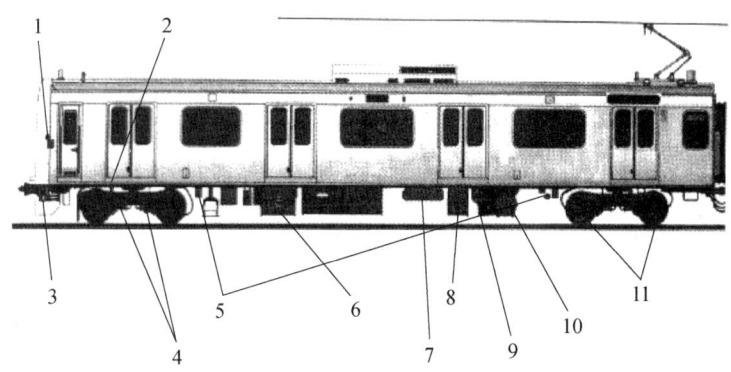

1—司机制动控制器；2—高度调整阀；3—风管连接器；4—制动单元；5—防滑阀；6—制动控制装置；
7—风缸；8—逆变器；9—干燥装置；10—电动空气压缩机；11—速度传感器。

图1-1　一节头车的制动设备

制动系统的设备分布如图1-2所示。

在各节车厢之间有连接风管、电线连接、网线连接等信息传输装置。

风管连接：制动最基本的方式是采用压缩空气作为原动力的空气制动，因此需要为每节车厢的制动设备提供压缩空气，压缩空气源是分散布置于其中 2～3 节车上的空气压缩机，它们之间需要用相互连通的空气管路（总风管）相连接，同时也为那些没有空气压缩机的车厢提供压缩空气气源。

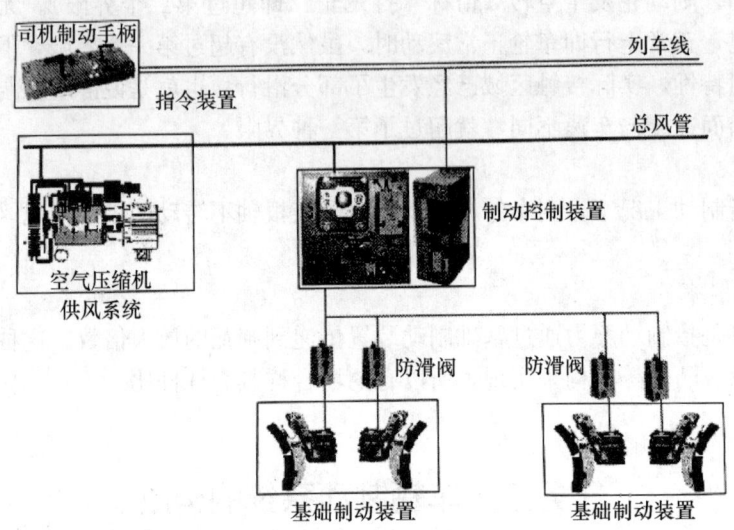

图 1-2　制动设备分布示意

电线连接：这里是指制动指令线、紧急制动回路（安全回路）电线，有的场合称为列车线。还有与制动有关的控制电路的供电电源线，这些属于低压线缆（此外还有与牵引有关的高压线）。

网线连接：指协助传递制动指令和制动信息（包括制动工作状态信息、制动装置故障信息）的 TCMS（Train Control and Manager System，习惯上译成列车信息控制网络）传输介质，通常是双绞线或光缆。

各车制动设备在系统中的关系如图 1-3 所示。

现将制动系统中的制动指令产生和传输装置、制动控制系统、基础制动装置和供风系统各部分分别描述如下：

1. 制动指令的产生及传输装置

制动指令的产生装置是指能够引起制动控制装置动作，最终通过基础制动装置转化成车辆制动力的制动指令形成部分。它包括位于司机室的制动指令装置和各车厢的紧急制动触发装置等。

（1）位于司机室的制动指令装置

司机制动控制器即司机制动手柄，是发出制动指令的装置，这是司机控制列车运行的主要操纵手柄之一，在列车运行中的调速、进站制动这两种最频繁的情况下，司机需要操纵制动手柄对列车进行减速、停车。

司机紧急制动按钮：在遇到危险的情况下，司机可以不通过制动手柄而直接按下该按钮启动紧急制动功能，通过这种方式启动的紧急制动是纯空气的紧急制动，不含电制动，在有的制动系统里还与自动降弓装置联锁。

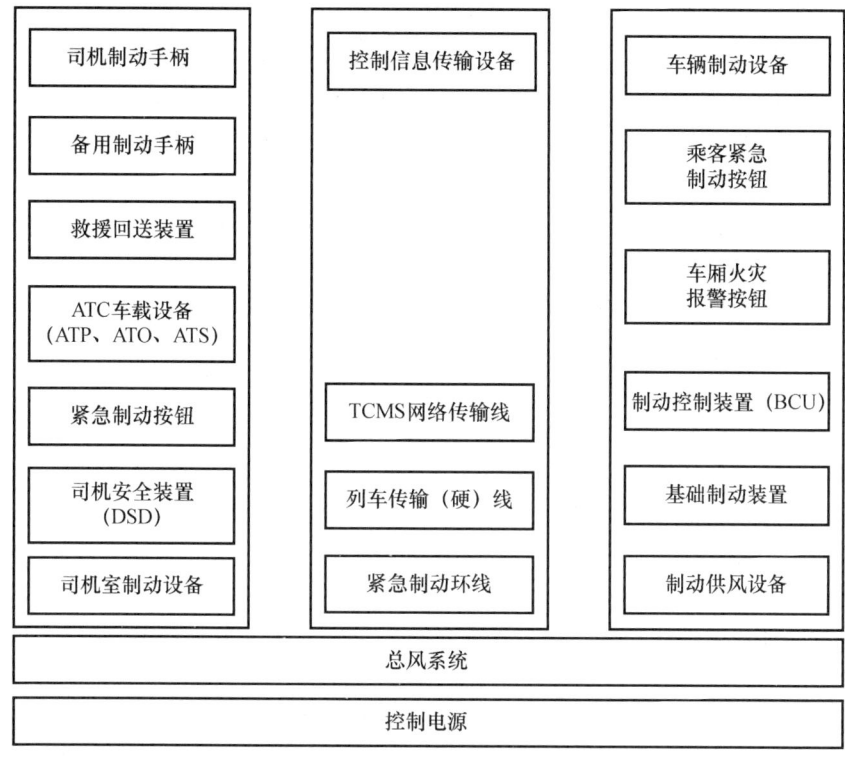

图 1-3　制动设备框图

备用制动手柄：列车集成制造商可根据总体设计要求，设置备用制动功能及相应的硬件设备，在第一套制动系统出现故障而无法短时间内处理时，启用作为备用的第二套制动系统使得列车能够继续维持运行、避免救援。备用制动的操纵手柄可以是独立的第二个手柄，也可以通过相应的转换后仍然使用原制动手柄进行备用制动操纵。

救援回送装置：在列车被救援或回送时，地铁列车为降弓状态，无动力，但要求其要有制动力，因此需要设置一套制动指令转换装置，以便把来自救援机车的制动指令转换为地铁电动车组能够识别的制动指令。此时，救援回送开关开启，被救援列车上电（控制系统、列车网络）工作，主手柄置于运转位，司机处于值守状态。在很多地铁线中，其中间站为无岔车站，无配线，救援机车无法进入，这种情况下，故障列车可由前行列车牵引或后行列车推送至维修基地。为此，救援回送装置也应该起到施救动车组与被救援动车组之间的指令转换作用。

ATC（Automatic Train Control）列车自动控制系统包括 3 个子系统，即列车自动防护子系统 ATP（Automatic Train Protection）、列车自动运行子系统 ATO（Automatic Train Operation）和列车自动监控子系统 ATS（自动监督模块，Automatic Train Supervision）。ATC 设备包括从运行控制中心（即调度中心）延伸到车站设备、轨旁设备及末端的车载设备。ATP 模块可以在若干影响行车安全的条件下发出报警及输出制动指令，强行使列车减速或紧急停车。ATP 子系统的车载设备的一个最主要的防护功能就是超速防护，当列车的当前速度接近允许速度就会报警并输出常用制动，如果司机没有采取制动降速措施，ATP 就会提高制动级位，如果车速达到允许速度就输出紧急制动指令。ATP车载模块通常被视为安全设备。

ATC车载设备的ATO模块：作为列车自动驾驶子系统，ATO可以根据ATS和ATP的指令向牵引控制装置TCU（Traction Control Unit）发出牵引指令或向制动控制装置BCU（Brake Control Unit）发出制动指令，实现对列车运行的自动控制的装置。

司机安全装置DSD（Drivers Safety Device）：当司机疲劳驾驶（睡眠）或因身体突发状况而丧失控制力时，保护列车安全停车的监控装置。正常情况下，司机必须在一定时间间隔内按压警惕按钮或踏板装置，一旦超过设定的时间间隔没有按压动作，则引发DSD装置报警，触发紧急制动。

（2）各车厢的紧急制动触发装置

除了列车自动控制系统的车载设备及其他安全设备可以在必要条件下引发常用制动或紧急制动外，在各车厢里还设有紧急情况下的报警装置或直接触发紧急制动的装置。

乘客紧急制动按钮：乘客可以在紧急或必要的情况下发出紧急制动指令。这些都是靠贯穿全列车的安全环路（或称安全回路、紧急制动电路）中串联相应的联锁开关来实现的。

车厢火灾报警按钮：为便于在发生火警时由司机决定停车时机和停车地点，在某些车辆上火灾制动报警功能与紧急制动功能是分开设置的，火灾制动报警按钮只起到火灾报警作用。

制动指令通过传输设备传送到分散在各节车厢的制动控制装置。制动指令传输一般是通过列车环线、网络线或者制动硬线输送到各车辆"制动控制微机"，由"制动控制微机"处理制动电指令，如图1-4所示。

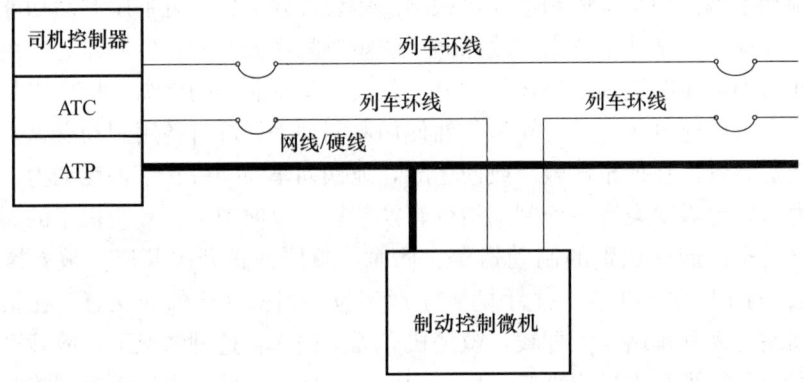

图1-4 制动指令传输示意图

2. 制动控制系统

制动控制系统是整个制动系统的核心部分，其装置包括电气控制装置和空气控制装置。制动控制系统的功能是接收来自司机控制器或者ATO的指令，以及各传感器或设备发送的与制动有关的信息，通过微处理器的计算得到列车所需的制动力，控制空气制动与电制动的复合关系，再向电制动系统和空气制动系统发送制动指令。

电气控制装置的功能是完成制动指令转化、制动力的计算以及电制动与空气制动的分配等内容。空气控制装置完成电信号空气压力值的转换，根据不同的制动指令产生不同的制动缸压力，输出空气制动部分的压力空气，最后送到基础制动装置的制动缸。

除了基本的制动控制功能外，制动控制装置还包括对车轮转动的动态监控、轮轨滑行状态的监控、停放制动缸的压力控制等。

实际制动产品中最成熟、应用最多的是每车都有且只有一套制动控制装置，而在较新的制动产品中，还针对每个转向架设置一套空气制动控制单元，这样每节车就有两套制动控制装置（BCU），也称为架控式制动控制装置。

制动控制系统主要由电子制动控制单元（EBCU）、空气制动控制单元（ABCU）和电气指令单元等组成。

（1）电子制动控制单元

早期的轨道车辆是没有电子制动单元的，列车仅以压缩空气作为唯一的制动力来源。电磁式制动机虽然采用电气指令控制，但它们只是通过司机制动控制器（电空基础制动控制器）进行励磁和消磁，从而控制列车的制动或缓解。

随着电子技术的迅速发展，特别是微机技术的发展，列车制动控制不再靠司机的判断，而由微型计算机综合列车运行中的各种相关参数，经过运算、判断、分析后给制动系统发出精确的指令，使制动系统发出动作。以微型计算机为中心的电子控制装置被称为电子制动控制单元（EBCU）、微机制动控制单元（MBCU）或制动控制电子装置（BCE）。

近年来，列车网络通信已经成为车辆控制技术的新宠，电子制动控制单元也成为列车控制网络中重要的一环。集成电子技术也越来越多地融入了制动系统中。机电一体化元件的出现，也使电子制动控制单元、微机制动控制单元和制动控制电子装置等逐渐被机电一体化组合件如智能阀、网关阀和远程控制阀等所替代。这些新的元件不仅延伸了原先电子制动控制单元的所有功能，还能承担起网络通信的职能。例如，某品牌EP2D2型制动系统取消了独立的电子制动控制单元，而其功能已完全融入网络控制系统的新元件中了。

（2）空气制动控制单元

空气制动控制单元是制动系统中电气制动和空气制动的连接点，也是电子、电气信号与气动信号的转换点。

一般空气制动控制单元是由各种不同功能的电磁阀和气动阀组成，但根据各制造厂商的产品系列和电气指令的模式不同也有很大差别。以下的章节里将详细介绍各种不同结构的制动系统的结构、组成及制动控制原理。它们的结构和组成不尽相同，基本由以下几类部件组成：①内部有不同腔室及联通各腔室通路的阀体；②控制腔室及各通路的活塞和阀门；③控制活塞、阀门的膜板、弹簧、顶杆和铁芯；④控制顶杆和铁芯的电磁线圈；⑤与各阀体内部各通路相连接的输入、输出接头；⑥电-气或气-电转换部件等。

（3）电气指令单元

现代城市地铁几乎都采用了电气指令单元来迅速、准确、可靠地传递由司机控制器或由自动驾驶系统发出的指令。电气指令单元也从根本改变了传统意义上使用空气压力的变化来传递制动信号或作为制动力唯一来源的状况，早期的城轨车辆也曾使用过电磁直通式空气制动机，司机通过司机控制器对每辆车上的制动电磁阀和缓解电磁阀进行励磁和消磁，以控制列车管中的压力空气的压力变化，使各辆车的制动阀动作，产生制动和缓解作用。但这种电磁制动机的电气信号产生过于简单，传递方式也需依靠有触点电器的动作作用，其准确性和可靠性都很难得到保证，故障率也高。随着电子技术的发展,也出现了新的电气指令传递方式即采用电气指令控制线的方式,这种制动方式能够实现列车制动、缓解迅速,作用灵活无冲动,有效利用轮轨黏着,缩短制动距离,按其指令方式的不同又可分为数字指令式和模拟指令式制动控制系统。

3. 基础制动装置

基础制动装置的功能是将压力空气作用在制动缸活塞上的推力增大数倍后,平均地传给闸瓦(或闸片),使其压紧车轮(或制动盘)产生制动力矩,以阻止列车运行。根据基础装置作用方式的不同,基础制动装置可分为闸瓦制动和盘型制动。另外根据整车防溜措施,可能在某些基础制动装置中加装停放制动装置。

4. 制动供风系统

城市轨道车辆的制动供风系统的主要作用是为城轨车辆制动系统和辅助系统提供压缩空气源。制动供风系统由通过止回阀与总风缸相连的制动供风风缸(简称制动风缸)、截断塞门、滤尘器、安全阀等组成。辅助系统主要包括空气弹簧、汽笛和刮雨器装置、门控装置、受电弓和车钩解钩装置等。

二、制动系统的总体性能

1. 具有减速度控制、载荷调整的特点

微机控制型的制动系统,采用制动力与载荷相适应的制动力计算原则。也就是以减速度为控制目标,空车(AW0,空载)制动力小,定员(AW1~AW2,满载)制动力大,超员(AW3,超载)制动力最大。通过采集空气弹簧压力,计算出车辆当前总质量(包括惯性质量),结合制动减速度计算出所需的制动力。

2. 具有防滑控制功能

微机控制型的制动系统具有检测每轴瞬时转速、进行防滑控制的功能,制动软件结合防滑控制软件提高车辆黏着利用率,防止车轮滑行、抱死,实现防滑控制的功能。

3. 具有阶段缓解能力

阶段制动、阶段缓解能力是制动系统主要的操纵性能,具体是指能够通过控制系统随意地改变制动缸的压力,如阶段性地增大制动缸压力、阶段性地减小制动缸压力。

三、制动系统的总功能

电动车组所采用的制动系统具有空电制动复合、再生制动优先、再生制动不足时空气制动补充的总体功能。

1. 空电制动复合

空气制动与电制动(再生制动或电阻制动)的混合控制是计算机按照事先设定的设计原则进行制动力的计算、协调、分配,不需要司机对电制动进行单独操作。

2. 再生制动优先

在再生制动优先的模式下,每节车的制动控制装置接收到制动指令后,首先让牵引控制系统(DCU)产生电制动力,然后根据反馈的电制动力的大小决定空气制动力的大小。

3. 再生制动不足

在电制动中,再生制动受到很多条件的限制,如网压(接触网导线的供电电压)、列车速度等,所以经常会有再生制动力不满足制动力的总需求的情况发生。

4. 空气制动补充

空气制动补充是指当电制动力不足时，使用空气制动补充所缺的制动力。

需要注意的是，电制动是由牵引控制装置来实现的，所以电制动只能在动车上进行，空电复合制动需要在动车与拖车之间进行协调与分配。在实际制动系统中，由于地铁电动车组多采用动力分散模式，这就有了一个复合控制（协调、分配）的范围，即复合控制单元。复合控制单元有编组、单元、单车、转向架、轴之分。例如，以编组为复合控制单元的列车在整列车范围内进行空电制动力的协调，其具体过程为动车的电制动力总和与全列车制动力总需求进行比较，电制动力不足，拖车空气制动力先补充，如果仍然不足，动车的空气制动力再参与补充。当电制动失效时或者紧急制动时，全部制动力都是空气制动力。

四、城市轨道交通车辆的制动系统应满足的要求

1. 操纵灵活，制动减速度大，作用灵敏可靠，车组前后车辆的制动、缓解一致。
2. 具有足够的制动能力，保证车组在规定的制动距离内停车。
3. 对新型的城市轨道交通车辆，一般要求具有电制动功能，并且在正常制动过程中应尽量充分发挥电制动能力，以减少对城市环境的噪声污染和降低运行成本。同时还应具有电制动与空气制动协调配合的制动功能。
4. 电动车组各车辆的制动能力应尽可能一致，制动系统应具有空重车调整能力，根据乘客量的变化调整制动力。
5. 应有紧急制动能力。遇有紧急情况时，能使列车在规定距离内安全停车。紧急制动作用除可由驾驶员操纵外，必要时还可由行车人员利用紧急按钮进行操纵。
6. 城市轨道交通列车在运行中发生诸如列车分离、降弓、断电、制动系统故障等危及行车安全的事故时，应能自动启动紧急制动装置。
7. 制动系统应具有可靠安全保证系数，即使个别车辆发生故障或在较长距离和较大坡度上运行，也应具有足够的制动力保证列车可靠制动和停车。
8. 车辆应具备载荷矫正能力，能根据乘客载荷的变化自动调节制动力，使车辆制动力保持恒定，限制冲动力，保证乘客乘坐的舒适性。
9. 各种制动机应能在一列车中混编，其动作协调一致。

任务三 车辆制动方式分类

一、按照制动时列车动能的转移方式分类

按照制动时列车动能的转移方式不同，城市轨道交通车辆制动机可以分为摩擦制动和动力制动。

1. 摩擦制动

通过摩擦副的摩擦将列车的运动动能转变为热能，从而产生制动作用。城市轨道交通车辆常用的摩擦制动方式主要有闸瓦制动、盘形制动和磁轨制动。

(1) 闸瓦制动

闸瓦制动又称为踏面制动，它是最常用的一种制动方式，如图1-5所示。制动时闸瓦压紧车轮，车轮与闸瓦间发生摩擦，将列车的动能通过车轮与闸瓦间的摩擦转变为热能逸散于空气中。

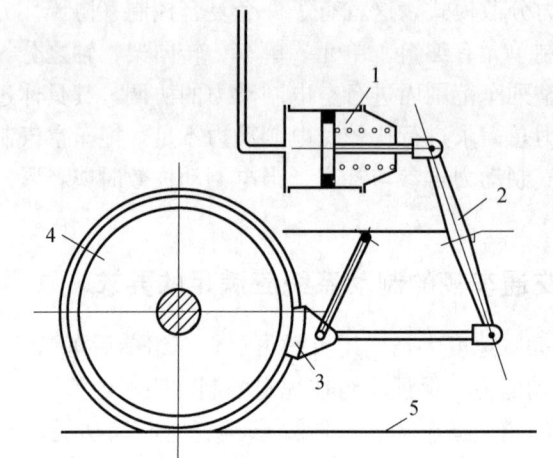

1—制动缸；2—基础制动装置；3—闸瓦；4—车轮；5—钢轨。

图1-5 闸瓦制动原理图

在车轮与闸瓦这一对摩擦副中，由于车轮主要承担着车辆走行功能，因此其材料不能随意改变。要改善闸瓦制动的性能，只能改变闸瓦材料。早期的闸瓦材料主要是铸铁，为了改善摩擦性能和增加耐磨性，目前城市轨道交通车辆中大多采用合成闸瓦。但合成闸瓦的导热性较差，因此也有采用导热性能良好且具有较好的摩擦性能的粉末冶金闸瓦。

在闸瓦制动中，当制动功率较大，产生的热量来不及逸散于大气时，在闸瓦与车轮踏面上积聚，使它们的温度升高，摩擦力下降，严重时会导致闸瓦（铸铁闸瓦）熔化和轮毂松弛等。因此，在采用闸瓦制动时，对制动功率要有限制。

(2) 盘形制动

由于在闸瓦制动的摩擦副中，车轮踏面的形状和材料不能轻易改变，且在制动过程中应尽量减少踏面的磨耗，因此闸瓦制动的性能提高受到影响。为了有效地提高摩擦制动的性能，人们在车轮或车轴上专门设置了制动盘，代替与车轮踏面的摩擦，这就是盘形制动。

盘形制动有轴盘式和轮盘式之分，如图1-6、图1-7所示。一般采用轴盘式，当轮对中间由于牵引电机等设备使制动盘安装发生困难时可采用轮盘式。制动时，制动缸通过制动夹钳使闸片夹紧制动盘，使闸片与制动盘间产生摩擦，把列车的动能转变为热能，热能通过制动盘与闸片逸散于大气。

盘形制动方式通过选择高性能的摩擦副材料和良好的散热结构，可以获得比闸瓦制动大得多的制动功率。

(3) 磁轨制动

在转向架下面两个车轮之间各安置一个制动用的电磁铁（又称电磁靴），制动时将它放下并利用电磁吸力紧压钢轨，通过电磁铁上磨耗板与钢轨间的滑动摩擦产生制动

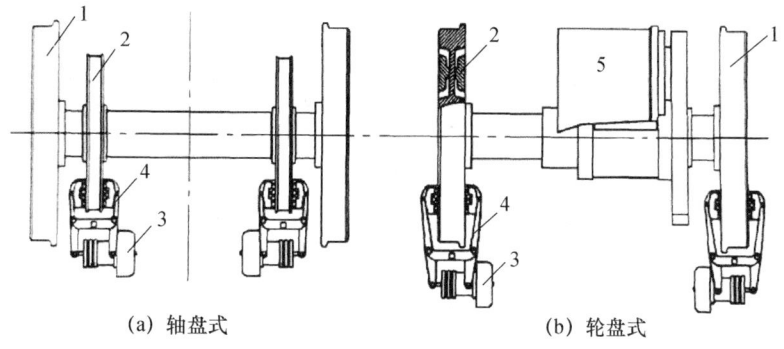

(a) 轴盘式　　　　　　　　　(b) 轮盘式

1—轮对；2—制动盘；3—单元制动缸；4—制动夹钳；5—牵引电机。

图 1-6　盘形制动结构图

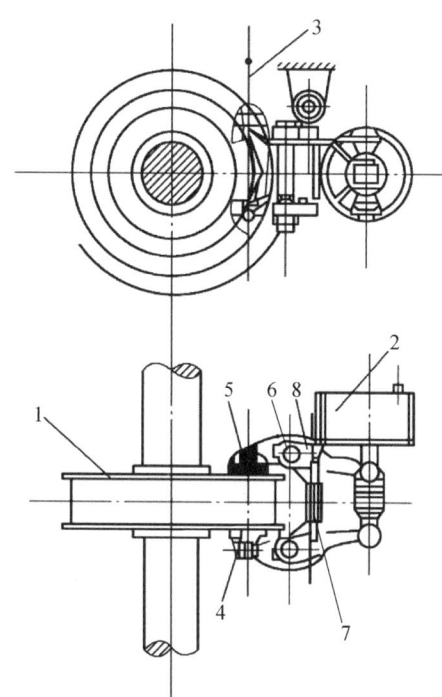

1—轮对；2—单元制动缸；3—吊杆；4—制动夹钳；5—闸瓦托；6、7—杠杆；8—支点拉板。

图 1-7　盘形制动结构

力，把列车动能转化为热能消散于大气，如图 1-8 所示。

磁轨制动的优点是制动力不受黏着的限制，不足之处是钢轨摩擦太大且滑动摩擦力小。但因其制动距离短，结构简单可靠，所以这种装置在轨道电车和轻轨上使用较多。由于电磁制动能够获得较大的制动力，并且与车轨之间黏着系数无关，所以在高速动车上也应用磁轨制动，但只能作为紧急制动时的一种辅助制动方式。

2. 动力制动

地铁列车在制动时将牵引电机转变为发电机，使列车动能转化为电能，然后对这些电能重新进行不同处理。动力制动包括再生制动和电阻制动。

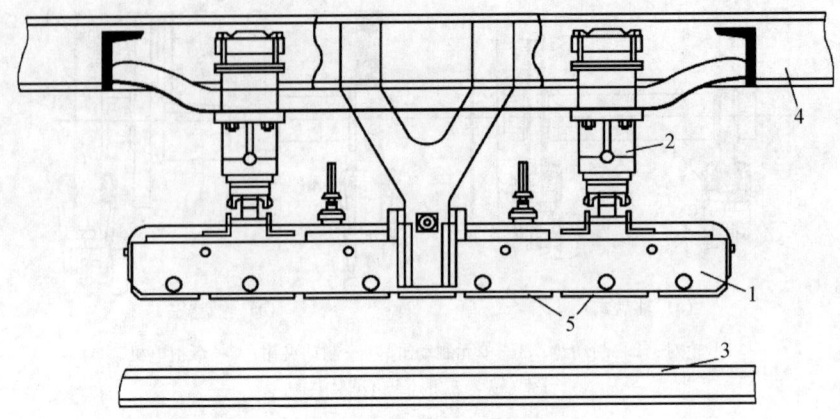

1—电磁铁；2—升降风缸；3—钢轨；4—转向架构架侧梁；5—磨耗板。

图1-8 磁轨制动结构图

(1) 再生制动

再生制动方式是将列车的动能转化为电能反馈回电网，提供给别的列车使用。在各种制动方式中，再生制动方式几乎不需要在列车上增加任何部件，既节约能源又减少制动时对环境的污染，并且基本上无磨耗，因此是一种非常理想的动力制动方式，成为地铁列车、高速列车极为重要的一种制动方式。列车的再生制动能力不但取决于电机功率，更受制于线路供电网的网压。

采用再生制动时，牵引电机处于发电机状态，将列车的动能转化为电能。电机产生三相交流电，经逆变器整流成直流电，直流电经四象限整流器逆变为单相交流电，单相交流电经牵引变压器回馈到电网。再生制动通过控制逆变器的输出频率，使三相异步电机的定子同步转速低于转子转速，即转差率 $S<0$。在列车采用了交流传动技术后，由于相应控制技术的发展使得再生制动的控制变得相对比较容易。

列车在高速区运行时，因速度高产生的电能大，其制动力大，因而高速区采用再生制动；列车在低速区运行时，再生制动力不足，还需再加空气机械制动，一般列车速度在10km/h以下时就需加空气制动。

(2) 电阻制动

电阻制动是指把列车动能转化的电能利用制动电阻使电能转化为热能，并最终消散于大气中。电阻制动能提供较稳定的制动力，但车辆底架下需要安装体积和质量都相对较大的电阻箱和散热风机。

二、按照制动力获取方式分类

列车制动方式按制动力形成（获取）方式可分为黏着制动与非黏着制动。非黏着制动的制动力不再通过轮轨之间的黏着力产生，而是通过其他方式提供。在常用制动方式中，闸瓦制动、盘型制动、电阻制动和再生制动均属于黏着制动。此外，旋转型电磁涡流制动也属于黏着制动。而磁轨制动、轨道型电磁涡流制动则属于非黏着制动。

由于城市轨道列车一般在封闭的地下站点频繁地起停运行，踏面制动会使车轮或闸瓦因磨耗及摩擦热而产生变形甚至发生破坏，此外长期剧烈摩擦还会产生大量的有害灰尘污染，对周围环境不利。因此，动车主要采用再生制动或电阻制动，而拖车由于无牵引电机，仍以空气制动为主。对于运行速度100km/h以下的城轨列车，拖车采取用旋转型电磁涡流制动可有效避免传统闸瓦制动出现的问题。

1. 黏着制动

制动时，车轮与钢轨之间有如下3种可能的状态。

（1）纯滚动状态

车轮与钢轨的接触点无相对滑动，车轮在钢轨上作纯滚动，这时车轮与钢轨之间为静摩擦，这是一种难以实现的理想状态。

（2）滑行状态

车轮在钢轨上滑行，这时车轮与钢轨之间的制动力为两者的动摩擦力，一旦发生这种工况，制动力将大大减小，制动距离延长；同时车轮在钢轨上的长距离滑行将导致车轮踏面的擦伤，危及行车安全，因此这是一种必须避免的状态。

（3）黏着状态

由于车辆重力的作用，车辆与钢轨的接触面为一椭圆形的接触面。制动时车轮在钢轨上处于连滚带滑（基本上是滚动）的状态，这种状态称为黏着状态。黏着状态下，车轮与钢轨间的最大水平作用力称为黏着力。黏着力与轮轨间垂直载荷的比值称为黏着系数。依靠滚动的车轮与钢轨黏着点之间的黏着力来实现车辆的制动称为黏着制动。黏着制动时，为了能得到较大的制动力，需要具有较高的黏着系数。然而黏着系数受电动车组运行速度、气候条件、轮轨表面状态以及是否采取增黏措施等诸多因素的影响，是一个离散性很大的参数。

2. 非黏着制动

制动时，制动力大小不受黏着力限制的制动方式称为非黏着制动。由于非黏着制动的制动力不从轮轨间获取，是属于轮轨关系外的一种制动力，因而它可以得到较大的制动力。

三、按制动原动力分类

在目前城轨电动车组所采用的制动方式中，制动原动力主要有压缩空气和电。以压缩空气为原动力的制动方式称为空气制动方式，如闸瓦制动、盘形制动等都为空气制动方式；以电为原动力的制动方式称为电气制动方式，如动力制动及轨道电磁（磁轨）制动等均为电制动方式。

为了保证行车安全，在高速动车组上都装有传统的空气制动系统。但是空气制动系统存在着质量大、体积大和响应速度慢等缺点。为了实现轻量化和高响应特性，现在一些制动系统将空气制动部件改进为液压部件。液压制动系统由装在车体上的制动电子控制单元和装在转向架上的电液制动装置构成，与空气制动相比，质量可以减轻1/3左右。如北京地铁机场线采用电液盘形制动机和磁轨制动机混合制动，电制动优先。

四、按制动机的型式分类

城轨车辆制动机是制动系统的控制核心，它可以在司机或其他控制装置（如ATP、ATC等）的控制下产生各种制动作用。城市轨道车辆用的制动机一般选用电空制动机，如我国自行研制的 DK 型电空制动机、SD 数字式电空制动机及目前在国内外大量使用的数字式和模拟式电空制动机等。

五、按制动力和控制方式分类

因制动原动力和控制方式的不同，轨道交通车辆制动机可分为手制动机、空气制动机、电空制动机、电磁制动机和真空制动机。

1. 手制动机

手制动机是以人力为制动原动力，以手轮的转动方向和手力大小来控制。这种制动机构造简单，费用低廉，是使用最为久远、生命力最为顽强的制动机。铁路发展初期机车车辆上只有这种制动机，每车或几个车配备一名制动员，按司机笛声号令协同操纵。由于制动力弱，动作缓慢，不便于司机直接操纵，所以手制动机很快就被非人力制动机取而代之，成为辅助的备用制动机，一般仅在停放制动或在调车作业中使用。

2. 空气制动机

空气制动机是以压力空气作为制动机的原动力，以改变压力空气的压强来操纵控制。空气制动机又分为直通式、自动式和直通自动式空气制动机（详细介绍请参考项目二任务二）。

3. 电空制动机

电空制动机是电控空气制动机的简称，它是在空气制动机的基础上加装电磁阀等电气控制部件而形成的。它的特点是制动作用的控制用"电控"，但制动作用的原动力还是压力空气。而且，在制动机的电控系统因故失灵时，启用"气控"（压力空气控制）。

列车施行电空制动时，贯通列车的制动导线使各车的制动电磁阀的排气口同时打开，将列车管的压力空气排往大气，产生制动作用；列车施行缓解时，贯通列车的缓解导线使各车的缓解电磁阀的通路同时打开，各车的加速缓解风缸同时向列车管充风。

值得注意的是，加速缓解风缸的压力空气是在初次充气或上次缓解时，列车管经过三通阀向副风缸充气的同时，经过止回阀充气定压的。由于止回阀的作用，制动时加速缓解风缸的压力空气没有使用。

列车施行阶段缓解时，缓解电磁阀的通路被关闭，列车管压力保持不变，保压电磁阀切断三通阀排气通路，所以三通阀主活塞虽然仍停留在充气缓解位，制动缸经三通阀与排气口相通，但此时不通大气，制动缸压力保持不变，即可以实现阶段缓解。在列车速度很高或编组很长空气制动机难以满足其要求时，采用电空制动机可以大大改善列车前后部制动和缓解作用的一致性，显著减轻列车纵向冲击并缩短制动距离。世界上许多高速列车（200km/h 以上）都采用了电空制动机。

4. 电磁制动机

电磁制动机的操纵控制和原动力都采用电，例如轨道涡流制动和旋转涡流制动这两种制动方式，其制动机就是属于电磁制动机的范畴。

轨道涡流制动又称为线性涡流制动或涡流式轨道磁制动。轨道涡流制动是把电磁铁悬挂在转向架下面两侧的两个车轮之间，制动时电磁铁与钢轨不接触，利用电磁铁与钢轨相对运动使钢轨感应出涡流，产生电磁吸力作为制动力，从而把列车动能转化为热能消散于大气，实现列车制动。轨道涡流制动既不受黏着限制，也没有磨耗问题，但消耗电能太多，约为励磁制动的 10 倍，并且制动时电磁铁产生热量较大。所以它也只能作为高速列车紧急制动时的一种辅助制动方式。

旋转涡流制动又称涡流式圆盘制动。旋转涡流制动是在车轴上装金属盘，制动时金属盘在电磁铁形成的磁场中旋转，盘的表面被感应出涡流，产生电磁吸力并发热消散于大气，从而起到制动作用，它需要通过轮轨黏着才能产生制动力，由于受黏着限制，故消耗的电能也很多。

5. 真空制动机

真空制动机的特点是以大气与真空的压强差为原动力，以改变"真空度"来操纵控制。当制动阀手柄置于制动位时，列车管与大气相通，大气进入列车管和制动缸内下方，大气不能进入活塞上方。制动活塞上方的压差推动活塞上移，活塞杆缩向缸内而发生制动作用。当制动阀手柄置于缓解位时，真空泵与列车管连通，列车管和制动缸内的空气都被抽走，列车管和制动缸内上下两方都保持高度真空（约 68kPa，相当于绝对压强 33kPa），活塞下移，活塞杆向下伸出而处于缓解状态。

真空制动机构造较简单，价格较便宜，维修方便，既能实现阶段制动也能实现阶段缓解。但由于大气压强本身有限，"绝对真空"难以达到，需要直径较大的制动缸和较粗的列车管。随着牵引重量和运行速度的提高，真空制动机逐步淘汰，目前一些使用真空制动机的车辆已经逐渐向空气制动过渡。

六、按照总体控制方式分类

按照总体控制方式，城市轨道交通车辆制动机分为车控式制动机、架控式制动机、轴控式制动机。

制动系统制动力的控制以单辆车、转向架或者车轴为最小单元进行控制，称为总体控制。制动过程中，根据制动力最小控制单元的不同，对应的控制方式也不一样。以单辆车、转向架或车轴为制动力控制最小单元，分别称作车控式制动机、架控式制动机、轴控式制动机。车控式制动机为当前高速列车和城市轨道交通车辆制动机的主流，架空式制动机以 EP2002 和 EP09 为例。

1. 车控式制动机

车控式制动机也叫集中式制动机，包括集中气动控制、集中电子控制和本车转向架气动控制阀。制动控制是由一个电子控制单元（包括制动控制电子装置和防滑电子装置）控制一节车的两个转向架实现的。

2. 架控式制动机

架控式制动控制是由一个电子控制单元控制一个转向架实现的。如德国克诺尔公司生产的 EP2002 制动系统以及铁道科学研究院与广州地铁公司共同研制的 EP09 制动机都是采用架控式。

架控式（分布式）制动机将制动控制和带气阀的制动管理电子装置结合在每个转向架上的单个机电一体化包中。

3. 轴控式制动机

轴控式制动控制是在每根车轴上配置独立并且相同的电子控制单元，每根车轴的电子控制单元都能够接受和解析制动控制指令。此类制动机在目前的轨道交通中应用较少。

15

任务四　车辆制动系统的制动模式

制动系统具有常用制动、紧急制动、快速制动、保压制动（停车制动点保持制动）、停放制动（辅助制动）等制动控制模式。地铁列车制动模式设计为可恢复制动和不可恢复制动。任何时候，操作人员均可缓解可恢复制动，而不可恢复性制动则一直施加制动力，直到列车停车才能缓解。

1. 常用制动

常用制动是列车正常运行时施加的制动，是制动系统最常使用的制动功能，由司机将司控器手柄置于制动位或 ATO 施加。如手动施加常用制动，需将司控器手柄移至制动位，制动设置点与手柄位置成比例。常用制动时，电制动优先，空气制动根据减速度要求提供剩余的减速力。常用制动时电制动力受踏面黏着限制，最大常用制动平均减速度为 $1.0 m/s^2$。常用制动具有防滑保护和受冲动限制，是可恢复的制动。

常用制动的制动过程分为电制动、电空制动、保持制动 3 个阶段。

保持制动是常用制动的自动控制模式，在制动系统采用微机控制制动系统时才能实现。保持制动用来防止列车在即将停车的过程中，因摩擦制动摩擦系数的变化而导致旅客乘坐舒适性的恶化。这一控制模式中，还考虑了列车停车后防止溜坡所需实施的制动，以及列车在再次起动过中与牵引控制的配合模式（防止停在上坡道的列车再次牵引时由于牵引力不足后溜而设置）。保持（停车）制动的作用特别适用于运行线路固定、需要经常停站的列车。

保持制动由停车检测和保持制动信号共同产生，与制动指令无关，保持制动的力的大小为最大常用空气制动 70% 的制动力（在实际施加制动力和 70% 的最大常用制动中取大值），在保持制动过程中具有载荷补偿功能。

ATO 模式下的保持制动由 ATC 控制。其特点是作用比较缓和，制动力可以连续调节，制动过程中能够根据车辆载荷自动调整制动力，当常用制动力最大时称为常用全制动。

2. 紧急制动

紧急制动是列车遇到紧急情况或者其他意外情况时，为使列车以最快的速度停车而施加的制动。紧急制动由列车的紧急制动环路失电触发，并最终由空气制动基础装置执行，是通过一个安全回路控制的纯空气制动模式，是列车运行安全导向保证中最重要的环节。每种操作模式（自动和手动模式）总能施加紧急制动。

紧急制动命令均不可恢复，并与零速互锁。此外，当通过紧急制动按钮施加紧急制动时受电弓降弓，断电器断开。发生紧急制动后，列车在完全停止前不能缓解制动。车轮防滑保护 WSP（Wheel Slide Protection）功能在紧急制动过程中仍然有效。在紧急制动过程中，不受冲击极限的限制。

满足以下任一紧急情况将导致紧急制动施加：

（1）触发司机室中的警惕装置（仅当车辆不处于 ATO 模式时）；

（2）按下司机室控制台上的紧急制动按钮（击打式按钮）；

(3) 行驶过程中的列车分离；

(4) 紧急制动电气列车线环路（安全回路）中断或失电；

(5) 列车自动保护系统或自动警示设备启动；

(6) 超速（列车构造速度）。

当所有紧急制动触发条件都消失，在零速时紧急制动缓解，此时保持制动施加。其特点是：作用比较迅速，而且将列车制动能力全部使用，采用故障导向安全的设计原则，即"失电制动、得电缓解"。紧急制动时考虑了脱弓、断钩、断电等故障情况，故只采用空气制动，而且停车前不可缓解，在尽可能减小冲动的情况下不对冲动进行具体限制。

3. 快速制动

快速制动是在非常情况下为了使列车快速停止而施行的制动，快速制动也称为非常制动。当司机主控制器位于快速制动位时，列车施加快速制动。快速制动设计以紧急制动减速率制动而不断开安全回路，制动力为最大制动力的1.4～1.5倍，与紧急制动力相当。

快速制动具有防滑保护并受冲动限制。快速制动由电制动和电空制动产生，是可恢复的制动，低电平有效。快速制动可通过司机室驾驶台上快速制动按钮实现，也可以由列车自动保护装置（ATP）产生。快速制动的作用过程与常用制动模式类似，一般为ED（电制动）和EP（电空制动）混合制动。

当司机控制调速手柄移回"惰行位"或"牵引位"时，快速制动将得到缓解。快速制动是为了使列车尽快停车而实施的制动，其制动力大于常用全制动（上海、广州轨道交通快速制动力大于常用全制动22%），这种制动方式是在紧急情况下，制动系统各部分作用均正常时所采取的一种制动方式，其特点与常用制动相同，制动过程可以施行缓解。

4. 保压制动（停车制动点保持制动）

保压制动是为了防止车辆在停车前产生冲动，使车辆平稳停车，通过电子控制单元内部设定的执行程序来控制。

(1) 第一阶段

当列车制动到速度为8km/h时，DCU（牵引控制单元）触发保压制动信号，同时输出给ECU（电子控制单元）。这时，由DCU控制的电制动逐步退出，而由ECU控制的空气制动来替代。

(2) 第二阶段

接近停车时（列车速度0.5km/h），一个小于制动指令（最大制动指令的70%）的保压制动由EBCU（电子制动控制单元）开始自动实施，即瞬时将制动缸压力降低。如果由于故障ECU未接收到保压制动的触发信号，EBCU（电子制动控制单元）内部程序将在8km/h的速度时自行触发。

5. 停放制动（辅助制动）

停放制动是为了防止列车在长时间停放时发生溜逸。因为列车较长时间断电停放，制动缸压缩空气泄漏而无补充，气压逐渐下降，空气制动就会失去作用，地铁列车大多采用弹簧蓄能制动装置来施加制动。

在列车运行时，利用压缩空气的压力抵消蓄能弹簧的弹簧力，不让其发挥作用；当压缩空气的压力（或液压）逐渐减小时，停放制动作用就自动逐步体现。当需要人为控制列车实施停放制动时，可通过贯穿列车的停放制动指令线使各车辆的停放制动电磁阀动作，排除压缩空气的压力。停放制动的作用主要是用来替代传统的手制动作用，一般都通过摩擦制动方式实现。

停放制动仅在静止时采用，防止停放的列车滚动，应保证超载（AW3 载荷，AW3 是指车厢内每平方米站 9 人时的超载情况。）的列车停在不超过 40‰ 的坡道上。

地铁列车制动系统制动控制模式与制动方式见表 1-2。

表 1-2 制动控制模式

控制模式	制动方式		
	电制动	空气制动	平均减速度（m/s²）
常用制动	√	√	0～1.0
快速制动	√	√	1.2
紧急制动	—	√	≥1.2
保持制动	—	√	—
停放制动	—	√**	—

注：√表示制动激活；√**表示弹簧施加，空气缓解；—表示不适应。

任务五　国内外城市轨道车辆制动系统的发展

一、城市轨道车辆制动技术发展简介

轨道交通作为相对环保的大流量交通工具，已被世界各个大中城市作为解决交通问题的首选方案。近十几年来，随着我国国民经济的增长，国内越来越多的城市已经、正在或将要修建地铁、轻轨或市郊快速轨道交通。未来几十年，我国对轨道交通车辆的需求量是巨大的，对于事关城市轨道车辆安全、正点的制动系统，由于其部件寿命远低于整车寿命，因此其需求量更是巨大。目前在批量订购新车时，城市轨道车辆制动系统的价格约占整车价格的 10%。然而在车辆运用维护时制动系统部件的增购价格约为新车购买时的 5 倍。所以从整车的寿命成本来讲，制动系统所占的比例将远远超过 10%。

目前，我国城轨车辆主要选用国外进口的制动系统，主要包括日本 NABCO 制动系统、德国 Knorr 制动系统、英国 Westinghouse 制动系统和 Sab Wabco（Faiveley）制动系统。以上均属于当今主型的模拟式直通电空制动系统，具有反应快速、操纵灵活，以及与牵引、TMS（列车管理系统）和 ATC 等系统协调配合等特点。

1. 早期的制动技术

自 1881 年德国柏林有了世界上第一辆有轨电车后，世界各大城市相继开始了大规模的城市轨道交通的建设。对于城市轨道交通车辆来说，除了要承载更多的乘客外还有一项重要任务，那就是要使运动中的车辆能够安全地减速和停车，故必须要对车辆施行制动。

最早的有轨电车是人工制动的。司机绞动制动钢丝，使木制的闸瓦靠紧车轮踏面，用摩擦力使车轮或车轴的转动减慢直至停止，以达到车辆减速或停车的目的。当然，这种原始的制动方法既费力又不安全，时常会发生钢丝断裂或车辆失控事故。这些事故的发生使人们逐渐认识到，为确保城轨车辆以一定速度安全运行，必须使其具有同样的减速和停车能力，必须重视对车辆制动的改进。如果忽视车辆制动将会发生危险，甚至造成旅客生命和财产的损失。因此，对制动机的研制成为近代铁路和城市轨道交通的一个重点，有时甚至比电气牵引方面的发明更为引人注目。

地铁在20世纪初欧美地区的城市中得到迅速发展，由于当时的地铁车辆沿用的仍是铁路车辆，因此任何火车制动新技术都会立即被应用于地铁列车。当时的火车一般使用人工机械制动，比如用杠杆拨动式闸瓦制动装置、手轮式棘盘链条制动机等。这种人工机械制动装置，有的现在还在被铁路车辆使用，当然它只是在空气制动机发生故障、调车作业或就地停放时使用。

2. 现代的制动系统

随着20世纪初科学技术的发展，铁路车辆领域出现了空气制动机。所谓空气制动机，就是用压力空气作为制动的动力来源，并用压力空气的压力变化来实现列车的制动和缓解作用的制动装置。空气制动机被广泛应用于铁路、地铁、城市高架铁路以及其他轨道交通车辆中。空气制动机至今在我国和世界各国铁路机车和货车上被广泛使用。虽然空气制动机与人工机械制动相比，安全性和可靠性都有了很大的进步，但由于司机发出的制动指令是靠列车制动管内的压力变化来传递的，它的指令传递速度受空气波速的限制，也就是说其极限速度在330m/s左右。因此，对一列几百米长的列车来说，仍有可能造成前后车辆制动和缓解作用在时间上不一致的现象。在多数情况下，由此造成的列车纵向冲击和对车钩的损伤已达到非常严重的程度。

20世纪30年代，在欧美地区和日本出现了采用电信号来传递制动和缓解指令的制动控制系统，这是制动系统的一次变革，因为电信号的传输速度要比空气波速快得多。采用电信号的制动控制系统被称为电气指令式制动控制系统。制动的动力来源仍是压力空气，控制方式是电气指令式制动控制系统的列车制动机，称为电磁空气制动机，简称电空制动机。电磁空气制动机在每节车辆上都设有制动、缓解电磁阀，通过司机制动控制器进行励磁和消磁从而控制列车制动或缓解。相对于空气制动机来说，电气指令式制动控制的主要优点是全列车制动和缓解的一致性较好，制动和缓解时的纵向冲动小，制动距离短，车钩受力小，乘客乘坐舒适性好。

20世纪50年代，国外城市轨道交通车辆在大规模采用电空制动机的同时，还应用电气指令式制动控制系统协调动力制动和空气制动，使制动控制技术达到了一个新的水平。最近几十年，由于电力电子变流技术和计算机技术的发展，使电气指令式制动控制系统不断改进和发展。大功率电力电子元件的出现使电气再生制动成为可能，计算机技术的应用使制动防滑系统更加精确完善，城市轨道车辆制动技术正朝着安全、可靠、人性化和环保的目标不断前进。

3. 国外城市轨道车辆制动系统简介

（1）德国 Knorr 公司的城市轨道车辆制动系统

德国 Knorr 公司的城市轨道车辆制动系统是目前国内 A 型车运用最广的制动系统，以上海和广州 1、2 号线为代表。该系统是模拟式制动系统，制动指令采用 PWM (Pulse Width Modulation) 信号或网络信号，它们被传递到每个车辆的微机制动控制单元。微机制动控制单元一般单独设置在车厢内，而气制动控制单元由两块气动集成板和风缸等组成，分别固定在车辆底架下，系统结构紧凑。目前深圳、南京地铁车辆和大连轻轨车辆和部分国内试制的高速电动车组上也采用了该制动系统。

传统的集中式制动控制系统以每辆车为单位设置,单个制动控制单元的制动控制方式(俗称车控式)主要由微处理制动控制与车轮滑行控制电子单元(KBGM-P)以及制动控制单元 BCU(Brake Control Unit)组成。分散式制动控制是以每个转向架为单位设置,单个制动控制单元的制动控制方式(俗称架控式)是一种更为灵活的控制系统。EP2002 系统引入分散式制动控制概念,将制动控制和制动管理电子设备以及常用制动(SB,Service Braking)气动阀、紧急(EB,Emergency Braking)制动阀和车轮防滑保护装置(WSP)气动阀等多个模块集成到一个阀体中,分别组成智能阀和网关阀,并安装在其所控制转向架上(每个转向架 1 个阀)。组合后的智能阀、网关阀通过 1 根专用的 CAN 控制总线连接在一起构成 EP2002 制动控制系统。目前国内城轨车辆项目中均采用半分散式制动控制,即集中供风、分散式制动的控制方式。

EP2002 阀对各自转向架的载荷称重,并通过本地的制动控制单元、CAN 总线将数据传输至网关阀,网关阀的制动管理单元根据列车控制数据和转向架载荷信号产生本节车的空气制动力指令。上述过程已考虑到了每个转向架的黏着限制情况。为保证电空制动万无一失,每个本地制动控制单元同时通过 EP 阀和气阀单元内的传感器反馈信号进行闭环空气制动控制。

每根车轴(转向架对角线布置)端部上都安装了一个速度传感器,用于监测轴速,此信息在 CAN 总线网络内的 EP2002 阀之间共享。一旦 EP2002 阀检测到某个转向架车轮出现打滑,它将控制该转向架 EP2002 阀内所处车轴的排气电磁阀释放制动缸的压力来纠正滑动车轴的转速,并以一定的时间间隔测试地面速度,不断更新计算出来的实际列车速度,以便系统能进行速度比较,准确地控制蠕滑的深度,以改进车轮的黏着力,调整制动力最大化而不使车轮造成损伤。为确保制动延长期内不出现缓解,监视定时器电路在持续保持超过 8s 和持续排气 4s 后检测排气电磁阀的状态。每个车轴的轴端速度检测是独立于其他车轴的,而且车轴之间的补偿也不会影响其精确性。

一旦列车出现紧急制动的情况,紧急制动(EB)功能通过列车控制系统控制每个 EP2002 阀中的紧急制动电磁阀失电来触发,并同时切断各转向架上的常用制动回路。紧急制动功能独立地按各自转向架不同载荷调节各转向架的制动缸压力。如某一转向架的空气弹簧失效或载荷压力信号出现故障,系统将默认为该转向架的载荷量为初设状态,初设状态在 AW0~AW3 之间可调,一般设置为 AW3(超员载荷)。紧急制动压力调节功能始终处于有效状态,当发出紧急制动指令时,控制常用制动输出的伺服电磁阀被实施了物理隔离,使防滑阀处于车轮防滑保护控制状态下,仅允许经过载荷补偿的紧急制动压力空气进入到制动缸中。

(2) Nabco 公司(该公司后改名为 Nabtesco)HRDA 型制动系统

以北京、天津为代表的 B 型车采用较多的是 Nabco 公司 HRDA 型制动系统,该系统为数字式制动系统,即常用制动指令采用 3 根指令线共 7 级编码,微机制动控制单元与气制动控制单元集成在一起,固定于车辆底架下方。由于采用了流量比例阀进行 EP 控制,因此气制动控制单元较为简单。该制动系统批量采购价相对较低,在武汉轻轨和重庆独轨等项目上也采用了此制动系统,基础制动根据车辆的不同有所区别。

(3) Westinghouse 公司的微机控制直通电空制动系统

以上海地铁 3、5 号线为代表的地铁车辆采用的是原英国 Westinghouse 公司(现已被 Knorr 公司收购）的微机控制直通电空制动系统。该系统按整车模块化原则设计，集成度较高。它将微机制动控制单元、气制动控制单元、风缸、风源等除必须安置在转向架附近的部件外全部集成在一个安装架上安装，方便运用维护，该系统同样采用 PWM 信号传递制动指令，为模拟式制动系统。EP 转换采用 4 个开关电磁阀闭环控制的方法。

4. 国产城轨车辆制动系统

近几年，中国铁路科学研究院（以下简称铁科院）在城市轨道车辆制动系统国产化方面取得了长足进步，其独立研发的制动系统已在重庆轨道交通 6 号线、北京地铁 15 号线、沈阳地铁 2 号线等项目中得到应用。相比较于采用车控控制方式的 HRDA 制动系统和采用架控控制方式的 EP2002 制动系统，铁科院的制动系统设计得较为灵活，可以根据用户的需要进行系统的设计，即可设计为采用车控控制方式的制动系统，也可设计为采用架控控制方式的制动系统。

二、制动新技术简介

制动新技术包括电磁制动、储能制动、翼板制动等，在城市轨道交通系统中主要是电磁制动中磁轨制动技术、储能制动中的能量存储与转移技术。磁轨制动前文已有介绍，本小节简单介绍储能制动。

在干线交通系统中，中短途及市郊铁路电动车组在运行过程中，由于站间距短，列车起动、制动频繁，所以要求启动加速度和制动减速度大，制动平稳并具有良好的起动和制动性能。从能量相互转换的角度看，制动过程所消耗的能量是相当可观的，根据地铁系统的运营经验，再生制动产生的反馈能量一般为牵引能量的 30% 甚至更多。而这些再生能量除了按一定比例（一般为 20%～80%，根据列车运行密度和区间距离的不同而异）被其他相邻列车吸收利用外，剩余部分仍然被车辆的吸收电阻以发热的方式消耗掉。

在不具备再生反馈的条件时，如果能够把这些能量暂时储存起来，可以在随后的加速或启动过程加以利用，这也是能量再生的一种形式，对降低运输能耗、节约运输成本是非常具有意义的。

虽然某些电动车组在其再生制动直流回路设有电阻耗能装置，以便在再生条件不具备时短时间吸收制动能，但受空间及质量所限，不可能设置足以完全吸收这部分动能的装置，剩余的能量只能由摩擦制动消耗或被线路上的吸收装置吸收。为减少制动能量在制动电阻上的耗散，国外一般在车上采用储能装置或在车下（牵引变电所）设置再生制动能量吸收或储存装置。所采用的吸收或储存制动能的方案主要包括 4 种：电阻耗能型、电容储能型、飞轮储能型、逆变回馈型。

吸收装置是指当处于再生制动工况下的列车的制动电流不能完全被其他列车和本车的用电设备吸收时，线路上设置的再生制动能量吸收装置立即投入工作，吸收多余的再生电能，使列车再生电流持续稳定，以最大限度地发挥电制动性能。这种技术在地铁系统已获得实际运用，如日本多摩、冲绳、东京、大阪的轻轨和地铁线路，加拿大多伦多轻轨及意大利米兰 3 号线地铁等均采用了再生制动能量吸收装置。显然在具备偏存技术后吸收装置才更有意义。

电容储能型或飞轮储能型再生制动能量吸收装置，主要用逆变器将列车的再生制动能量吸收并储存到超大容量的电容器组或飞轮机电系统中。作为车下设备时，当供电区间内有列车起动或加速需要取用电流时，该装置将所储存的电能释放出去，进行再利用；作为车载设备时，在列车加速或起动时把能量补充注入牵引传动系统中获得真正再生，不但充分利用了列车再生制动能量，节能效果好，并可减少列车制动电阻的容量。

这一类吸收储存装置的电气系统主要包括储能电容器组或飞轮电机、整流逆变或斩波器、快速断路器、电动隔离开关、传感器和微机控制单元等。其优点是既可以作为车载设备，也可作为轨旁设备；主要缺点是电容器组和转动机械飞轮装置作为储能部件时体积重量方面还有待改进，因此应用实例较少。

三、发展中的制动技术

1. 液压制动

液压制动是相对空气制动而言的，因此可以有一个简单的对比来看液压制动系统的组成和功能。液压制动系统中，用高压油泵代替空气压缩机，液压储能器代替总风缸及制动风缸，液压制动缸代替空气制动缸，微机控制下的液压电磁阀和液压中继阀受控输出压力油代替空气压力控制部分就形成了液压制动系统。

液压控制系统最大的特征是以不可压缩的液压油代替可压缩的空气，其他主要器件相应变化。具有以下特点：

（1）由于液压系统采用较高油压，系统体积可以较小，每节车的制动部分独立成一套，含液压泵站和制动控制装置，前后车辆间没有油路连接，提高了系统的可靠性。

（2）液压系统的响应特性好，制动延迟小，制动力上升快，能够缩短制动距离。

（3）如果整个列车的其他设备不再依赖压缩空气，那么列车车钩连接处就没有风管连接，这将带来很大的便利性和可靠性。

（4）液压系统的缺点是一旦发生泄漏，液压油就会减少，行车中无法补充，而空气是取之不尽、可以随时补充的。

2. 机电制动

虽然制动系统都可以看成是机电综合产品，但这里所指的机电制动是一种电气-机械式的制动技术，就是说制动力形成的原动力不是压缩空气或液压油，而是与很多控制系统末端执行器中广泛采用的机电制动器一样，用伺服电动机与螺旋机构组合形成了机电制动的原动力，再加上通常的电气指令、微机控制，就形成了控制系统简洁、可靠性很高、维修保养简单的机电制动系统。

课后习题

1. 什么是制动？实施制动的基本条件是什么？
2. 什么是制动的缓解？
3. 列车制动系统通常由几部分组成？什么是列车制动能力？
4. 城轨车辆的制动按列车动能转移方式的不同如何分类？
5. 动力制动要满足哪些基本要求？
6. 什么是再生制动？再生制动具备哪两个必要条件？
7. 城市轨道交通车辆制动系统应具备哪些条件？
8. 城市轨道交通车辆制动系统的组成有哪些？

项目二　城市轨道交通车辆制动控制系统

　　城市轨道交通车辆制动系统由制动指令（包括产生和传送）装置、制动控制系统、基础制动装置和供风系统4大部分组成。其中制动控制系统是制动系统的核心，它接收来自制动指令装置（司机控制器或者自动驾驶系统ATO）传递来的与制动有关的指令，通过微处理器将此类指令与其他信号进行处理，计算出列车所需的制动力，然后按某种控制策略对各种制动方式（一般包括电制动和空气制动）进行制动力的分配与协调，进而实现对列车的制动控制。

任务一　制动控制系统概述

　　现今，城市轨道交通发展越来越迅猛，技术越来越先进，其安全性、舒适性、高速性等都得到了进一步提高。对于生命来讲，安全永远是第一位的，因此在交通运输中，随着列车速度的提高，以及人们对舒适性的要求增高，对列车制动系统的要求也越来越高。为了实现制动系统的高性能，作为制动系统核心的制动控制系统，对其性能的要求也越来越高。

一、制动控制的要求

1. 基本性能的要求

（1）满足规定的制动距离要求

　　在轨道交通中，制动系统首先要满足紧急制动距离的要求，因为制动距离是与行车安全有着最直接关系的制动性能，也是最重要的技术指标。另外还要满足定点停车等制动距离的要求。

（2）满足规定的减速度要求

　　制动减速度、制动平均减速度是评价制动基本能力的性能指标。制动减速度被设定在司机制动手柄与制动电子控制单元的指令生成与解码环节，或者在制动计算软件中通过制动力计算程序规定。

（3）满足黏着利用率要求

　　在整车制动性能参数方面，要考虑好制动力与黏着力之间的关系，如果片面提高制动力，当制动力大于黏着力，有可能造成滑动现象，就会对行车安全造成影响，也会对制动装置产生一定的损伤。黏着利用率的问题同样也体现在制动系统防滑控制软件的设计水平和实际防滑控制效果方面。

（4）有较高的再生制动力

　　为了节能，在制动方面尽量优先使用再生制动，不足的制动力由空气制动力进行补充。再生制动发挥的多少与制动系统内部性能、空电复合制动策略、外部接触网状态等多方面因素有关。针对某一个确定的制动控制系统而言，其再生制动效果与空电复合制动策略有密切的关系，选择好的空电复合制动策略，才能较好地利用再生制动，从而提高制动系统及整车的经济性。

2. 制动精度的要求

制动精度要求主要是指在制动距离、制动减速度以及制动调速（目标速度控制）3个方面的精度要求。

（1）制动距离精度要求

某些场合需要精确定点停车，例如地铁动车组停车时，要求车厢门必须对准站台上屏蔽门的中心线；动车组在车站站台停靠时，要求车厢门必须对准站台上停车位的标志线；高速动车组在停车时，要求车厢门对准站台上安全门的中心线。在上述制动操作中，制动控制系统要能够保证停车位置的准确性，才能保证乘客上下车时的安全，方便乘客上下车。

（2）制动减速度精度要求

制动减速度是指车辆在行驶中迅速降低行驶速度直至停车的能力，是评价车辆制动性能的最基本指标。在轨道交通中，动车组的制动指令和制动力的控制都是按减速度规定的，制动控制系统采用闭环系统，对指令、列车质量、列车速度、制动力等参数进行处理，最终给列车提供的一个纵向减速度，实现既定的列车减速度或即时速度，并具有很高的精度。事实上，因为列车具有很大的惯性质量，与线路构成的运动系统是一个大的惯性系统，所以，直接以减速度作为控制目标的方法使系统更加复杂化。

（3）制动调速（目标速度控制）精度要求

在目标速度（或称为定速、稳速、恒速）控制模式下，列车控制系统不断地向牵引或制动系统发出指令，使列车在牵引、制动、惰行3种工况间不断进行转换，以维持列车在目标速度下运行，因此目标速度控制精度与制动力控制的响应时间和响应精度有着密切的关系。

3. 动态性能的要求

（1）满足制动平稳性的要求

随着社会经济的发展，轨道交通的速度越来越快，人们对出行的舒适性要求也越来越高，从而对列车制动的平稳性提出了更高的要求。列车制动的平稳性与列车运行系统的多个方面都有着密切关系，一般来说可以从以下4个方面采取措施，减小纵向冲动：①使动车组各车的制动力同步上升；②保证动力制动与空气制动转换和协调的平滑性；③制动力与车厢质量成正比，尽量减小车钩拉伸和压缩的动态力；④采用密接车钩。

（2）满足制动力上升时间的要求

制动力上升时间是指从司机制动控制器置于制动位（或ATO发出制动指令）的瞬间到制动缸的压力上升到规定值所花费的时间。从满足紧急制动距离和减小制动空走时间（距离）的角度考虑，制动力上升时间越短越好，但制动力上升时间太短，又会影响列车制动的平稳性，引起纵向冲动，因此对制动指令（或制动力）采用限制上升斜率的平滑措施。限制的参考技术指标采用制动冲击率来控制，对于地铁电动车组来说一般控制其制动减速度的变化率不大于 $0.75m/s^3$,对于干线动车组来说一般控制其制动减速度的变化率不大于 $0.65m/s^3$。

4. 列车防溜对制动系统的要求

(1) 坡道停放的防溜能力

当列车在有坡度的地方停放时,为了防止因制动缸内压缩空气泄漏而引起空气制动力的降低,导致发生列车溜坡现象从而引发安全事故,要求制动系统必须要有防溜的制动能力,即该制动装置能够独立于空气制动缸而额外施加给列车制动力,防止列车溜坡。

(2) 坡道起动的防溜能力

当列车在有坡度的地方停放后需重新起动时,司机在推牵引手柄的瞬间,停放制动已缓解而牵引力还没有达到一定值时,同样可能发生向后溜车现象造成安全事故。为防止列车此种溜车现象,在制动系统与牵引系统的配合方面,要求列车具有坡道起动的防溜能力,有时也称为保持制动。

5. 列车出现故障时对制动能力的要求

(1) 满足制动设备故障条件下对制动能力的要求

在制动系统中部分制动设备发生故障时,为了使列车能够继续运行,需要切除发生故障的单节车或者几节车的制动,这时整个列车的制动只能靠剩下动车的制动力来完成,这就要求剩余的制动控制装置能够维持列车的基本制动能力,使列车不至于丧失运行能力而被迫采用特殊的救援作业,尽量使故障产生的影响降到最低。

(2) 满足救援条件下对制动能力的要求

当列车因制动系统以外的故障而不能继续运行时,需要进入救援作业程序。如果发生故障的列车制动系统正常,可以用机车或其他运行中的列车进行救援,如果发生故障的列车丧失制动能力,只能采用特殊救援。在城市轨道交通中,因空间的限制,大多数中间站没有配线,救援机车无法进入,只能用前行列车或后行列车来救援,以低于 5km/h 的速度拖行至前方站,进行下一步救援。

二、制动控制系统的描述

制动控制系统根据系统各部分的不同特征进行区分。目前最常用的命名方式是根据指令缓解、空气压力控制部分的电空转换环节进行制动系统的描述。

电气指令有数字式与模拟式两种,电空转换环节有开关型 EP 阀和模拟型 EP 阀之分,所以组合起来一共是 4 种类型。

1. 数字-数字式制动控制系统,即采用数字式电气指令、开关型 EP 阀的制动控制系统。

2. 模拟-模拟式制动控制系统,即采用模拟式电气指令、模拟型 EP 阀的制动控制系统。

3. 数字-模拟式制动控制系统,即采用数字式电气指令、模拟型 EP 阀的制动控制系统。

4. 模拟-数字式制动控制系统,即采用模拟式电气指令、开关型 EP 阀的制动控制系统。

需要注意的是,开关型 EP 阀在受计算机控制而工作时,可以采用纯粹的开关(on-off)控制，也可以采用基于脉宽调制（PWM）的工作方式，即在受控时的电信号可以是模拟信号的脉宽调制信号。

三、制动控制系统的控制范围

在轨道交通中，动力制动只有动车才有，拖车只有空气制动，所以空气制动和动力制动的复合控制就存在协调范围的问题。

制动控制系统的控制范围有编组控制模式、单元控制模式、单车控制模式、转向架控模式、轴控模式之分。

1. 编组控制模式

电空复合控制在整个列车编组内的动车和拖车之间进行的模式称为编组控制模式。

2. 单元控制模式

列车是由若干个单元组成，电空复合控制在一个单元内的动车和拖车之间进行的模式称为单元控制模式。

3. 单车控制模式

电空复合控制仅在一节车内（动车）进行的模式称为单车控制模式。

4. 转向架控模式

在某些列车（如轻轨）的车辆中可能出现一个转向架有两根轴，一根为动轴，一根为拖轴（从轴、非动力轴）。如果一个制动控制装置负责一个转向架，电空复合控制就在转向架内的动轴和拖轴之间进行，这种控制模式称为转向架控模式。

5. 轴控模式

制动控制在每根轴上独立进行的模式称为轴控模式，例如防滑控制。

任务二　制动控制系统的类型

目前的制动控制系统主要有空气制动控制系统和电气指令式制动控制系统两大类。空气制动控制系统又称空气制动机，是以压力空气为介质进行制动信号的传递和制动力的控制的。电气指令式制动控制系统是以电气信号来传递制动信号的制动控制系统，其制动力的来源可以是压缩空气、电磁力或者液压等方式。

一、空气制动机

根据作用原理的不同，空气制动机又可分为直通空气制动机、自动空气制动机和直通自动空气制动机。

1. 直通空气制动机

（1）直通空气制动机的工作原理

如图2-1所示，空气压缩机将压缩空气送入总风缸，经总风缸管到达制动阀。制动阀有3个不同的位置，分别是缓解位、保压位、制动位。在缓解位时，制动管内的压缩空气经制动阀的排气口排向大气；在保压位时，制动阀保持总风缸管、制动管和排气口各不相通；在制动位时，总风缸管压缩空气经制动阀流向制动管。

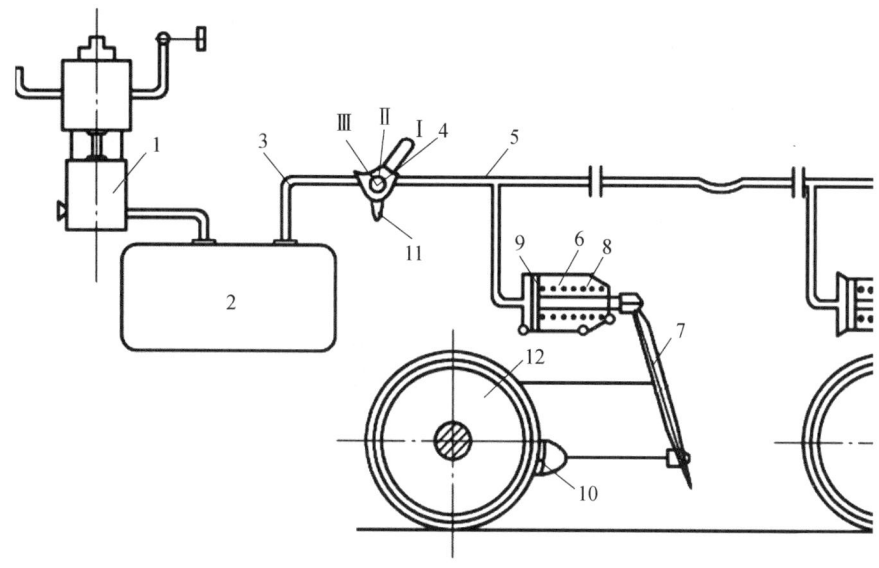

Ⅰ—缓解位；Ⅱ—保压位；Ⅲ—制动位；
1—空气压缩机；2—总风缸；3—总风缸管；4—制动阀；5—制动管；6—制动缸；
7—基础制动装置；8—制动缸缓解弹簧；9—制动缸活塞；10—闸瓦；11—排气口；12—车轮。

图 2-1　直通空气制动机的工作原理

(2) 直通空气制动机特点

直通空气制动机有如下 4 个特点：①制动管增压制动、减压缓解，列车分离时不能自动停车；②能够实现阶段制动和阶段缓解；③制动力大小由司机制动阀操纵手柄在制动位停留时间的长短决定，因此控制不是很精确。④制动时全列车制动缸的压缩空气都由总风缸供给，缓解时，各制动缸压缩空气都需经制动阀排气口排入大气，因此列车前后部车辆制动、缓解作用的一致性不好。

2. 自动空气制动机

(1) 自动空气制动机的工作原理

如图 2-2 所示，自动空气制动机在直通空气制动机的基础上增加了 3 个部件：调压阀、三通阀、副风缸。调压阀的作用是限定制动管定压——系统规定的制动管压力，即无论总风力缸压力多高，调压阀出口的压力总保持在一个设定的值。

自动空气制动机的制动阀同样有缓解、制动、保压三个作用位置，但内部通路与直通空气制动机的制动阀有所不同。在缓解位时，制动阀连通给气阀和制动管的通路；在制动位时，制动阀连通制动管与排气口的通路，制动管压缩空气经它排向大气；保压位时，制动阀保持总风缸管、制动管和排气口各不相通。

(2) 自动空气制动机的特点

自动空气制动机有如下 3 个特点：①制动管减压制动、增压缓解，列车分离时能自动停车；②能够实现阶段制动和一次缓解；③由于制动缸的风源与排气口离制动缸较近，其制动与缓解不再通过司机制动阀进行，因此制动与缓解的一致性比直通制动要好，列车纵向冲动较小，适合于较长编组的列车。

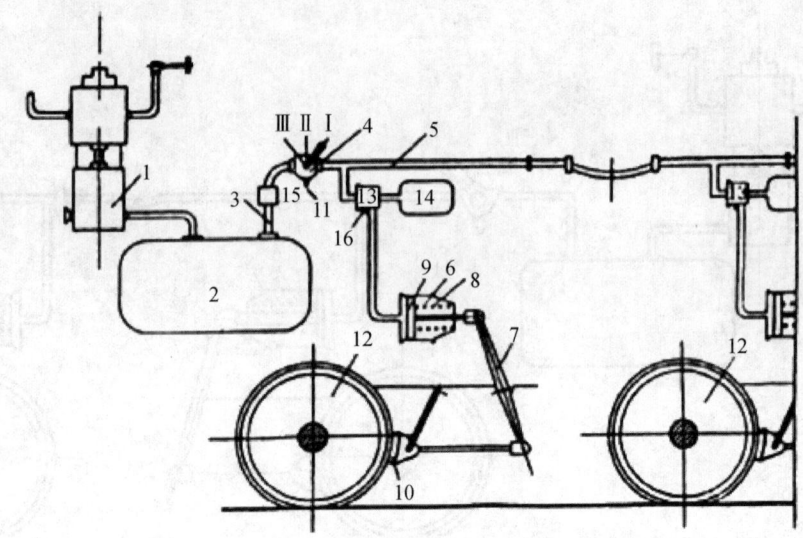

Ⅰ—缓解位；Ⅱ—保压位；Ⅲ—制动位；
1—空气压缩机；2—总风缸；3—总风缸管；4—制动阀；5—制动管；6—制动缸；7—基础制动装置；
8—制动缸缓解弹簧；9—制动缸活塞；10—闸瓦；11—排气口；12—车轮；
13—三通阀；14—副风缸；15—调压阀；16—三通阀排气口。

图 2-2 自动空气制动机的工作原理

3. 直通自动空气制动机

（1）直通自动空气制动机工作原理

如图 2-3 所示，直通自动空气制动机与自动空气制动机在组成上基本相同，只增加了一个定压风缸，但定压风缸的分配阀结构和原理与自动空气制动机的三通阀有较大的

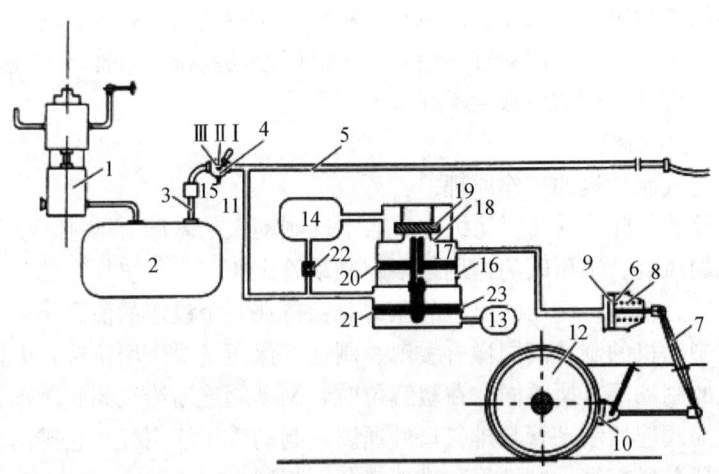

Ⅰ—缓解位；Ⅱ—保压位；Ⅲ—制动位；
1—空气压缩机；2—总风缸；3—总风缸管；4—制动阀；5—制动管；6—制动缸；7—基础制动装置；
8—制动缸缓解弹簧；9—制动缸活塞；10—闸瓦；11—排气口；12—车轮；13—定压风缸；
14—副风缸；15—给气阀；16—分配阀排气口；17—排气阀口；18—进气阀座；19—进/排气阀；
20—制动缸压力活塞；21—主活塞；22—单向阀；23—充气沟。

图 2-3 直通自动空气制动机的工作原理

区别。自动空气制动机的三通阀的主控机构是靠制动管与副风缸两者压力的差别与平衡来动作的,即为二压力机构阀。而直通自动空气制动机分配阀的主控机构由大小两个活塞组成,它的动作是由制动缸压力活塞上侧的制动缸压力、主活塞上下两侧的制动管压力和定压风缸压力三者的差别与平衡来控制的,因此属于三压力机构阀。

(2) 直通自动空气制动机的特点

直通自动空气制动机有如下两个特点:①具有阶段制动和阶段缓解,同时,制动管内压缩空气压力达到定压,制动缸才能完全缓解;②具有制动力不衰减性,即在制动中立位或缓解中立位时,当制动缸压力因泄漏等原因而下降时,分配阀能自动地给制动缸补充压缩空气,保持制动缸压力不变。

二、电气指令式制动控制系统

虽然与直通空气制动机相比,自动空气制动机和直通自动空气制动机在制动和缓解的一致性方面有了大幅提高,但因制动指令是靠制动管内空气压力变化来传递的,指令的传递速度受到空气波速的限制,列车仍可能造成前后车辆制动和缓解的不一致,进而引起纵向冲动。

电气指令式制动控制系统是以电气信号来传递制动信号,电信号的传递速度比空气波速快得多。相对于空气制动机来说,电气指令式制动控制系统制动和缓解的一致性更好,因此制动和缓解时纵向冲动小,制动距离短;另外,电气指令式制动控制系统在动力制动和空气制动的协调性方面也更容易实现。

1. 按电气指令传递方式分类

电气指令式制动控制系统按其电气指令传递方式可分为数字指令式制动控制系统和模拟指令式制动控制系统

(1) 数字指令式制动控制系统

数字指令式制动控制系统是将驾驶控制器或列车自动驾驶(ATO)系统传来的制动指令信号,通过代表不同意义的信号线输出信号,如开关指令 0(失电)和 1(得电),来划分成不同的制动等级控制后部车辆制动装置。换句话讲,数字指令式控制方式可以理解为由 0(失电)和 1(得电)组成的二进制数,1 位二进制可以表达 2 种信息,2 位二进制可以表达 4 种信息,3 位二进制可以表达 8 种信息,除了 000 对应制动控制线失电,剩下的 7 种组合可以对应 7 级有级制动,从而使制动缸获得恒定的 7 级压力。如果采用更多的制动控制线(n 根),就可以得到更多的 (n^2-1) 级有级制动。对于城市轨道交通列车制动控制来讲,通常有 7 级制动已基本满足使用要求。利用上述原理传递制动指令的控制系统称为数字指令式制动控制系统。例如 SD 型制动缸系统采用 7 级模板阀控制,即通过驾驶控制器发出的开关信号,控制 3 个电磁阀不同的开关组合,产生 7 个等级的制动控制压力。常用的数字式制动控制系统的特点如下:①反应迅速,可靠性好。②电信号没有临界限制,制动力一般只根据载荷变化进行调整。③除了信号传递系统外,其他部分结构简单。④某些数字式制动控制系统(如空气运算型),空气制动与动力制动的混合使用比较困难,适合于动力制动和空气制动单独使用的轨道交通列车。⑤由于制动指令是有级传输,与列车自动驾驶(ATO)的适应性不如模拟式制动系统。

(2) 模拟指令式制动控制系统

模拟指令式制动控制系统是用模拟量作为传输指令，通常是将驾驶控制器或列车自动驾驶（ATO）系统传来的制动指令信号，经编码器编码后，采用电压、电流、频率或脉冲宽度等模拟电信号，通过列车指令控制线来传递制动指令到后部车辆，以这些模拟量的大小来表示制动要求的大小。上海地铁、广州地铁、北京地铁等新型车均采用了模拟式制动控制系统。

模拟式制动控制系统的特点如下：①指令传输系统简单。②由于采用微机处理，能方便地增加控制功能，如根据载荷变化进行控制、减速度控制和减速度微分控制等功能。③能够适应空气制动和动力制动的混合。④由于制动指令是无极传输，能对制动系统精确控制，更好地适应列车自动驾驶的要求。

与数字指令式制动控制系统不同的是，数字指令式制动控制系统是进行有级控制，而模拟指令式制动控制系统可以实现制动的无级控制，列车的纵向冲击力更小，乘客乘坐列车时舒适感更好。从理论上来讲，模拟指令式制动控制系统比数字指令式制动控制系统使司机操纵上更为方便，但同时它对指令传递的设备性能要求更高，一旦设备性能不能满足要求，可能造成制动指令精度下降，从而影响制动效果。

2. 按制动控制装置分类

电气指令式制动控制系统按制动控制装置的不同可分为电磁型制动控制系统、气压型制动控制系统和电子（微机）型制动控制系统。

(1) 电磁型制动控制系统

电磁型制动控制系统是指制动控制的主要或大部分功能是靠电磁阀完成的。早期的电磁型制动控制系统利用电磁阀快速响应特性，协助空气制动阀尽快动作，以缩短制动响应时间。在后期的直通式电磁制动系统中，电磁阀还需要数字气动阀配合完成电气到空气压力的转换。

(2) 气压型制动控制系统

早期的气压型制动控制系统依靠分配阀实现压力的转换。因此，采用分配阀的自动式空气制动系统，从制动控制的角度来看是一种典型的气压型制动控制系统，该系统的指令转换、制动力大小都是通过分配阀来实现的。

在电磁直通式制动控制系统中，制动指令到制动力的转换是通过电磁阀的组合与气动阀的数字气缸之间的配合完成的，由于空电复合控制是制动控制的核心任务之一，因此从制动力的空电复合控制角度来讲，电磁直通式制动控制系统的控制部分也可称为气压型制动控制，其中的电磁阀可以看成制动指令的译码部分，或看成数字气缸的输入部分。

(3) 电子（微机）型制动控制系统

早期的电子（微机）型制动控制系统由电子元件形成的各种功能电路组成，是一种模拟电子电路，包括运算放大器组成的具有较强运算能力的电路单元。随着科技的发展和计算机技术的成熟，电子电路逐渐由微机控制所代替，这就形成了微机型制动控制系统。

3. 按对空气制动控制方式分类

电气指令式制动控制系统按其对空气制动控制方式的不同可以分为自动式电气指令

式制动控制系统和直通式电气指令式制动控制系统。

（1）自动式电气指令式制动控制系统

自动式电气指令式制动控制系统是在自动空气制动机的基础上增加了电气指令控制系统对制动管的控制，通过同时对各车辆制动管的减压、增压，使各车辆的三通阀同时作用，加快列车整体的制动和缓解速度，提高了自动空气制动机的性能。

（2）直通式电气指令式制动控制系统

直通式电气指令式制动控制系统是采用电信号来传递制动和缓解指令的直通空气制动系统。司机通过电气指令控制装置对各车辆的制动信号管（缓解时无压缩空气）的压力空气进行控制，用该制动管的压力使各中继阀工作，最终获得制动缸压力。

与自动式电气指令式制动控制系统相比，直通式电气指令式制动控制系统具有响应快、一致性好、控制方便等优点，所以，现在的城市轨道列车制动控制系统大多采用此控制系统。但直通式电气指令式制动控制系统也存在一个致命缺点，即一旦列车分离，列车就失去了制动能力。因此除了单车运行的城市轨道列车外，直通式电气指令式制动控制系统一般都与自动式制动机或作为非常制动控制用的常带电往返电路并用。

任务三　制动控制系统的组成

制动控制系统主要由电气指令单元、电子制动控制单元（EBCU）、空气制动控制单元（ABCU）等组成，它们在整个制动系统中的位置如图 2-4 所示。

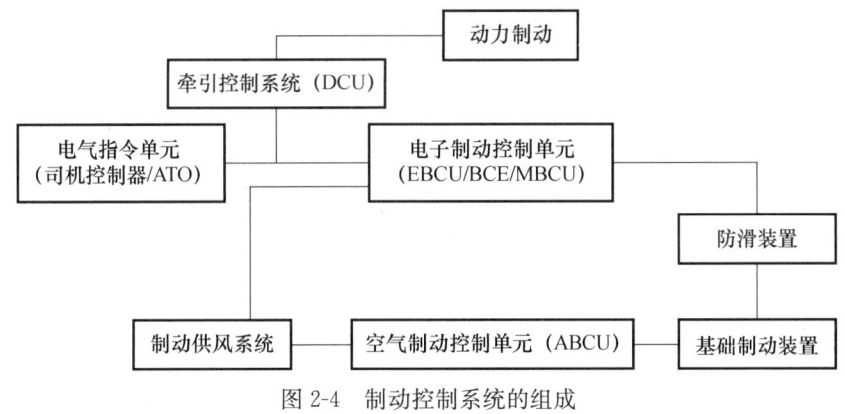

图 2-4　制动控制系统的组成

一、电气指令单元

传统的轨道交通制动系统使用的是压缩空气作为制动信号传递和制动力控制的介质，由于其指令的传递速度受到空气波速的限制，造成前后车辆制动和缓解的不一致，进而引起列车的纵向冲动。因此，随着科学技术和经济的发展，现代城市轨道交通车辆的制动系统都采用了电气指令单元，以便快速、准确、可靠地传递司机控制器或自动驾驶（ATO）发出的制动指令。

早期的电磁直通式空气制动机中，司机通过控制器对每节车上的制动电磁阀和缓解电磁阀进行励磁和消磁，以控制直通管的空气压力使各车辆中继阀工作，最终获得制动缸压力。这种电气指令的产生非常简单，依靠触点进行指令传递，准确率差，故障率高。随着电子技术的发展，轨道交通制动控制系统采用电气指令控制线传递指令的方式，指令传送速度快，列车制动、缓解迅速，行车平稳无冲动，制动距离缩短。此种控制方式的制动系统被称为电气指令制动控制系统，按指令方式分类，分为数字式电气指令制动控制系统和模拟式电气指令制动控制系统。

1. 数字式电气指令制动控制系统

所谓数字式指令可以理解为由 0 和 1 组成的二进制数，如果用三位二进制数进行组合，可以得到 000、001、010、011、100、101、110、111 的 8 种组合，表示 8 种信息。

在制动控制系统中，0 和 1 分别对应制动控制线失电和得电，在 3 位二进制组成的 8 种组合中，除了 000 表示 0 位（失电），剩下的 7 种组合分别对应 7 级有级制动，产生 7 级制动方式。如果采用更多的制动控制线（n 根），就可以得到更多的（n^2-1）级有级制动，如表 2-1 所示。

表 2-1　三线 7 位数字式制动指令形成原理

8 种组合	0	1	2	3	4	5	6	7
制动控制线 1	0	0	0	0	1	1	1	1
制动控制线 2	0	0	1	1	0	0	1	1
制动控制线 3	0	1	0	1	0	1	0	1

这种 3 根制动控制线的编码方式在理论上是可行的，但是在现实中存在一个问题，即抗干扰性能比较差，一旦两个级位之间某根线串入干扰电平，就有可能引起高低位之间的错码。优点是方式简单，需要的导线数少，经常在备用指令中采用。

实际的制动系统中采用的是逐级依次加电的多线组合方式。例如，同样是 7 级常用制动指令，但是使用 7 根制动控制线来表示。原理见表 2-2。

表 2-2　七线 7 位数字式制动指令形成原理

8 种组合	0	1	2	3	4	5	6	7
制动控制线 1	1	1	1	1	1	1	1	1
制动控制线 2	0	1	1	1	1	1	1	1
制动控制线 3	0	0	1	1	1	1	1	1
制动控制线 4	0	0	0	1	1	1	1	1
制动控制线 5	0	0	0	0	1	1	1	1
制动控制线 6	0	0	0	0	0	1	1	1
制动控制线 7	0	0	0	0	0	0	1	1

由上述原理表可知：级位越高的制动指令的形成需要越多的制动控制指令线同时为 1，这样的组合方式提高了指令传输的可靠性和抗干扰性能力，同时也有利于用简单的逻辑判断指令线传输中出现的故障；缺点是需要更多的制动控制线，使控制结构和控制方式变得较为复杂。

2. 模拟式电气指令制动控制系统

模拟式电气指令是指用模拟电量来反映司机制动控制器的级位信息。模拟电量可以采用电压、电流、频率、相位、脉冲宽度等模拟电信号来传递制动指令，以这些模拟量的大小来表示制动力要求的大小。

在城市轨道交通车辆中，目前较为先进的列车制动系统采用的是脉冲宽度调制（PWM）的模拟式电气指令制动控制系统。上海、广州地铁使用的制动控制系统即为此系统。从司机控制器发出的指令经调制器转换为脉冲宽度信号，不同的脉冲宽度代表不同的制动等级。制动指令传递到每节车的微机制动控制单元，微机制动控制单元采集列车的运行速度和本车的载荷量，对制动指令进行修正，计算出实际的制动力数值，根据动力制动优先的原则，计算出所需补充的空气制动力的数值，用电气指令传送给电空转换单元（EP阀）。电空转换单元向中继阀输出空气压力指令，中继阀具有压力空气流量放大的作用，它将足够的压力空气充入制动缸，实现不同等级的制动作用，或者将压力空气排出制动缸，实现不同程度的缓解作用。

从原理上来讲，模拟式指令可以实现制动的无极操作，在司机对列车操纵方面比数字式指令更为方便。但是，对于纯粹的无极操纵因在最低位和最高位之间没有参考位置，因而司机不方便找准合适的操作位置，不容易建立起操纵者的条件反射，所以此纯粹的无极操纵方式应用不多，更多的是在司机制动控制器的手柄上人为地加上便于建立手感的参考定位机构。

另外，模拟式指令对指令传递的设备性能要求较高，一旦设备性能不能满足要求，可能造成制动指令精度下降，从而影响制动效果。

二、电子制动控制单元（EBCU）

在早期的轨道交通车辆制动系统中，因为采用的是压力空气作为制动信号传递和制动力控制的介质，所以当时的制动系统不存在电子制动控制单元。电磁式制动机虽然采用电气指令控制，但只是通过司机制动控制器（电空制动控制器）进行励磁和消磁。

随着电子技术，特别是微机技术的迅猛发展，列车制动控制通过微机对列车运行中的所有参数进行逻辑运算，给制动系统发出精确的指令。以微机为中心的电子控制装置被称为电子制动控制单元（EBCU），也叫微机制动控制单元（MBUC）和制动控制电子装置（BCE）。

电子控制单元从硬件方面来说是一台微机和一些输入/输出设备，真正起控制作用的是控制软件。随着制动控制程序软件的编制水平的不断提高，使得电子制动控制单元的功能越来越强大。

电子制动控制单元主要功能有：

（1）接收司机控制器或自动驾驶系统（ATO）的指令，与牵引控制系统协调列车的制动与缓解。当紧急制动指令发出，列车能迅速调用全部空气制动实行紧急制动。

（2）将接收到的动力制动值经EP阀转换，将电信号转换为气动信号发送给空气制动控制单元。在保证电制动优先作用的前提下，空气制动自动进行列车制动力的补偿，将制动所需压力传递给基础制动装置，从而使列车制动力保持恒定。

（3）控制供气系统中空气压缩机的工作周期，监视主风缸输出压力等参数。当供气系统中某台设备发生故障,电子制动控制单元能及时调用备用设备。

(4) 在列车制动过程中,收集列车所有轮对速度传感器传送过来的速度参数,并对轮对在制动过程中的滑行状态进行监控。一旦发生滑行,立即发送防滑信号并采取防滑措施。

(5) 对列车制动过程中的各种参数和故障进行监视和记录。故障记录可以在列车回库后用便携式计算机读出。

近年来,列车网络通信在车辆控制技术中得到了广泛应用,电子制动控制单元成为列车控制网络中的重要一环。集成电子技术越来越多地融入制动系统,机电一体化元件的出现,使电子制动控制单元、微机制动控制单元和制动控制电子装置等已经逐渐被机电一体化组合智能阀、网关阀和远程控制阀等所代替。这些新的元件不仅保留并扩大了原先电子制动控制单元的所有功能,还承担起网络通信的职能。例如在 EP2002 制动系统中,电子制动控制单元的功能已经完全融入网络控制系统的新元件中了。

三、空气制动控制单元(ABCU)

空气制动控制单元是制动系统中电制动和空气制动的转换点,也是电气信号和气动信号的转换点。空气制动控制单元由各种不同功能的电磁阀和气动阀组成,根据电气指令模式的不同,一般分为 EP 阀、中继阀和空重车调整阀。

1. EP 阀

EP 阀又称为控导阀,也称为 EP 阀,其作用是把制动控制器发送过来的制动指令由电流信号转变为空气压力信号,空气压力信号与励磁电流成线性关系。EP 阀分为模拟控制型和开关控制型两种类型。

对于模拟控制型 EP 阀,只要提供驱动电流,就能够产生与电流大小成比例的空气压力,控制模拟型 EP 阀的驱动电流就能够控制空气制动力。模拟型 EP 阀必须有电流控制装置,在制动控制单元中由微机进行精确的电流控制。

EP 阀一般由电磁线圈、铁芯、顶杆和活塞等组成。当电磁线圈没有励磁时,铁芯和连杆处于阀底,阻断通路或者连通大气;当电磁线圈励磁时,铁芯受力上移,推动顶杆和活塞上移,通路与储风缸压力空气连通。如果励磁线圈电流增大,铁芯吸引力增大,阀内形成的空气压力信号增大;如果励磁线圈电流减小,铁芯吸引力减小,阀内形成的空气压力信号也相应减小。

2. 中继阀

中继阀是对空气制动控制单元中最重要的电磁阀的统称,具有两种功能:①将电信号转换成压力空气信号;②放大气流。中继阀的工作原理是通过电磁阀励磁线圈励磁和消磁状态的不同组合,将多个电信号输入转换成对应空气压力输出。

中继阀的结构大体相同,上部是给排阀,下部是腔室。腔室中是活塞和膜板,活塞和膜板带动具有空心通路的顶杆上下移动。不同类型的中继阀,腔室的数量和面积也不相同。中继阀在工作过程中,经过电磁阀的励磁和消磁的不同组合,可以产生多种充气腔室和不充气腔室的组合,因为充气腔室数量的不同,活塞和膜板的横截面积也不相同,因此共同作用在顶杆上的力也不相同,不同的力使气压通路输出与预充气腔室压力相等的空气压力。

3. 空重车调整阀

空重车调整阀的功能是根据车辆载荷的变化，输出一个空气压力信号，并通过中继阀使单元制动机风缸保持一个恒定的制动力。

空重车调整阀的输入是车辆二系弹簧（空气弹簧）的空气压力信号。因为车辆载荷的不平衡，一般采取前后转向架对角的两个空气弹簧压力为输入信号，这样就能比较准确地使空重车调整阀的输出压力信号与乘客负载成一定比例关系。

随着电子技术的发展，现在许多空重车信号已经直接将空气弹簧压力转换成电子信号输入电子制动控制单元 EBCU（或者 BCE、MBCU），空重车调整阀输出的空气压力信号在常用制动时根本不起作用，但是在紧急制动时，空重车调整阀输出的空气压力信号还是可以通过中继阀对紧急制动起到限制冲动的作用。

空气制动控制单元虽然是一个以气动元件和气路为主组成的系统，但它的控制不仅有腔室、膜板、活塞和弹簧等气动控制方式，而且有电磁线圈、铁芯和电-空转换元件等电气控制方式；给定值（预留值）不仅有空气压力信号，也有电流值、电压值等模拟量，还有数字量（如电磁阀励磁、消磁线圈组合，充气腔室和非充气腔室组合）。

以前的空气制动控制单元结构复杂、维修成本高，为了节约空间和减轻质量，现代的空气制动控制单元实现了集成化，即把所有的部件都安装在一块铝合金的气路板上。随着社会科技的发展，空气制动控制单元将被机电一体化元件所替代。其优点是：

（1）可以避免用管道连接而造成泄漏。

（2）元件所占有空间大大减小。

（3）日常检修保养工作更加方便。空气制动控制单元在气路板上装置了一些测试接口，可以方便地测量各个控制点压力或风缸压力。

（4）故障的处理和检修更加便捷。例如，如果空气制动控制单元在运营中发生故障，可以将整个控制单元的气路板进行更换，列车可以继续投入运营。

任务四　电空复合制动控制

按照列车动能的转移方式不同，城市轨道车辆的制动有空气制动和电制动两大类。在列车制动过程中，高速时优先采用电制动，低速时逐渐由电制动转换为空气制动，在站点停车时采用空气制动。为了保证列车运行的安全性和提高乘客乘坐列车的舒适性，列车制动控制系统中电制动和空气制动的复合制动控制就显得尤为重要。

一、电制动与空气制动的控制方式

对电制动和空气制动的控制，可采用人工操纵式、自动切换式和复合运算式。

1. 人工操纵式

电制动与空气制动互相独立，不同时使用，由司机根据需要对两者进行选择。电制动独立操纵，当电制动力不足时空气制动进行补充，是一种混合控制模式。

2. 自动切换式

电制动与空气制动根据需要选择，例如在高速运行范围内使用电制动，在低速范围内使用空气制动,由制动设备(一般是制动控制计算机)实现自动切换,是一种联合控制模式。

3. 复合运算式

采用计算机控制技术计算和分配制动力。只要设备和外部条件允许,在任何情况下只要操纵制动手柄,制动控制计算机就自动分配和协调电制动与空气制动力,是一种复合控制模式。现在的城市轨道交通制动控制系统全部采用电空复合控制。

二、电空复合制动控制原则

根据动车、拖车的空气制动部分投入的顺序和方式不同形成3种控制原则。

1. 节能原则

列车在进行制动操作时,根据制动力的需要,优先使用动车的电制动控制方式,在电制动不足的情况下,首先由拖车空气制动进行补充,在拖车空气制动力达到规定的限制值时,制动力仍不足时,再由动车的空气制动力进行补充。

按节能原则设计的制动控制系统的优点:动车的空气制动最晚投入使用,保证了电气制动的绝对优先,动车的电制动一直处于满足制动需求的最大状态,列车运行保持总能耗最低。

按节能原则设计的制动控制系统存在的问题:①只能按照单元和编组的形式进行制动力的协调控制,控制单元内部尤其是动拖车之间的制动力与减速度可能不一致,有可能引起纵向冲动,影响乘客乘坐的舒适感;②动车和拖车的闸瓦(闸片)的磨耗程度相差较大,更换周期相差较多,增加了维护的复杂性和维修成本。

2. 等磨耗原则

按等磨耗原则设计的制动控制系统,在制动时首先使用电制动力。但在电制动力不足,需要空气制动进行补充的情况下,动车和拖车的空气制动同时投入,并且以空气制动率相同的方式控制空气制动力。

按等磨耗原则设计的制动控制系统在进行制动操作时,虽然是电制动优先,但由于既要兼顾动车、拖车等制动率的空气制动力,又要满足动车的黏着,电制动力不能完全发挥其作用。

3. 舒适性原则

按舒适性原则设计的制动控制系统,在施加制动力的情况下,制动力要与本节车的质量相适应,满足同样的制动减速度。这样列车减少了引起纵向冲动的因素,改善了乘坐的舒适性,但这种设计也最大程度地限制了电制动的使用。

三、电制动和空气制动的复合控制方法

电空复合制动控制是在动车电制动、动车空气制动与拖车空气制动之间进行的。电空复合制动控制按照控制范围,有编组、单元、单车、转向架、轴之分。电空复合控制的方式如图 2-5 所示。

单车是指轻轨系统的四轴车辆或多轴铰接车辆,如果是全动轴车辆,其制动复合控制在单节车辆内部的电制动和空气制动之间进行;如果有非动力轴(或称为拖轴或从轴),则制动复合控制在动轴与拖轴之间进行。

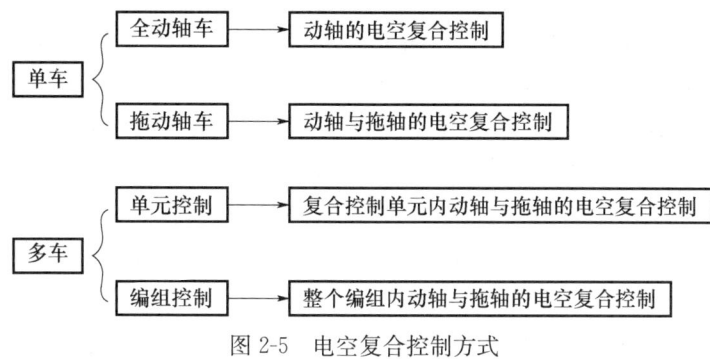

图 2-5 电空复合控制方式

多车是多节车辆形成的列车编组，电制动和空气制动的复合控制既可以在整个编组内进行，也可以在组成编组的单元内进行。以 6 辆编组的地铁列车为例，通常有 3M3T（M 为动车，T 为拖车）和 4M2T 两种方案。对于 4M2T 编组类型，其中的 4 辆 M 车具有电制动、空气制动与电制动之间的配合，第一种是在 2M1T 单元内部进行电空复合控制，把 2 辆 M 车的电制动力与本单元 3 辆车的总制动力需求进行比较；第二种是在整个编组内把 4 辆 M 车的制动力合起来与全编组的制动力需求进行比较，不足的再由拖车和动车的空气制动来补充。

1. 编组内的复合控制关系（以"等磨耗"为设计原则的制动控制系统为例）

在以"等磨耗"为设计原则的制动控制系统中，电空混合制动采用电制动与空气制动实施协调配合、电制动优先、电制动不足时在全列车平均分配空气制动力。

当所有 M 车的实际电制动之和可以满足全列车的制动力需求时，全部制动力由电制动承担，M 车和 T 车均不施加空气制动。值得注意的是，为了保证再生制动失效时空气制动补充的迅速响应，M 车、T 车增压气缸需要有一定量的空气压力（初始压力）。因为再生制动和空气制动之间经常进行转换，因此制动气缸的初始压力对于电空复合控制很重要。

当实际电动车不能满足全列车的制动力需求时，全列车需要补充的制动力以空气制动的形式进行补充，并平均分配到各辆车上。注意：各车在运行过程中均受黏着极限的限制，如果某车制动力已达到黏着极限，便不能再对该车进行空气制动补充，那么整个列车所需要补充的空气制动将平均分配到其他没有超过黏着极限的车辆上。纯空气制动时，列车所需制动力平均分配到各车辆施加空气制动。

2. 单元内的复合控制关系（以"节能原则"为设计原则的制动控制系统为例）

以"节能原则"作为控制策略的制动系统，电空混合制动采用电制动与空气制动实施协调配合、电制动优先、电制动不足时先由拖车空气制动补充，如果列车单元的制动力还不够时，才使用 M 车的空气制动。

以 4M2T 编组的地铁列车为例，如果按照 2M1T 为一个复合控制单元，那么各车的制动控制装置中的制动计算机算出本车所需的制动力后，由 M2 车的制动计算机算出本复合控制单元（2M1T）3 辆车的总制动力需求数值，然后指示 M1、M2 两动车的牵引控制装置，根据这个需求产生电制动力，不足的部分由 T1 车的空气制动力补充。

（1）当所有 M 车的实际电制动力之和可以满足全列车的制动力需求，全部制动力由电制动承担，M车和T车均不施加空气制动。

(2) 当电制动力总和不能满足全列车的制动力需求，但大于等于动车所需的制动力时，M1和M2两辆动车的制动力全部为电制动，T车的制动力一部分为电制动力总和减去M1、M2所需的制动力，剩余所需制动力由T车本身的空气制动进行补充。

(3) 当电制动力总和不能满足全列车的制动力需求，同时小于M车所需的制动压力时，M1和M2两辆动车的制动力一部分为M车的再生制动，剩余部分为T车提供的空气制动（如果T车空气制动补充后，M车的制动力仍然不足，需使用M车的空气制动进行再次补充），T车的制动力全部是T车本身的空气制动。

对于3M3T编组的地铁列车，如果按照1M1T为一个复合控制单元，那么各车的制动控制装置中的制动计算机算出本车所需的制动力后，由M车的制动计算机算出本复合控制单元（1M1T）两辆车的总制动力需求数值，然后指示本M车的牵引控制装置，根据这个需求产生电制动力。

如果M车电制动力不受自身条件、车速、供电环境等因素限制，按照需求大小发挥出了电制动力，则T车不需要补充空气制动力；如果M车电制动力受到自身条件、车速、供电环境等因素限制，所发出的电制动力低于需求的制动力，其差值由T车的空气制动力补充；如果M车实际发出的电制动力低于本M车需求的制动力，其差值由本M车的空气制动力补充，而此时T车所需的制动力全部由本车的空气制动力承担。

课后习题

1. 城市轨道交通车辆制动系统由哪几部分组成？简述各部分的功能。
2. 简述目前的制动控制系统的分类。
3. 简述直通空气制动机、自动空气制动机和直通自动空气制动机在结构和工作原理方面的区别。
4. 简述电气指令式制动控制系统的分类。
5. 城市轨道交通车辆制动系统中的制动控制系统由哪几部分组成？简述电气指令单元、电子制动控制单元（EBCU）、空气制动控制单元（ABCU）的功能。
6. 电制动与空气制动的控制方式有哪些？
7. 简述电空复合制动的控制原则。
8. 简述6节4M2T编组的地铁列车（以"等磨耗"为设计原则）的制动控制系统编组内的空气制动与电制动之间的复合控制关系。
9. 简述6节4M2T编组的地铁列车（以"等磨耗"为设计原则）的制动控制系统单元内的空气制动与电制动之间的复合控制关系。

项目三　制动控制原理

任务一　制动力的产生

目前城市轨道车辆中除了橡胶车轮的列车和磁悬浮列车等特殊交通系统外，绝大部分城市轨道车辆采用的是钢轨、钢轮的行走方式。因此，首先要研究钢轨与钢轮之间的相互关系，以及它们在运行中的各种工况。

轮对由一根车轴与两个车轮组成，在钢轨上运行时，一般承受垂直载荷、纵向载荷和横向载荷。垂直载荷来自车辆对轮对的正压力，纵向载荷主要来自牵引及制动，横向载荷来自车辆的蛇行运动。牵引时，牵引电机通过传动机构，将牵引动力传递给动车的动力轮对（动轮），由车轮和钢轨的相互作用产生使车辆运动的反作用力。根据物理学中有关机械摩擦的理论，轮轨间的切向作用力性质和静摩擦力性质类似。为了便于理解车轮和钢轨的相互作用力，用静摩擦力代替车轮和钢轨的相互作用。最大静摩擦力就是钢轨对车轮的反作用力的法向分力与静摩擦系数的乘积。稳态前进的非动力轮的车轮在不制动时，其纵向切向力平衡轴承阻力和蛇行时的惯性力。因此，无论是动力轮对还是从动轮对都存在着纵向切向力，它导致了轮轨之间的纵向相对运动。但实际上事情并非那么简单，动轮与钢轨间切向作用力的最大值与物理学上的最大静摩擦力相比要小一些，情况也更复杂一些。在分析轨道车辆的轮轨关系时，通常必须引入两个十分重要的概念，即"黏着"和"蠕滑"。

一、黏着

1. 黏着的概念

某城轨车辆的动车以速度 v 在直线路上运行时的动车轮对的受力情况如图3-1所示（图中忽略了其内部的各种摩擦阻力）。

在图3-1中，P_1 为一动轮轮对作用在钢轨的正压力，又称为轮对的轴重。牵引电机作用在轮对上的驱动转矩 M_i 可以用一对力偶 P_i 代替，可等效为一对力偶 F_{iA}、F_{iB}，分别作用于轮轨接触点 C 和轴心 O。F_{iA} 的反作用力 f_i 是钢轨给轮对的。当 f_i 与 F_{iA} 平衡时，力 F_{iB} 由于没有外力与之平衡，就使得轮对以 C 点为中心产生向前的滚动。在轮轨接触点 C 处，当 f_i

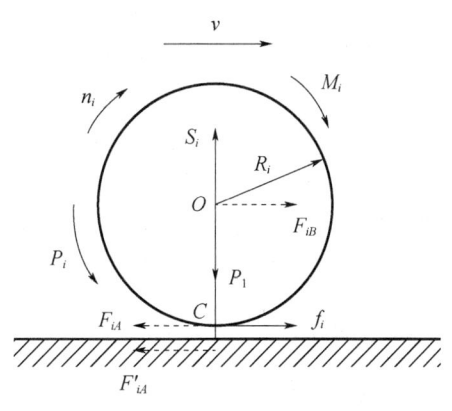

图3-1　轮对与钢轨受力分析

与 F_{iA} 相等时，轮轨处于相对静止状态。

F_{iA} 及 F_{iB} 的大小为 $F_{iA}=F_{iB}=\dfrac{M_i}{R_i}$，

与之对应，轮周牵引力大小为：$f_i=\dfrac{M_i}{R_i}$，R_i 为动轮半径。

当 $f_i = F_{iA}$ 时，轮轨接触点 C 保持相对静止，轮轨之间没有相对滑动，动轮对做纯滚动运动——"黏着"状态。黏着是指轮轨接触点保持相对静止而不发生相对滑动的现象。黏着的条件为钢轨对轮对能够产生与 F_{iA} 相等的摩擦力 f_i。

2. 黏着力的特点

在一定的轮轨接触条件下，轮周牵引力 f_i 随着电机驱动转矩 M_i（也可以看作 F_{iA}）的增加而增大，当 M_i 增大到一定值时，f_i 达到极限值 $f_{i\max}$，并且不再增大。此时，如果继续增大 M_i，将会出现 $F_{iA}>f_i$ 的情况，轮轨在接触点处将出现相对滑动。轮轨发生相对滑动时，f_i 将急剧减小，导致滑动进一步加剧，动轮将进一步加速旋转。黏着力的极限值 $f_{i\max}$ 与轮对的轴重 P_i 成正比，即：

$$f_{i\max}=\mu P_i \tag{3-1}$$

式中，比例系数 μ 称为黏着系数，仅与轮轨接触面的状态相关。

式（3-1）表明，在轴重一定的条件下，轮轨间的最大黏着力由轮轨间系数的大小决定。当轮轨间出现最大黏着力时，若继续加大驱动转矩，一旦切向力 F_{iA} 大于最大黏着力，车轮上 C 点将向左移动，轮轨间出现相对滑动，黏着状态被破坏。这时车轮与钢轨的相对运动由纯滚动变为既有滚动也有滑动，此时，钢轨对车轮的反作用力 f_i 由静摩擦力变为滑动摩擦力，其值迅速减小，并使车轮的转速上升。这种因驱动转矩过大而破坏黏着关系使轮轨间出现相对滑动的现象，称其为"空转"。当车轮出现空转时，轮轨间只能依靠滑动摩擦力传递切向力，因而传递切向力的能力大大减小，并且会造成车轮踏面和轨面的擦伤。因此牵引运动尽量防止出现车轮的空转。

空转的预防措施：

（1）采取空转检测保护措施；

（2）改进电机的特性；

（3）撒砂；

（4）提高驾驶技术——现代控制技术，黏着控制。

黏着系数是由轮轨间的物理状态确定的。加大每个轮对作用在钢轨上的压力，即增加轴重，可以提高每个动轮对的黏着力和牵引力。但是轴重也受到钢轨、路基和桥梁等各种条件的限制，不可能无限制地增加。城市轨道交通车辆由于采用动车组形式，动轮对的数量比一般铁路列车多，动力和黏着力比较分散，牵引力总量又很容易达到，与铁路列车的动轮对和牵引力都集中在机车头的情况相比，城市轨道交通车辆利用黏着条件就相对好得多，因而对保护轮轨间的正常作用是很有利的。

二、蠕滑

1. 蠕滑的概念

传统理论认为，钢轮相对钢轨滚动时，接触面是一种干摩擦的黏着状态，除非制动力或牵引力大于黏着力时才会转入滑动摩擦状态。但是研究表明，由于车轮和钢轨都是弹性体，滚动时轮轨接触处会产生弹性变形，这种新的弹性变形会使接触面间发生微量滑动，称之为"蠕滑"（Creep）。对蠕滑的研究和分析可以进一步深化读者对黏着的认识。

蠕滑的产生主要是由于在车轮接触面的前部产生压缩，后部产生拉伸；而在钢轨接触面的前部产生拉伸，后部产生压缩。随着车轮的滚动，车轮上原来被压缩的金属陆续放松并被拉伸；而钢轨上原来被拉伸的金属陆续被压缩，因而在接触面的后部出现滑动。

如图 3-2 所示，切向力在接触面上形成两个性质不同的状态和区域，接触面的前部轮轨间没有相对滑动，称为滚动区，用阴影线表示；接触面的后部轮轨间有相对滑动，称为滑动区。这两个区域的大小随切向力的变化而变化。当切向力增大时滑动区面积增大，滚动区面积减小。当切向力超过某一极限值时，滚动区面积为零，只剩下滑动区，整个接触面间出现相对滑动，轮轨间黏着被破坏，车轮在钢轨上开始明显打滑，即出现"空转"。

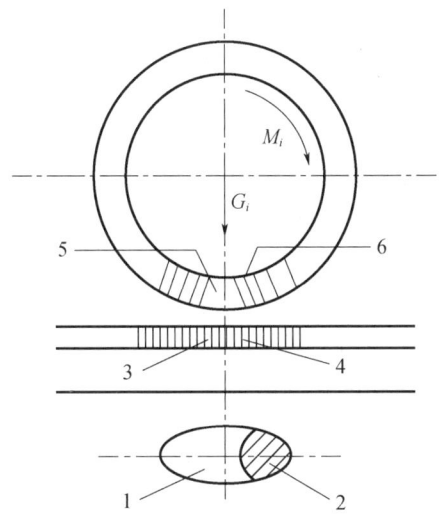

1—滑动区；2—滚动区；3—压缩；4—拉伸；5—拉伸；6—压缩。
图 3-2 切向力在接触面上形成的滚动区和滑动区

蠕滑是滚动体的正常滑动。车轮在滚动过程中必然会产生蠕滑现象。伴随着蠕滑产生静摩擦力，轮轨之间才能传递切向力。由于蠕滑的存在，牵引时车轮的滚动圆周速度将比其轮心前进速度要大。这两种速度之间的差值称为蠕滑速度，以一个无量纲比值蠕滑率 σ 来表示蠕滑的大小

即
$$\sigma = \frac{\omega R_i - v}{v} \tag{3-2}$$

式中　v——车轮轮心前进速度；
　　　ω——车轮转动的角速度。

轮轨间由于摩擦产生的切向力反过来作用于驱动机构，随着切向力的增大，驱动机构内的弹性应力也增大。当切向力达到极限时，由于蠕滑的积累波及整个接触面发展成为真滑动。积累的能量使车轮本身加速，这时驱动机构内的弹性应力被解除。由于车轮

的惯性和驱动机构的弹性,在轮轨间出现滑动—黏着—再滑动—再黏着的反复振荡过程,一直持续到重新建立稳定的弹性应力为止。

2. 黏着系数与蠕滑率关系

如图 3-3 所示,通过试验统计可以得到黏着-蠕滑特性曲线。

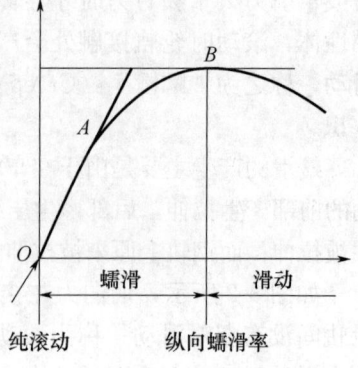

图 3-3 黏着-蠕滑特性曲线

三、牵引力及制动力的产生

轮对在驱动转矩 M_i 作用下,如果满足黏着条件,可从轮轨接触点获得轮周牵引力 f_i。产生牵引力的两个条件:驱动转矩 M_i(外因)和黏着条件 μ、P_i(内因)。最大牵引力受最大黏着力限制 $f_{i\max}=\mu_{\max}P_i$。

机车牵引力 $F=\sum f_i$

机车的最大牵引力不能超过所有轮对最大黏着力之和 $F_{\max}\leqslant\sum\mu_{i\max}P_i$

黏着条件下机车的最大牵引力也可以表示为 $F_\mu\leqslant\mu_j P_\mu$,$\mu_j$ 为机车可利用的等效黏着系数,P_μ 为机车可以利用的总轴重(机车质量)。

机车的驱动力大于 F_μ 时,黏着条件最差的动轮就会产生空转,机车的牵引力立即下降,产生滑动、黏着、再滑动的振荡过程。

与牵引运行类似,制动力的形成也是通过轮轨间的黏着产生的。为了降低列车运行速度或者为了停车,必须用外力将列车的动能移走。移走列车动能的过程称为制动。一般城市轨道交通车辆的制动方式有 3 类,即摩擦制动(包括闸瓦制动和盘式制动)、动力制动(包括再生制动和电阻制动)和电磁制动(包括磁轨制动和涡流制动)。其中摩擦制动和动力制动都是通过轮轨黏着产生制动力的。下文以闸瓦制动为例说明通过轮轨黏着产生制动力的过程。

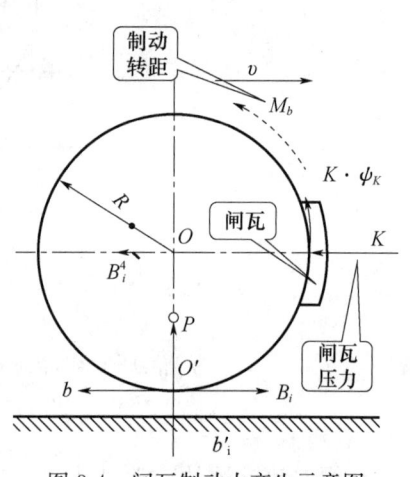

图 3-4 闸瓦制动力产生示意图

如图 3-4 所示为一个轮对利用闸瓦制动产生制动力的示意图。根据力矩平衡方程式 $\sum M=0$(将轮对作为隔离体)可以求得 $K\cdot\psi_K\cdot R=b\cdot R$

制动力在数值上等于闸瓦摩擦力,即 $K\cdot\psi_K=b$(kN)

制动力要受到轮轨间条件黏着的限制,即 $b_{\max}=(K\cdot\psi_K)_{\max}\leqslant P\cdot\mu$(kN)

分析几种情况:

(1) 当轨面状况不好时,黏着系数下降,易滑行。

(2) 紧急制动时,由于闸瓦压力 K 值增大,易滑行。

(3) 当速度 v 低时,黏着系数 μ 略大,而 ψ_K 随 v 下降而急剧增加,故比值 $\dfrac{\mu}{\psi_K}$ 下降易发生滑行,尤其是在将要停车时更易滑行。

制动力的大小可以采用增加或减小闸瓦的压力来调节，但不得大于黏着条件所允许的最大值。否则车轮被闸瓦"抱死"，车轮与钢轨间产生相对滑动，车轮的制动力变为滑动摩擦力，数值立即减小，这种现象称为"滑行"，是与牵引时的"空转"相对应的一种黏着状态被破坏的现象。滑行时制动力大大下降，制动距离增加，还会造成车轮踏面与钢轨的擦伤，因此必须避免。

动力制动产生制动力的过程与摩擦制动基本类似，只是制动转矩是由电机（这时电机处于发电机状态）产生的，而不是闸瓦产生的。但它们都是通过轮轨黏着产生的。因此牵引力、摩擦制动力和动力（电气）制动力都是黏着力，它们与黏着关系密切。充分利用好黏着条件不仅是牵引必须注意的，对于制动来说也同样重要。"滑行"和"空转"都是必须避免的。

唯一不受黏着条件限制的制动力是电磁制动力。电磁制动有两种形式，即磁轨制动和涡流制动。磁轨制动是将带有磨耗板的电磁铁落在钢轨上，接通励磁电流，使电磁铁紧紧吸附在钢轨上，并通过磨耗板与轨面产生制动力。涡流制动的电磁铁没有磨耗板，它将电磁铁落在距轨面 7～10mm 处，电磁铁与钢轨间的相对运动引起电涡流作用形成制动力。磁轨制动在欧洲的轻轨车辆或有轨电车上经常能看见，主要用于紧急制动，磁轨制动应用最多的是高速列车和磁悬浮列车。

四、影响黏着系数的因素

由于黏着系数与制动有着重要的关系，所以长期以来，影响黏着系数的主要因素就成为世界上众多科技专家研究的方向。对轨道黏着系数的研究主要依靠试验。不同轨道的黏着系数不同，需要经过大量试验和对试验数据的计算分析才能得到。通过专家们的试验分析表明，影响黏着系数的主要因素有以下 4 项。

1. 车轮踏面与钢轨表面状态

干燥、清洁的车轮踏面与钢轨表面的黏着系数高，如果踏面或轨面受到污染，则黏着系数将有很大下降。试验结果表明，干燥、清洁的轨面（车轮踏面与钢轨表面），其黏着系数可达 0.3，而受到雨雪浸湿的轨面，其黏着系数仅为 0.12。对于城市轨道交通，地铁、轻轨和有轨电车的轨面由于所处环境的不同，其黏着系数有着巨大的差别。晴天地面的轨面黏着系数要比潮湿隧洞里的轨面黏着系数高，但雨雪天气隧洞里的轨面黏着系数反比地面的要高。冰霜凝结在轨面上或细雨打湿轨面时，黏着系数非常低，但大雨冲刷、雨后生成的薄锈却使黏着系数大大增加。油的污染会使轨面黏着系数下降，撒砂则能使轨面黏着系数增加。

2. 线路质量

钢轨越软或道床下沉越大，轨面的黏着系数越小，钢轨不平或直线地段两侧的钢轨顶不在同一水平面，以及动轮所处位置的轨面状态不同，都会使黏着系数减小。

3. 车辆运行速度和状态

车辆运行速度增高加剧了动轮对钢轨的纵向滑动和横向滑动及车辆振动，使黏着系数减小。特别是在车轮与钢轨表面被水污染的情况下，黏着系数随速度增加而急剧下降。车辆运行中由各种因素导致轴重转移，也会影响黏着系数。例如，车辆过弯道时，造成车辆车轮一侧加载，另一侧减载，使黏着系数大幅度下降，如果曲线半径越小，黏着系数下降就越多。牵引和制动工况对黏着系数也有一定影响,牵引时的黏着系数要比制动时大一些。

4. 动车有关部件的状态

牵引电机特性不完全相同,牵引力大的容易空转或打滑,导致黏着系数下降;各个动轮的轮径不同,轮径小的容易空转,但不容易打滑;各个动轮的动负载不同,动负载轻的容易空转或打滑。一旦发生空转或打滑,黏着系数就急剧下降。

任务二　制动力的计算与分配

一、运行阻力

城市轨道电动车组的运行阻力可以分为基本阻力和附加阻力,由车轮与轴承摩擦、车轮与钢轨摩擦和运行时空气阻力等原因产生的,在电动车组运行时始终存在的阻力称为基本阻力;由坡道、曲线和隧道等原因产生的,只在个别情况下存在的阻力称为附加阻力。

运行阻力与电动车组的质量成正比,因此在制动计算中常常用单位质量的阻力来计算,称为单位阻力;相应的基本阻力与车重之比称为单位基本阻力,用 ω_0 来表示,单位为 N/t;附加阻力与车重之比称为单位附加阻力,例如 ω_i 表示单位坡道阻力,ω_r 表示单位曲线阻力等,ω_s 表示单位隧道阻力,它们的单位均为 N/t。

1. 基本阻力计算

由于基本阻力的影响因素比较复杂,在实际运用中很难用理论公式来计算,通常按照大量试验综合得出的经验公式来进行计算。

$$\omega_0 = A + Bv + Cv^2$$

式中　v——速度,km/h。

例如,国内外的一些基本阻力计算的经验公式:

日本新干线 100 系列电动车组:$\omega_0 = 12.50 + 0.0160v + 0.001449v^2$

法国 TGV 电动车组(2 辆动车、8 辆拖车):$\omega_0 = 7.132 + 0.0785v + 0.001450v^2$

德国 ICE 电动车组(2 辆动车、14 辆拖车):$\omega_0 = 11.381 + 0.0520v + 0.00177v^2$

意大利 ETR500 电动车组:$\omega_0 = 5.984 + 0.1001v + 0.001109v^2$

中国 21 型、22 型客车(最大运行速度为 120km/h):$\omega_0 = 16.28 + 0.0736v + 0.001521v^2$

中国 25B 型、25G 型客车(最大运行速度为 140km/h):$\omega_0 = 17.85 + 0.0981v + 0.001422v^2$

2. 附加阻力计算

附加阻力由坡道附加阻力、曲线附加阻力以及隧道附加阻力组成。

(1) 坡道附加阻力计算

坡道附加阻力实际上就是电动车组在坡道上运行时,车组沿坡道方向的分力,如图 3-5 所示。当电动车组上坡时,坡道阻力与电动车组运行方向相反,阻力是正值;反之,坡道阻力为负值。显然坡道阻力的大小与坡道的陡峭程度有关。表示坡道陡峭程度的参数是坡度，用字母 i 来表示，它是指坡道终点对起点的高度差与两点之间的距离之比，其值以千分数计，即 $i=\dfrac{BC}{AC}\times 1000‰$。

对运行机车进行受力分析（图3-5）可知：
$$\dfrac{W_i}{q}=\dfrac{BC}{AB}$$
变形得

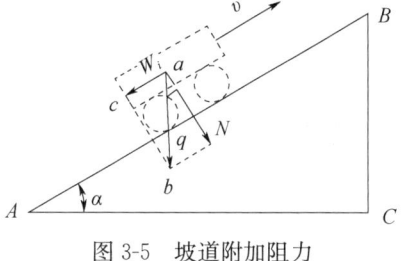

图3-5 坡道附加阻力

$$W_i=\dfrac{BC}{AB}\times q=\dfrac{BC}{AB}\times mg\ (\text{kN})=1000‰\times\dfrac{BC}{AB}\times mg\ (\text{N})$$

式中 m——电动车组质量，t；
g——加速度，m/s²。

单位坡道阻力为：$\omega_i=\dfrac{W_i}{m}=1000‰\times\dfrac{BC}{AB}g=ig$（N/t），即电动车组的单位坡道阻力在数值上等于该坡道的坡度与重力加速度的乘积。

（2）曲线附加阻力计算

电动车组曲线运行时，车轮轮缘压向外轨头产生滑动摩擦，车轮在轨面产生横向滑动，以及车辆心盘和旁承因转向架的转动而产生摩擦等。这些增加的摩擦损失造成的阻力称为曲线阻力。曲线阻力与曲线的半径、电动车组运行速度、曲线的外轨超高等许多因素有关，难以用理论方法推导，一般按大量试验得出的经验公式来计算。

单位曲线阻力是曲线半径的函数，其公式为：$\omega_r=\dfrac{A}{R}g$（N/t）。

式中 R——曲线半径，m；
A——经试验确定的常数，其值各国有差异，为450~800，我国标准一般取 $A=700$。

（3）隧道附加阻力计算（ω_s）

隧道附加阻力是列车进入隧道时所附加的空气阻力。隧道附加阻力与许多因素有关，如隧道长度、运行速度、列车长度、列车的迎风面积、隧道的净空面积等。最简单的单位隧道阻力计算公式 $\omega_s=KL/m$，其中 K 为常数，m 为电动车组质量，L 为隧道长度。

（4）电动车组总运行阻力计算，将各种阻力叠加：$W_k=(\omega_0+\omega_i+\omega_r+\omega_s)m$，式中 m 为电动车组质量，单位 t。

二、制动力的计算

1. 空气制动力计算

地铁整列车制动系统由每辆动车的电制动系统和每辆车（拖车或动车）的空气制动系统两部分组成。一般来说，两动一拖（或一动一拖）为一个单元，每列车共有两个单元。以两动一拖B型车为例，采用如下技术参数来计算每辆动车、拖车在不同工况下所需要的制动力大小。

最高运行速度：80km/h；
常用制动减速度：1.0m/s²；

紧急制动减速度：1.20m/s²；
常用制动冲击率：小于0.75；
每辆拖车自重：33t；
每辆动车自重：38t；
供电：DC1500V。
载荷设计：
AW0工况：拖车、动车的自重；
AW1工况：拖车、动车均56位乘客，60kg/人；
AW2工况：除坐客外，站客6人/m²，拖车、动车站立面积均为42m²；
AW3工况：超员情况，站客9人/m²。

由于地铁车辆制动设计要求比较高，在计算车辆制动力大小时，需要考虑车辆的转动惯量。根据有关资料提供，动车转动惯量负载大小按动车自重的14%考虑，拖车转动惯量负载大小按拖车自重的6%考虑。

每辆动车的转动惯量负载：38000×14%＝5320（kg）
每辆拖车的转动惯量负载：33000×6%＝1980（kg）
在不同的负载情况下，每辆动车、拖车的制动总负载见表3-1。

表3-1 不同工况下每辆车的制动总负载

负载工况	拖车（kg）	动车（kg）
AW0	34980	43320
AW1	38340	46680
AW2	53460	62800
AW3	61020	69360

根据牛顿第二定律得知，每辆车所需制动力大小计算公式如下

$$B=Ma$$

式中　B——每辆车所需制动力的大小，N；
　　　M——制动总负载，kg；
　　　a——制动减速度 m/s²。

在常用制动减速度1.0m/s²的要求下，进行每辆车不同工况下所需要制动力大小计算如下。

（1）每辆拖车所需要制动力大小
$B_{W0}=34980×1.0=34980$（N）
$B_{W1}=38340×1.0=38340$（N）
$B_{W2}=53460×1.0=53460$（N）
$B_{W3}=61020×1.0=61020$（N）

（2）每辆动车所需要的制动力大小
$B_{W0}=43320×1.0=43320$（N）
$B_{W1}=46680×1.0=46680$（N）
$B_{W2}=62800×1.0=62800$（N）

$B_{w3}=69360×1.0=69360$（N）

同样方法可以得到在紧急制动减速度为 $1.2m/s^2$ 的要求下，每辆车不同工况情况下所需制动力的大小，计算结果略。

2. 电制动力计算

地铁车辆常用制动过程以电制动为主，而电制动力是由牵引电机产生的。通过电机工程学的理论，制动车辆速度从 80km/h 逐渐降为 0 的过程中，电机的制动工况可分为 80~50km/h、50~6km/h、6km/h~0 共三个阶段。在这三个工况中，电制动转矩的大小通过计算获得，分别对应为 1.25kN·m、2.0kN·m、0。由下列公式可以算得每根动车轴上的不同速度区间制动力大小

$$b=\frac{T·i·\eta}{r}$$

式中　b——每根动车轴上电制动力大小，N；
　　　T——电机制动转矩，kN·m；
　　　i——传动比；
　　　η——传动效率；
　　　r——轮径，m。

通过计算，可以得出车辆制动过程中，电制动力比较充足，只在 80~60km/h 的高速度和 6km/h 以下的低速度时电制动力减小，需要施加空气制动，以满足列车制动需求。

三、制动力的分配

常用制动与快速制动均采用电空混合制动，制动力的分配原则相同。

电制动与空气制动的混合制动功能随列车配置的不同有所差异，但其基本分配原则相同。

1. 优先采用电制动，不足的制动力再由空气制动补足。正常时，列车制动力首先分配给动车的电制动系统，还需要的制动力再分配给空气制动系统；当某个动车故障时，首先分配其他动车的制动力，电制动力不足的部分再由空气制动补足。

2. 减速度一致控制（舒适性原则）。当列车实施制动时，为减少列车制动时引起的纵向冲动，各车要满足统一的制动减速度。

一般地，常用制动时空气制动适时补充的制动力分配方式有如下两种：

1. 拖车空气制动优先分配（节能原则）

列车制动时，制动力先由动车电制动力承担，当动车电制动力不足以满足总制动力要求时，空气制动优先分配在无电制动的拖车（或电制动故障动车）或其转向架上，在拖车空气制动达到规定的限制值时，再将剩余的制动力平均分配到有电制动的车辆或转向架上。

拖车空气制动优先得到分配的措施，可使动车的电制动力设定值提高，电制动得到充分利用，节约能源；同时也尽可能地避免了动车上电制动和空气制动的复合作用，动车的滑行率减少。但采用这种制动力分配原则的控制方式也会造成动车和拖车的闸瓦磨耗程度相差较大，动车与拖车的车轮更换周期存在差异。此外还会造成动拖车间制动力与减速度要求不一致，从而引起列车制动冲动等问题。

2. 空气制动均匀分配（等磨耗原则）

列车制动时，同样优先使用电制动，但当电制动不足以满足总制动力的要求时，动车和拖车同时投入空气制动，空气制动力始终相等，这样就可以使动车和拖车的机械磨耗均匀。但在有电制动的车辆上，存在电制动和空气制动的复合作用，受黏着限制问题影响，电制动力通常不能得到完全发挥，同时动车的滑行率增加，动车的车轮擦伤严重，增加了镟轮次数。

现阶段我国高速动车组以及城市轨道列车上使用的列车制动力的分配，都是按照在满足节能原则（拖车空气制动优先分配）的情况下尽可能提高乘客的乘坐舒适性（减速度一致）的要求来设计的。

此外，如果某牵引系统电制动故障，损失的电制动力优先分配至正常运行的牵引系统。正常运行的牵引系统所能补偿的电制动力大小取决于车辆可利用的黏着系数的大小。若在充分使用可利用黏着系数的情况下，正常运行的牵引系统电制动力仍满足不了制动力的要求，则将所要求的总制动力和电制动力的差值由空气制动力进行补充，补充方式遵循以上两种制动力分配原则。

而实施紧急制动时，电制动力失效，各车直接通过载荷调整阀的调节输出当前质量下最大的空气制动力，列车运行速度较低，可采用恒定的减速度值控制。

任务三　防滑理论及防滑系统

一、制动时车轮与钢轨之间的三种状态

1. 纯滚动状态

车轮与钢轨的接触点无相对滑动，车轮在钢轨上做纯滚动。这时车轮与钢轨之间的摩擦力为静摩擦力，车轮与钢轨之间可能实现的最大制动力是轮轨之间的最大静摩擦力。这是一种难以实现的理想状态。

2. 黏着状态

列车制动时车轮在钢轨上滚动，由于车辆重力的作用，车辆与钢轨的接触面为一椭圆形的小面积，此时轮轨接触处既不是静止状态也不是滑动状态，在铁路术语中称这种状态为黏着状态。由于正压力而保持动轮与钢轨接触面相对静止的现象称为黏着。黏着状态下的静摩擦力又称为黏着力。依靠黏着滚动的车轮与钢轨黏着点之间的黏着力来实现车辆的制动，称为黏着制动。列车采用黏着制动时能够获得的最大制动力不会大于黏着力。

3. 滑行状态

滑行状态会对轮轨造成比较大的损坏（图3-6），是一种必须避免的事故状态。

车轮在钢轨上滑行时车轮与钢轨之间的制动力为二者的动摩擦力。由于动摩擦系数远小于静摩擦系数，因此一旦发生这种工况，制动力将大大减小，制动距离延长；同时，车轮在钢轨上长距离滑行，将导致车轮踏面的擦伤，危及行车安全。

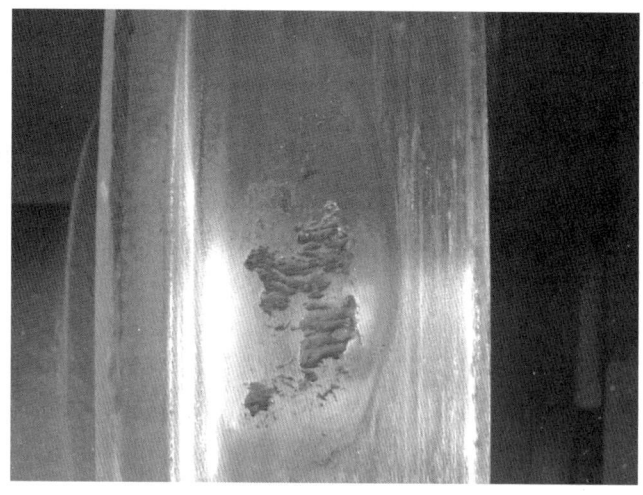

图 3-6　车轮滑行时造成的磨损

二、防滑控制机理分析

《列车牵引计算 第1部分：机车牵引式列车》（TB/T 1407.1—2018）中规定，机车的计算黏着系数按下式计算：

SS 型电力机车：$\mu = 0.24 + 12/(100 + 80v)$

国产直流电传动内燃机车：$\mu = 0.248 + 5.9/(75 + 20v)$

黏着系数表示了黏着的利用程度，它是具有一定分散性的随机因数。

1. 车轮滑行的形成

如果制动力的下降速度赶不上黏着系数的下降速度，那么由这种下降速度不平衡而建立起来的力的不平衡，将只能由车轮自己来消化，"滑行"就是这种自我消化的产物。列车产生制动效果的必要条件是制动力小于或等于黏着力。黏着区的调整是滑动区扩大造成的，而滑动区的扩大是由蠕滑率的扩大引起的。首先明确，黏着失去的根本原因是制动力大于所能实现的黏着力。恢复黏着的有效手段是使制动力减小，以满足"制动力小于所能实现的黏着力"这个平衡条件。

2. 防滑控制装置的功能

一旦检测到"因外界因素或较大的制动力引起黏着系数下降"时，就立即实施控制，尽快黏着恢复，充分提高黏着利用率。

3. 防滑控制的必要性

高速导致单轴功率和制动功率的不断提高。动力制动和强力制动装置的采用，带来了因制动力过大而导致滑行的倾向，列车制动滑行会产生普遍的轮轨发热、轮轨擦伤现象，严重时还会使线路失稳，产生胀轨跑道事故。因此，无论铁路客车还是城市轨道交通车辆，有效防止制动滑行都极为重要。

4. 进行防滑研究的基本原因

（1）制动黏着系数是车辆基础制动设计的基本参数之一；

（2）低速制动的黏着系数离散度较大是我国制动黏着系数分布的特点之一；

（3）车轮擦伤的问题依然存在，制动力基本为定值而黏着系数变化过大；

(4) 轮对踏面擦伤,危害随速度的提高而增加。

三、蠕滑理论

20世纪60年代以来,众多学者的研究指出滑动实际上包含了利与弊两个方面。一般来说,滑动反映的是传力条件,而黏着反映的是滚动条件。在力的方向上,接触面前沿的黏着区消失,这时的滑动是有害的;反之则是有利的。这就是著名的蠕滑理论。然而,黏着系数不代表传统的摩擦系数,根据近代滚动理论的发展,它实际上是静摩擦系数、法向压力、接触面积轴长比以及材料弹性常数4者的函数。

从宏观上看,轮轨相对滚动时,法向力是切向力存在的必要条件。除了接触表面状态之外,轮轨切向力的大小还决定于轮轨相对运动状态。简单说来,蠕滑是宏观上车轮的非纯滚动的状态,由于轮轨的弹性形变,轮轨接触面上存在着微观的黏着区和相对滑动区,因而车轮在钢轨上滚动时存在着一定的相对滑动,即车轮轮心实际前进速度v总是低于以车轮的圆周速度ωR_i计算的理论值。这是由于在旋转力矩的作用下,轮轨接触面产生向后的弹性变形所至,这个现象称为蠕滑。蠕滑大小的程度可用滑移率σ来表示。

即
$$\sigma = \frac{\omega R_i - v}{v}$$

虽然这种表示方法是一种近似的表示方法,但便于获得检测信号使防滑控制系统获得控制信号。

此外,在一些滚动接触理论中,滑移率定义为有切向力作用时车轮滚过距离与无切向力作用时车轮滚过距离之差的变化率,也就是说,如果轮轨之间不存在相对滑行,那么车轮将在钢轨上做纯滚动,滚过的距离等于车轮所转圈数乘以车轮圆周长所得距离。

即
$$S = n \times 2\pi R$$

然而,由于相对滑动的存在,车轮的滚动已不再是纯滚动,而是伴随着有车轮相对钢轨滑动发生,车轮实际滚过的距离与纯滚动距离之差的变化率用滑移率来描述,即

滑移率=(车轮实际滚过的距离-纯滚动距离)÷纯滚动距离

蠕滑是一种轮轨设备都可以接受和容忍的微量滑行现象,理论上可以将这种微量滑行按其滑移量的大小划分为贯穿整个滑移发展过程的若干发展阶段。

1. 正常运行区

正常运行区又可分为以下两个阶段:

(1) 微量滑移阶段(弹性形变阶段):$\sigma \leqslant 0.2\%$

(2) 轻度滑移阶段(弹塑性形变阶段):$0.2\% < \sigma \leqslant 1\%$

2. 稳态运行区

稳态运行区又可分为以下两个阶段:

(1) 稳定滑移阶段:$\sigma = 10\% \sim 25\%$

(2) 振荡滑移阶段:$\sigma = 26\% \sim 35\%$

3. 非稳态运行区

非稳态运行区只有一个阶段(打滑阶段):$\sigma > 35\%$。

4. 销轴滑行区

在销轴滑行区,轮对速度下降,直至停止转动,处于完全在钢轨上的滑行状态。防

滑控制一般是在 $\sigma \leqslant 35\%$ 进行，也就是在稳态运行区中进行。还可以把稳态运行区按照滑移程度的不同又分成3个阶段，即：

(1) 稳定滑移阶段：$\sigma < 10\%$，此阶段可以不进行控制或只做低级控制。该阶段应充分挖掘黏着潜力，提高制动性能。

(2) 自滑移阶段：$\sigma = 10\% \sim 26\%$，此阶段已有滑移量迅速扩大的趋势，必须采用防滑措施进行滑移量的控制。它是防滑控制的主要区域。

(3) 临界滑移阶段：$\sigma = 26\% \sim 35\%$，此时黏着已经破坏，并已进入宏观滑行的界限，随着黏着系数的迅速下降和滑移率的增大，轮轨间已无能力产生可与连续制动力相平衡的切向力。必须在此区域实行高级别的控制以抑制滑移发展成为宏观上的滑行。

四、防滑控制系统

防滑控制装置的功能：一旦检测到因外界因素或较大的制动力引起黏着系数下降时就立即实施控制，尽快黏着恢复，充分提高黏着利用率。

1. 防滑系统控制总体思路（图3-7）

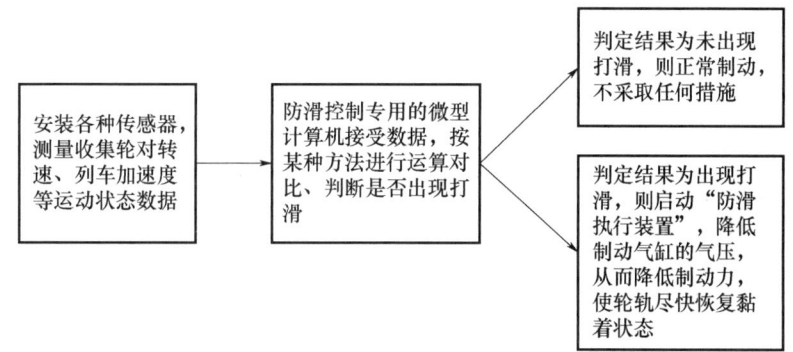

图3-7 防滑系统控制总体思路

2. 防滑系统的基本结构（图3-8）

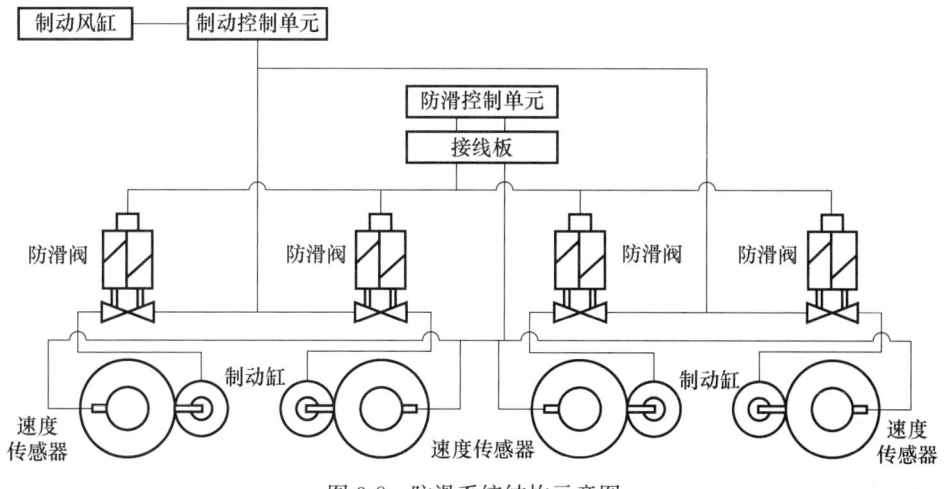

图3-8 防滑系统结构示意图

防滑控制系统可以通过速度传感器检测出列车的正常速度以及列车与被抱死车轮间的速度差。这两个检测信号被传送到防滑控制系统的微处理器，微处理器通过比较和判断，然后发出防滑控制指令，防滑控制系统的执行装置按防滑控制指令的要求采取措施，使该车轮的制动力迅速降低，快速解除该车轮的滑行。当滑行消失时，微处理器得到消失后的速度信号后重新发出指令，恢复该车轮的制动力。

3. 防滑系统中的各类阀件

(1) 防滑系统中的"空气分配阀"

由于列车不是每节车厢都有压缩机，没有压缩机的车厢制动时，需要有压缩机的车厢为其"送气"，即依赖于列车"主风管"输送压缩空气来制动。因此在紧急情况下（如各节车厢分离，主风管漏气等），没有压缩机的车厢可能由于没有压缩空气而失去制动能力。所以，为了安全制动，必须采用反向设计，使列车实现"列车主风管减压-制动施加""列车主风管增压-制动缓解"的功能。

列车上的"副风缸"和"空气分配阀"是实现此功能的关键元件。空气分配阀又可称为"三通阀"，有三条通路。一条连接"列车主风管"，一条连接"副风缸"，一条连接"制动气缸"。防滑的关键零件"防滑阀"正是连接在三通阀与制动气缸的连接通路上，三通阀的工作原理如图3-9所示。

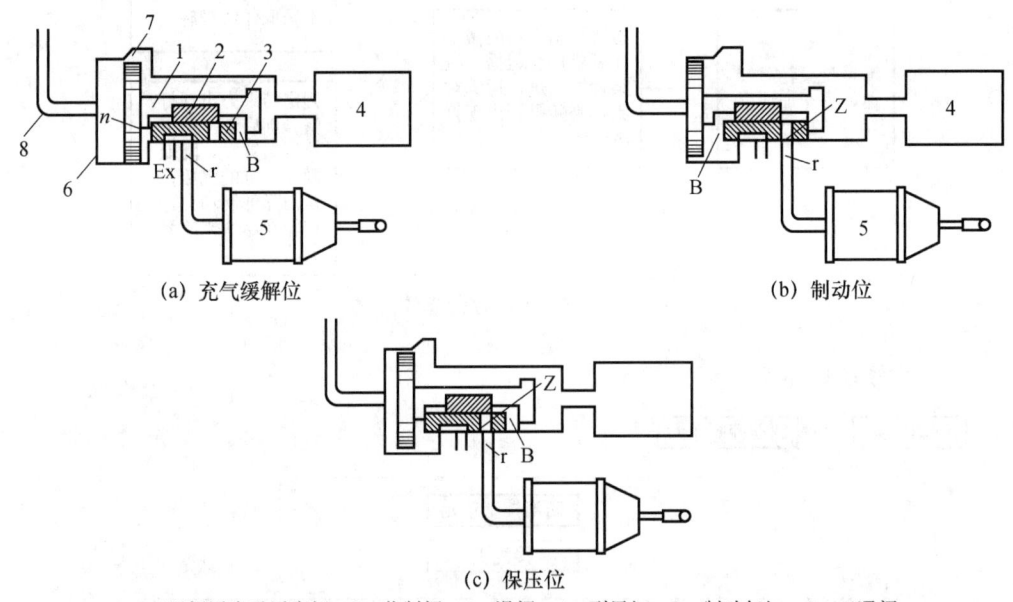

1—三通阀活塞及活塞杆；2—节制阀；3—滑阀；4—副风缸；5—制动气缸；6—三通阀；7—充气沟；8—列车主风管；Ex—排气口；B—间隙；r—滑阀座制动缸孔；Z—制动缸管。

图3-9 三通阀的工作原理

(2) 防滑系统中速度传感器的构造原理

在每一个车轴的轴头上装有一个齿数为80的齿轮，在轴箱盖上装有脉冲发生器，这就是速度传感器，用于检测列车速度和轮对速度。齿轮随车轮旋转一周发生80个脉冲信号，这些代表旋转速度的信号通过电缆送往微机控制单元。各个车轴的速度信号输入控制单元后随时进行监测、比较、修正、补偿，并对车轮是否滑行进行判别。速度传感器示意如图3-10所示。

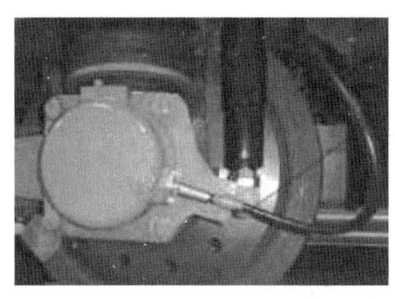 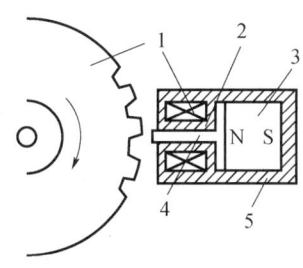

1—齿轮感应线圈；2—线圈骨架；3—永久磁铁；4—软磁铁轭；5—外壳（软磁材料）。

图 3-10　速度传感器示意图

(3) 防滑电磁阀工作原理介绍

防滑电磁阀（简称防滑阀）虽然在结构上形式各异，但就现在生产的防滑阀来说，其工作原理和设计要求几乎都一样。防滑阀是地铁车辆中电子防滑装置的主要组成部分，它安装在制动力传输路径上，是防滑控制回路中的执行机构，由防滑控制单元控制。

当防滑控制单元不发出防滑指令，防滑阀对正常的制动和缓解不产生影响；当防滑阀控制单元发出防滑指令时，防滑阀能够使制动缸压力逐级降低或者再次升高到由控制单元设定的数值。

目前轨道车辆使用的电磁阀主要有 GV12A、GV12A-1A、GV12-1B、GV12-2、GV12-ESRA。下面介绍 GV12A 防滑阀。

① 结构

防滑阀主要由一个双阀电磁阀、两个侧板、一个通道板、两个动作膜板、锥形弹簧和一个阀门支架组成，如图 3-11 所示。

图 3-11　防滑阀

双阀电磁阀由两个电磁阀组成，簧圈共在一个塑料盒内。其中一个称为保持电磁阀 VM2，控制通向制动缸的压缩空气的通与断，另一个称为排风电磁阀 VM1，控制已经充入制动缸的压缩空气向外排风的通与断，通过其电磁线圈的得电与失电，实现防滑控制，如图 3-12 所示为 GV12A 防滑阀原理图。

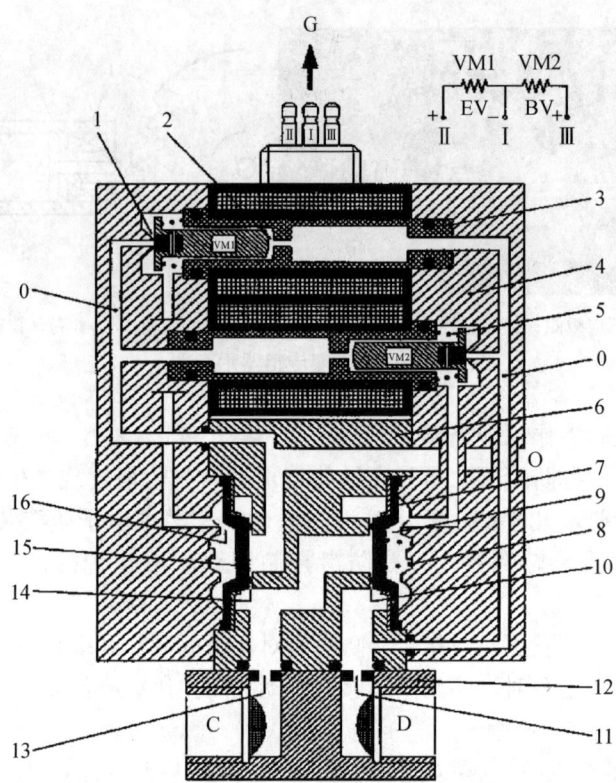

0—通路，大气出口；1—外部阀口；2—内部阀口；3—双阀用电磁铁；4—侧板；5—电枢弹簧；6—通道板；
7—D膜板；8—锥形弹簧；9—控制室SD；10—阀座VD；11—喷嘴d_D（非所有型号配备喷嘴）；
12—阀门支架；13—喷嘴d_C（非所有型号配备喷嘴）；14—阀座VC；15—C膜板；16—控制室SC。

图3-12　GV12A防滑阀原理图

两个阀座（VD，VC）分别由两个膜板开关控制，D膜板用于开关D室至C室的通道，C膜板使C室通大气。防滑阀D室与控制阀或压力转换器进行气动连接，C室与其控制的制动缸连接。电磁阀在未得电状态下，两个电枢弹簧的弹力将外部的阀口密封，内部的阀口被打开，膜板控制室SD通大气口O，膜板控制室SC通向双阀用电磁铁的输入管路。阀门拧在支架上。支架上有D和C管路的两个连接螺纹口。阀门从支架上拆下后，喷嘴d_D和d_C便很容易接近（并非所有型号都配备喷嘴）。

② 工作原理

无滑行现象。在没接收到滑行检测器的滑行信号时，保持阀VM2、排气阀VM1都为失电状态而在制动位置。压力空气流到入口D，它由密封垫片口经过排气阀VM1面的电磁阀通到排气阀部的隔膜背压室D，而使排气阀部的D膜板关闭，压力空气推开保持阀部的C膜板流入出口C。为此，压力空气由入口D经出口C送出，实施正常状态下的空气制动控制，如图3-13所示。在制动解除时阀门仍保持上述制动状态中所述位置，即入口D与出口C之间的通道保持开通状态。D管路内压力排出时，C管路内压力→VD阀座（开启）→D管路，随着D管路内压力不断降低。当锥形弹簧的弹力超过了D管路内压力（与膜板的有效面积有关），D膜板关闭，实施保压。

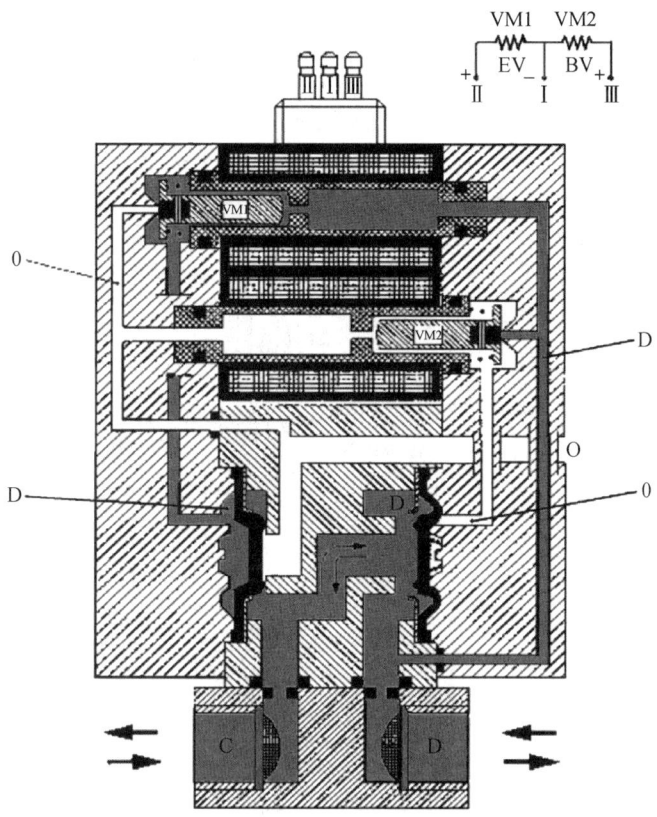

图 3-13 正常制动施加及缓解

有滑行时的功能如下：

排风功能：接到排气指令的同时，保持阀 VM2、排气阀 VM1 均得电，变成排气缓解位置，如图 3-14 所示。D 管路内的压力通过 VM2→控制室 SD，使 D 膜板上压力平衡，锥形弹簧将隔膜压到阀座 VD 上。D 管路内通 C 管路的压力被遮断。控制室 SC 通过 VM1 外部阀口→O，控制室 SC 排气。C 管路内的制动缸压力将 C 膜板压向左面，阀座 VC 打开，C 压力通过 VC→O，制动缸的压力空气会急剧排出，制动缸缓解。

保压状态：由于保持指令，保持阀 VM2 维持得电状态，排气阀 VM1 失电，切断压缩空气路径，处于不充不排的状态，制动缸的压力不变。给两个控制室（SD、SC）加 D 管路内的压力，如图 3-15 所示，隔板将阀座 VD 和 VC 关闭，截断 C 管路内压力与 D 管路内的压力通道以及大气 O 的通道。

制动功能：接收供给指令后保持阀 VM2 失电变成制动位置。此时排气阀 VM1 为失电，制动缸部的压力空气关闭排气。保持阀失电就连通入口 D 和出口 C，压力空气再从入口 D 供给到出口 C，同时制动缸的压力空气会恢复发生滑行前的压力。

由于需要根据当前的轮轨关系进行精确的黏着控制，因此在防滑控制中也引入 PWM 概念，通过阶段保压和阶段排风控制，对处于特定防滑控制阶段的制动力进行微调。因此，可以根据防滑系统调节逻辑的要求，快速（无级地）或慢速（一级一级地）增压或降压。进气或排气的压力梯度（无级）是由喷嘴 d_D 和 d_C 决定的。喷嘴的大小取决于需控制的管路 C 容积（并非所有型号都配有喷嘴）。

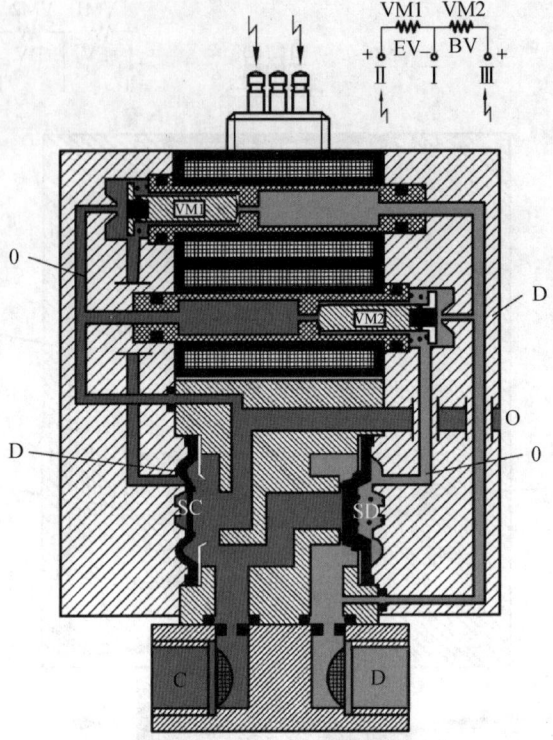

图 3-14 滑行缓解排风状态

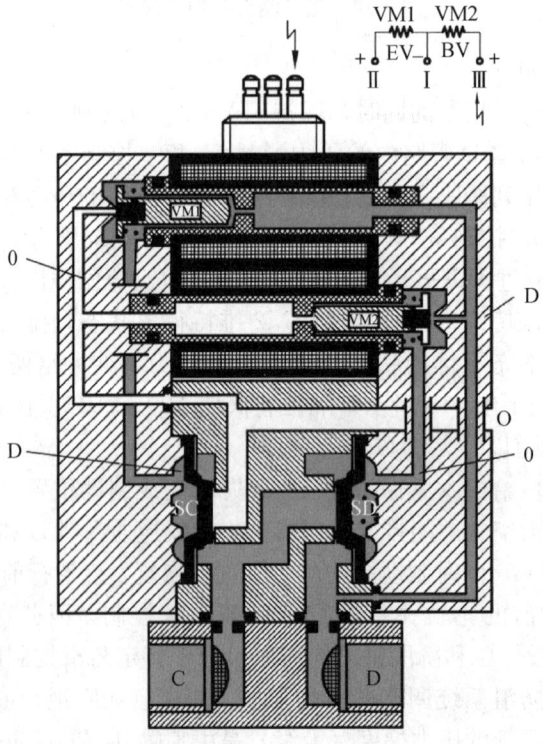

图 3-15 保压状态

五、防滑控制

1. 速度差判据控制

速度差是指某一根轴的速度与列车运行速度的差值。防滑时可针对速度差制定滑行检测标准。

对于速度差标准，车轮磨耗的允许值为 6%~7%再加上其他公差，因此速度差的范围很大。速度差标准定得过高会造成防滑控制系统误动作，速度差标准定得过低会导致灵敏度降低（日本的轨道交通一般取速度差标准值为 15km/h）。如果按高速范围制订速度差标准值，到低速时不一定能保证正常的防滑作用。因此，速度差标准不是一个固定值，而是速度的函数。也就是说，速度差值应随着列车速度的减小而逐渐减小，所以确定速度差是否超限的阈值是随列车速度变化而变化的一个函数，这就使防滑系统变得较为复杂。

能否精确地测定轮对间的速度差值是系统能否正常工作的关键。由于每个动轮直径不是绝对相同的，并且在运行中的磨耗也各不相同，所以轮对间的速度差总是存在的，尽管此时并没有发生滑动。这就要求在检测轮径速度差时，必须考虑此轮径差异的因素，并对轮径差异设置校正功能，我国列车运行允许的轮径差：同一车辆为 10mm，同一转向架为 7mm。

速度差控制是指当一辆车的四条轮对中的一条轮对发生滑行时，该轮对轴的速度必然低于其他没有滑行的轮对车轴的速度，将该轴速度与各轴速度进行比较并判定滑行轴的速度与参考轴的速度的差值。当比较差值大于滑行判定标准时，该车的防滑装置动作，降低该轴制动缸压力，此时该轴的减速度逐渐减小；当比较差值达到某个预定值时，防滑装置将使制动缸保压，使车轴速度逐渐恢复；当其速度差值小于滑行判定标准时，防滑装置将使制动缸压力恢复。

实践表明，轮对在连续滑行时，采用速度差判据控制，它需要把各根车轴联系在一起。同时，由于它往往受速度范围的制约，且对于车轮磨耗造成的轮对圆周尺寸的误差特别敏感，因此速度差标准的制定和设计是个复杂的问题。

2. 减速度判据控制

一辆车的某根轴滑行或四根轴以接近速度同时滑行时，用速度差是判别不了的，这时就需要采用减速度判据进行控制。当车轮速度发生突变时，减速度值也相应增大。当减速度值大于预定值时，防滑装置降低它所控制的制动缸压力；当减速度值逐渐减小恢复到预定值时，防滑装置将使制动缸保压；当减速度值进一步恢复，小于预定值时，防滑装置将使制动缸压力逐渐恢复。

减速度的标准是相对独立的，被检测的轴与其他轴无关。正是因为具有这个特点，所以绝大多数防滑控制系统（无论是机械离心式防滑器或电子防滑器）都采用此标准作为判据。

减速度判据值的确定对黏着利用也十分重要，部分防滑控制系统一般在减速度达到 $3\sim4km/s^2$ 时降低制动缸压力，而且作为定值不受速度变化的影响。

3. 减速度微分判据控制

上述使用减速度判据也有不足之处，是因为防滑机械部分动作的延迟使制动缸的压力变化作用滞后。例如安装在法国 TGV 车上的防滑器，在使用减速度判据的同时，还引入了减速度微分进行辅助判断，因为当减速度达到判据标准时，虽然防滑装置动作，但需经过延迟时间后制动缸压力才开始变化，延迟时间内减速度的变化快慢会不同，即减速度的微分不同，这就可能造成减速度变化快的防滑作用不良，而减速度变化慢的黏着利用不良。引入减速微分控制后，就有可能解决上述问题。

减速度微分控制的判据是

$$\left[a+\frac{\mathrm{d}a}{\mathrm{d}t}\Delta t\right]$$

式中　a——开始检测计算时的减速度值；

$\frac{\mathrm{d}a}{\mathrm{d}t}$——对减速度微分；

Δt——延时时间。

假定判据达到了滑行的判定值，则防滑系统动作，经过延时时间后，无论减速度变化快还是慢，制动缸压力开始变化的减速度都是相同的。控制制动缸压力开始变化时的减速度可以充分利用黏着和具有良好的防滑作用。但这种判断方式对防滑系统的要求较高，控制单元要求有较高的运算速度。

4. 滑移率判据控制

滑移率是某一轴的速度与参考速度之差值和参考速度的比值。采用滑移率作为判据时，认为某一条轴的滑移率达到一定值时就会发生滑行，防滑系统就会对该轴的制动缸压力进行控制，其控制过程与以上几种基本相同。

滑移率与黏着的利用密切相关，控制滑移率可以达到充分利用黏着的目的。日本的研究表明：当黏着系数为最大值时，滑移率将随着轨道的状况而发生变化，干燥轨道的滑移率一般在 3%～4%，所以认为"在微小滑行时，即使不产生缓解作用也会产生再黏着的情况很多，超过适当大小的滑行才会进行缓解，这样将会有助于缩短制动距离"。

针对滑移率，日本进行了专门试验，试验中把滑移率维持在 10% 以下。当滑移率低于 5% 时，瞬时黏着系数变化很小；当滑移率超过 5% 时，黏着系数趋于下降。这表明如果制动缸压力能被准确地控制，即车轮的滑移率能维持在确定水平，黏着就能得到有效利用，相应地也可防止滑行的产生。在日本 883 系摆式车组（最大速度为 130km/h）的制动试验中，使用常规防滑器制动距离延长 15%，而采用滑移率的防系统仅延长 3% 以内。

综上所述，根据轮轨间极限摩擦力水平，滑行控制的主要出发点是在合理控制滑移量值的基础上，充分利用和挖掘列车的黏着潜力，通过控制制动力使车轮滑移率保持在一定范围内，在防止滑行的基础上充分利用黏着，防止制动距离延长。

六、防滑系统的基本要求

1. 灵敏度高

在较高的速度范围内，由于黏着系数较低，城市轨道交通车辆本身容易发生滑行，即使是在很短的时间内，因滑行距离较长，危害也是相当严重的，因此防滑控制系统应该具有高灵敏度。同时，灵敏度也受滑行标准、滑行检测速度等诸多因素的影响。

一旦某根车轴发生了滑行需要迅速被检测出来，不但要采用多种标准，而且关键问题在于这些标准的具体设置。标准高可使检测灵敏、动作快，使滑行很快地被制止。但是标准定得过高，会使滑行控制的稳定性能变差，以至一些微小的滑行也使防滑控制系统动作，从而延长了制动距离危及运行安全；滑行标准若定得过低，会使滑行性能不安全，同时会使检测滞后时间延长。因此，制订防滑标准是一个复杂的技术工作，要充分考虑到防滑装置的结构及线路，使用的速度范围以及车轮的磨耗等诸多因素。

2. 防滑特性良好

防滑控制系统的防滑特性，是指当防滑控制系统检测到车轮发生滑行之后，通过逻辑线路和机械装置，立即切断动力制动并且使摩擦制动的制动缸快速缓解，而当车轮停止滑行并恢复再黏着以后，制动缸又重新充气的整个过程的特性。防滑特性不但取决于检测系统、机械部件的灵敏性，而且主要决定于防滑控制采用的控制方法及算法。防滑特性好，将会取得良好的防滑效果，使制动距离延长较短等。

通常一个具有良好防滑特性的防滑系统可以保证制动效率高、防滑反复动作次数少、制动距离适当延长、节约压力空气等特性。

课后习题

1. 什么是黏着？什么是蠕滑？
2. 影响黏着系统的主要因素有哪些？
3. 简述列车防滑控制的必要性？
4. 简述减速度判据控制的基本方法？
5. 防滑控制系统主要由哪几部分组成？
6. 防滑控制系统在判断滑行时使用的判断依据有哪几种？
7. 车辆制动时为什么会产生"滑行"？有什么危害？最重要的防滑方法是什么？
8. 试述制动力和黏着的计算。
9. 防滑阀GV12A在列车出现滑行时有哪三种状态？分别简述它们的工作过程。

项目四　电制动

列车制动系统是列车运行安全的重要保障措施。按照制动时列车动能的转移方式不同，城市轨道交通车辆制动可分为摩擦制动（空气制动）和电制动（动力制动）。摩擦制动属于机械方式，其制动力是通过压缩空气（或者液压力）使闸瓦等摩擦制动装置作用在轮对的踏面或者轮对的摩擦盘上而产生的。电制动也叫电气制动或动力制动，其制动力是由电磁作用产生的，电磁作用使电动机产生一个反向的转矩形成制动力；或者是使电磁作用力转换成摩擦力，从而在摩擦盘甚至在钢轨上产生制动力。

任务一　电制动基本概述

电制动是目前解决列车高速运行时进行制动的最佳选择，仅带驱动系统的动车具有电制动。当前电制动主要有3种形式，即再生制动、电阻制动、电磁制动（包括永磁制动），其中再生制动和电阻制动最为常用。从能量的角度来看，再生制动和电阻制动都是将列车的机械能（动能或势能）转变为电能，从而产生制动力。不同的是，再生制动时的能量能够回收、循环利用，可以提高能源利用率，是一种节能的制动方式；电阻制动利用制动电阻将电能消耗掉，但是不会对环境造成污染，符合环境保护的要求。因此，再生制动和电阻制动越来越受到人们的重视并得到广泛的应用。

再生制动和电阻制动的基本工作原理是利用牵引电动机的可逆性原理。在列车运行中，电机状态由电动机改变为发电机，由列车的惯性力带动，该发电机运行可通过调节发电机的负载，改变发电机的输出电流，从而可以调节列车向前运行的制动力。

虽然再生制动和电阻制动的应用领域越来越广泛，技术也越来越先进，但是在现实中仍存在一些应用问题：①再生制动和电阻制动难以实现停车的精确定位，例如地铁在进站时，车厢门必须对准站台上屏蔽门的中心线，对停车位置要求很高，因此机械制动系统仍然是不可缺少的；还有列车停放时的制动设备也必须采用机械制动方式。②再生制动和电阻制动在制动时，都需要制动系统为其励磁绕组进行供电，因此再生制动和电阻制动都是需要为其提供能源的，但相对于牵引系统来说需要的能源要少得多。

一、再生制动

当列车制动时停止从接触网受电，车辆的动能转化为电能，产生制动力，使列车减速。再生制动的工作原理如图4-1所示。在常用制动时，电机作为发电机运行，将车辆的动能转化为电能，经变频变压VVVF逆变器中的桥式整流电路变为直流电反馈于接触网，供列车所在接触网供电区段上的其他车辆牵引使用或供给本车的其他系统（如辅助供电系统）使用。

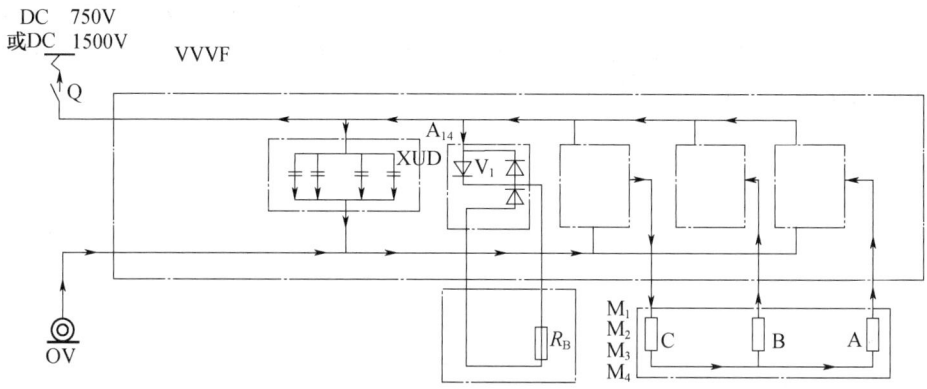

图 4-1 再生制动的工作原理图

再生制动取决于直流母线(接触网)的接受能力,即取决于网压的高低和负载的利用能力。设接触网额定电压为 U,当满足以下两个条件时列车可以实行再生制动并向接触网反馈电能:①接触网电压(在 $U\sim 1.2U$);②一定距离内必须有吸收再生电能的其他列车。例如上海轨道交通 2 号线为例,其制动原理如图 4-2 所示。

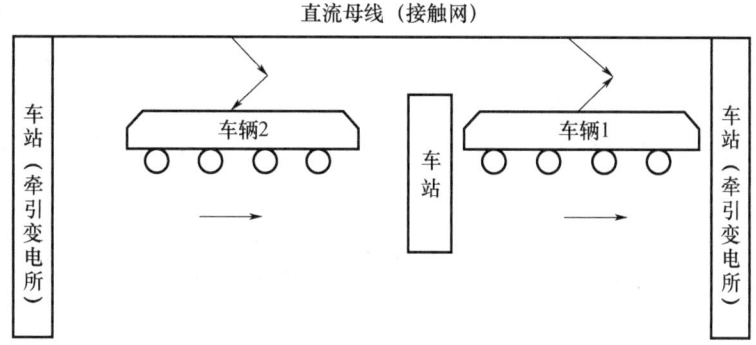

图 4-2 城市轨道交通车辆(上海轨道交通 2 号线)制动原理示意图

当车辆 2 距离车辆 1 足够近且接触网电压在 1500~1800V 时,车辆 2 可以吸收车辆 1 所产生的反馈电能,从而使车辆 1 产生再生制动。当接触网电压过压、欠压或者一定距离内无吸收反馈电能的车辆时,通过车辆牵引控制单元切断向接触网反馈电能的电路,实施电阻制动。当列车速度小于 8km/h 时,使用压缩空气作为动力源,对车辆实施机械制动直至列车停止。

二、电阻制动

如果在电制动的情况下,反馈能量不能被电网完全吸收,多余的能量必须通过制动电阻转换为热能消耗掉。制动斩波器的功能是确保大部分的能量能够反馈回电网,同时又保护电网上其他设备。

电阻制动的工作原理如图 4-3 所示。如果制动列车所在的接触网供电区段内无其他列车吸收该制动能量,VVVF 则将能量反馈在线路电容上,使电容电压 XUD 迅速上升。当 XUD 达到最大设定值 1800V 时,牵引控制模块(DCU,Drive Control Unit)启

动能耗斩波器模块 A_{14} 上的门极可关断晶闸管（GTO，Gate-Turn-Off Thyristor）V1 打开制动电阻 R_B，制动电阻 R_B 与电容并联，将电机上的制动能量转换为电阻的热能消耗掉。电阻制动能单独满足常用制动的要求。

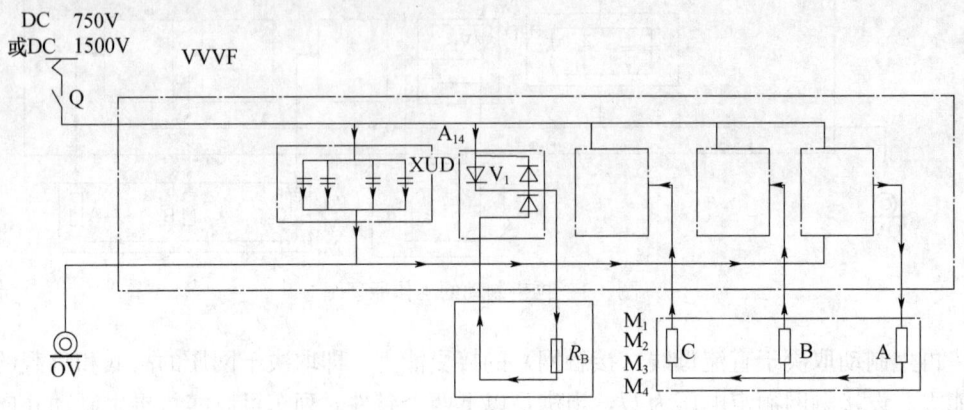

图 4-3　电阻制动的工作原理图

电阻制动是承担电机电流中不能再生的那部分制动电流。再生制动电流加电阻制动电流等于制动控制要求的总电流，此电流受电机电压的限制。再生制动与电阻制动之间的转换由牵引控制单元（DCU）控制，保证两者之间交替使用，转换平滑。当列车处于高速时，动车采用再生制动，将列车动能转换为电能；当再生制动无法再回收时（如当接触网电压上升到 1800V 时），再生制动能够平滑地过渡到电阻制动。

任务二　直流牵引传动的电制动

城市轨道交通车组的制动系统的制动力来自电机牵引传动的动力制动（电制动）和压缩空气制动两种。城市轨道车辆的电制动利用电机的可逆性原理。一台电机即可以作发电机也可以作电动机，只是运行条件不同，这就是电机的可逆性原理。在牵引工况时，电机做电动机使用，将电网的电能转化为列车的牵引力，通过调节电动机的端电压、电流、频率等参数的来调节牵引力的大小；在制动工况时，电机与电网分离，并且电机转化为发电机使用，由列车的惯性带动该发电机运行，把列车的惯性动能转化为电能。通过调节发电机的负载，改变发电机的输出电流，从而调节阻止列车向前运行的制动力。电机绕组产生的制动转矩成为阻止车轮向前转动的力矩，就是电制动，也称为动力制动。电制动根据采用电机的不同，分为直流牵引传动和交流牵引传动两种。

一、直流牵引传动动力制动的工作原理

直流牵引系统的直流牵引电动机在电气制动工况时牵引电动机改作发电机运行，这时牵引电动机电枢的转速方向与牵引工况相同，但产生的电枢电流与牵引工况相反，扭矩方向与牵引工况相反，此时发电机产生的转矩称为制动转矩，产生的制动力可以使列

车迅速减速。

直流发电机的励磁方式和直流电动机一样,有串励和他励之分。

串励电动机改为发电机状态实施制动时,必须改接励磁绕组从而保证在电枢旋转方向不变的情况下,电枢电流改变方向,产生制动转矩。另外,励磁方式的改接保证了励磁电流和产生的励磁磁通方向保持不变,可以在剩磁的基础上增加励磁,使发电机建立自激电压。串励电动机的励磁绕组改接示意图如图4-4所示。

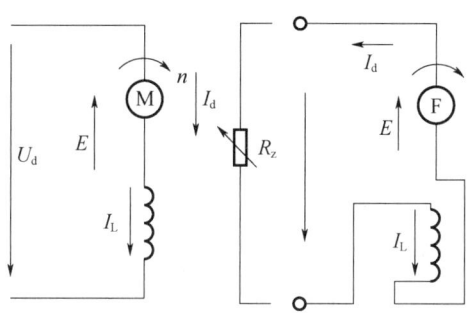

图 4-4　串励电动机的励磁绕组改接示意图

根据电机学原理,串励电机在实施电气制动时,由于串励发电机的电气不稳定性,因此在实施电气制动时很少采用串励方式,特别是电阻制动中基本上都是采用他励方式,尤其在大功率电力机车上。他励电阻制动原理如图4-5所示。

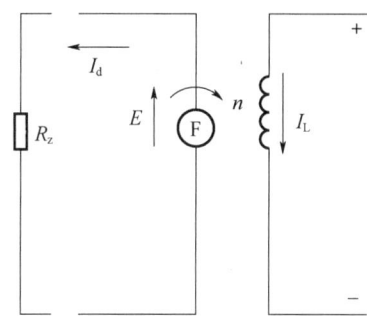

图 4-5　他励电阻制动原理

图4-5中,电阻制动时的制动电流 $I_d = E/R_z$,由于制动电流 I_d 与牵引状态下的电流方向相反,因此其转矩与电机的转速方向相反,形成制动转矩。

他励电阻制动存在的问题:列车在低速区的制动力受到最大励磁电流的限制,随着列车速度的降低制动力迅速减小,因此他励电阻制动不具备使列车停止的能力。

在电阻制动方式下,通常情况是各牵引电机使用各自的制动电阻,但也存在着两台电机共用同一个制动电阻的情况。在两台电机共用同一个制动电阻时,为保证电气稳定性,可以将两台电机的励磁绕组与其他电枢绕组交叉连接,称为桥式连接。虽然这时的励磁方式在形式上为串励,但本质上已经变为他励方式。如图4-6所示为上海地铁1号线列车制动电阻励磁方式。

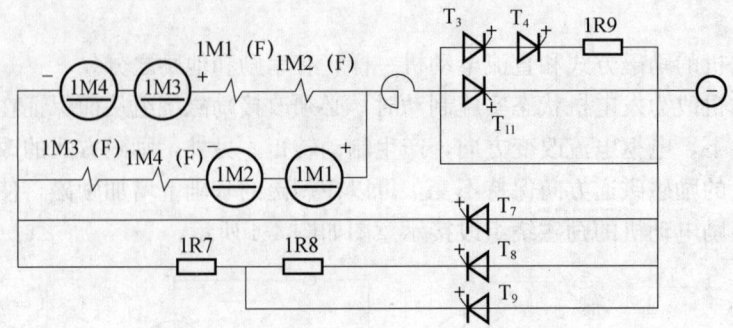

图 4-6　上海地铁 1 号线列车制动电阻励磁方式

二、直流牵引传动系统的调速

制动降低车辆的速度,在列车速度降低的过程中需对减速度进行有效控制。因此,与牵引工况调速一样,在制动工况时对电制动的调速控制是必须把握住的,在不同的载荷、不同的轨道状态、不同的可用功率情况下,最大限度地利用电制动力,以达到需要的快速、准确停车。

由电工学可知,直流牵引电机的转速公式为:

$$n = \frac{U - I_a \sum R}{C_e \Phi} \tag{4-1}$$

式中　U——牵引电动机的端电压,V;

I_a——牵引电动机的负载电流即电枢电流,A;

$\sum R$——牵引电动机电枢回路中的电阻,Ω;

Φ——牵引电动机的主极磁通,Wb;

C_e——牵引电动机电动势常数。

根据直流牵引电机的转速公式(式 4-1)可知,调节直流电机转速的方法有电枢电压控制和励磁控制两种。

1. 改变电机的端电压

(1) 改变牵引电动机绕组的联结方式(例如串联并联方式)。但由于联结方式有限,可调的电压也有限,同时使电机的结构复杂,因此现在城市轨道交通车辆中一般不用。

(2) 在电机回路中串接电阻,通过凸轮或者斩波方法调节电阻值来改变电机的端电压。此方法的实现较为简单,但需要消耗能量。

(3) 在电机与电源之间串接斩波器,通过调节斩波器的导通比来改变电机的端电压。此种方法节能,在现代城市轨道交通车辆中被普遍采用。

2. 改变电机的磁通

磁削调速时,一种通过减小流过电机的励磁电流来减小电机主极磁通量进行调速的方法。

(1) 磁场削弱系数(β)

磁场削弱系数(β)是指同一电枢电流下,磁场削弱后(削弱磁场)主极磁动势与磁场削弱前(满磁场)主极磁动势之比,其表达式为

$$\beta = \frac{(IW)_\beta}{(IW)_m} \quad (\%) \tag{4-2}$$

式中 $(IW)_\beta$——磁场削弱后主极磁势；

$(IW)_m$——磁场削弱前（满磁场）主极磁势。

磁场削弱系数表明了电机主极磁动势削弱的程度。β 越小，表明磁场削弱越深。当电机磁路不饱和时，可以用磁通代替磁动势；当电机磁路饱和时，不能用磁通代替磁动势，因为这种情况下两者的差别很大。

（2）常用的磁削方法

城轨车辆上普遍采用电阻分路法，即在电机主极绕组两端并联电阻，对励磁电流进行分流，其调节原理如图 4-7 所示。

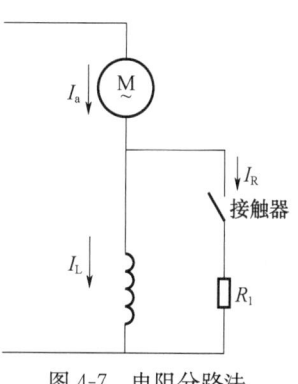

图 4-7 电阻分路法

磁场削弱前（满磁场），接触器处在断开状态，电机的电枢电流全部流过励磁绕组。磁场削弱时，接触器闭合，电枢电流一路流过电阻 R_1，一路流过励磁绕组。

磁削调速是一种辅助调速手段，因其在低速时会受到磁极饱和的限制，高速时受到换向器结构和换向火花的限制，并且因为励磁线圈电感较大，动态响应差，因此在列车的制动工况时并不常用。

三、交-直流传动系统的电阻制动

1. 电阻制动特性曲线

直流牵引系统在使用电阻制动时一般采用他励的方式，其电路连接如图 4-5 所示。根据他励发电机的工作原理可以得到在不同给定的条件下，列车的制动力与列车速度之间的关系如式（4-3）和式（4-4）。

磁通保持恒定时
$$B_2 = \frac{C_Z \Phi_D^2}{R_Z} \cdot v \tag{4-3}$$

制动电流恒定时
$$B_1 = C_\Phi \cdot R_Z \cdot I_Z^2 \cdot \frac{1}{v} \tag{4-4}$$

这种制动力和列车速度之间的关系称为电阻制动特性曲线。恒磁通制动特性和恒电流制动特性是电阻制动的两个基本特性曲线。

由式（4-3）可知，若保持磁通 Φ 不变，根据不同的取值，速度和制动力的关系为一组过零的直线，Φ 值越大，直线的斜率越大，如图 4-8 所示。

由式（4-4）可知，若保持制动电流 I 不变，根据不同的取值，速度和制动力的关系为一组双曲线，如图 4-9 所示。

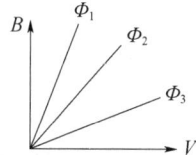 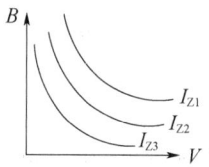

图 4-8 电阻制动的恒磁通特性曲线　　图 4-9 电阻制动的恒制动电流特性

2. 电阻制动特性的工作范围

制动力的大小与机车运行速度、电机的制动电流和励磁电流有关。制动力特性是在理想情况下所获得的特性，列车在高速运行过程中施加实际制动时，会受到电机稳定换向限制及机车结构强度的限制，同时还受到黏着、速度等方面的限制，因此电阻制动只允许在一定范围内使用，制动力的大小也就存在一定的范围。电阻制动特性曲线的工作范围如图 4-10 所示。

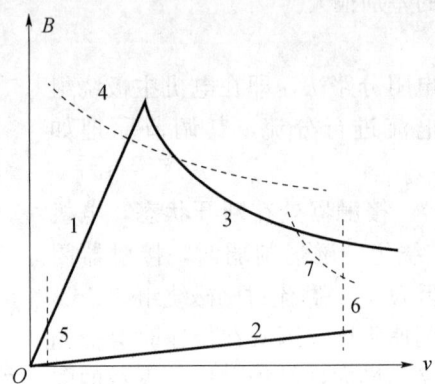

图 4-10　电阻制动特性曲线的工作范围

（1）最大励磁电流限制。由式（4-3）可知，当励磁电流不变时，励磁磁通恒定，制动力 B 和速度 v 成正比，即它们之间成线性关系，在坐标系中为一条斜线。在他励发电机中，根据励磁电流和磁通之间的关系，当励磁电流最大时，磁通量达到最大。由励磁回路的电流最大值可以得到最大励磁电流的制动特性曲线。所以图 4-10 中的曲线 1 即为最大励磁电流的限制曲线，也是最大磁通时的限制曲线。最大励磁电流根据牵引电机励磁绕组在制动工况时的允许温升而定。

（2）最小励磁电流限制。因为励磁电流的减小，会引起主磁场的减弱，使电枢反应强烈，造成主磁场畸变，从而使换向器表面电势分布不均匀而容易产生火花，所以励磁电流不能过小。如图 4-10 中的曲线 2 即为最小励磁电流限制曲线。

（3）最大制动电流限制。根据式（4-4）可知，当制动电流保持不变时，制动力 B 和速度 v 成反比，它们在坐标系中为一条双曲线。当制动电流为最大值 I_{Zmax} 时，得到最大制动电流 I_{Zmax} 确定的限制线，如图 4-10 中的曲线 3。最大制动电流 I_{Zmax} 主要受到电枢的最大电流和制动电阻的发热限制。由于牵引电动机的热容量较大，因此最大制动电流一般取决于制动电阻的热容量。只要制动电阻发热容量允许，电枢电流在制动时适当过载是允许的。为了充分发挥电阻制动的效果，制动功率一般大于或等于机车小时功率。

（4）最大黏着限制。即轮轨间的最大制动力不能超过轮轨间的极限黏着力，如图 4-10 中的曲线 4。根据《列车牵引计算规程》规定，计算制动时的黏着系数应比牵引时低 20%。

（5）最小速度限制。列车的制动过程存在着动力制动和机械制动，列车在不同的运行速度之间进行转换。高速时优先使用动力制动（再生制动和电阻制动），低速时（一般是列车速度小于 8km/h）机械制动开始实施，当列车进站后，在站台上对准车门停车时，完全采用机械制动。最小速度限制即为电阻制动时允许的列车最低速度，如图 4-10 中的曲线 5。

(6) 最大速度限制。列车在正常运行过程中，既要受到机车走行部机械强度的限制，还可能受到线路允许速度的限制。最大速度限制即为电阻制动时允许的列车最高速度，如图 4-10 中的曲线 6。

(7) 换向条件的限制。列车在较高的速度下进行电阻制动，若励磁电流小而制动电流较大时，会引起平均电抗电势的增大，从而导致换向器表面产生火花。如图 4-10 中的曲线 7 即是换向条件限制曲线。

3. 电阻制动的最大制动力

最大制动力 $$B_{\max}=\sqrt{C_{\Phi} \cdot C_I} \cdot I_{Z\max} \cdot \Phi_{D\max} \tag{4-5}$$

最大制动力时的速度 $$v=\sqrt{\frac{C_{\Phi}}{C_I}} \cdot R_Z \cdot \frac{I_{Z\max}}{\Phi_{D\max}} \tag{4-6}$$

根据式 (4-5) 可知，在保持最大制动电流和最大励磁电流的条件下，最大制动力不变。根据式 (4-6) 可知，在最大制动力保持不变时，速度与制动电阻的大小成正比，速度随制动电阻的变化而变化。如制动电阻变小，速度也随之减小，在制动特性曲线上表现为曲线左移。从另一方面来看，曲线左移意味着最大励磁电流的制动特性曲线的斜率增大，制动力随之增加，从而可以提高低速时的制动力。

4. 电阻制动的控制

电阻制动特性曲线如图 4-11 所示。图中 OABC 曲线是一种典型的制动特性曲线。OA 段为恒励磁电流（恒磁通）特性曲线，AB 段为恒制动力特性曲线，BC 段为恒制动电流特性曲线，v_1、v_2 为两条恒速制动特性曲线。恒励磁电流（磁通）特性和恒制动电流特性是电阻制动的两个基本特性，恒制动力特性和恒速制动特性是电阻制动的两个调节特性，是由两个基本特性的曲线来构筑的，需要由控制系统不断地调节励磁电流或者制动电流来实现。

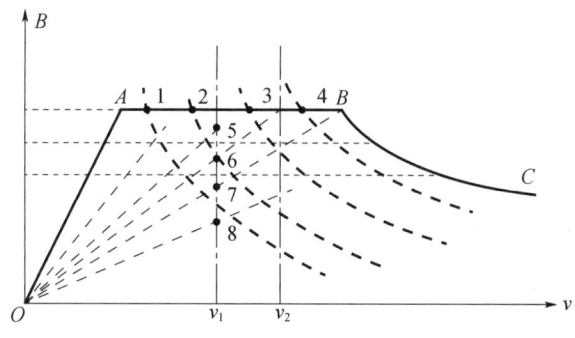

图 4-11 电阻制动特性曲线

由前文叙述可知，不同的励磁电流（磁通）在坐标系内表现为过原点的不同斜率的直线，不同的制动电流为一组平移的曲线。如图 4-11 中的 AB 段恒制动力特性曲线，其上的 1、2、3、4 点即可看作不同取值的各恒制动电流特性曲线上的点，又可以看作不同取值的各恒励磁电流（磁通）特性曲线上的点。也就是说，恒制动力特性既可以通过调节制动电流获得，也可以通过调节励磁电流（磁通）获得。

同理，对于图 4-11 中 v_1 恒速制动特性曲线上的点 5、6、7、8，既可以看作不同取值的各恒励磁电流（磁通）特性曲线上的点，又可以看作不同取值的各恒制动电流特性曲线上的点。也就是说，恒制动力特性既可以通过调节励磁电流（磁通）获得，也可以通过调节制动电流获得。

（1）恒励磁电流（恒磁通）制动特性

恒励磁电流制动特性如图 4-12 所示，在平面坐标系中表现为过坐标原点的一簇直线。在最大励磁电流允许的范围内，励磁电流越大，直线的斜率也越大。恒励磁电流制动时，制动力与机车运行速度成正比例关系，具有较好的机械稳定性。

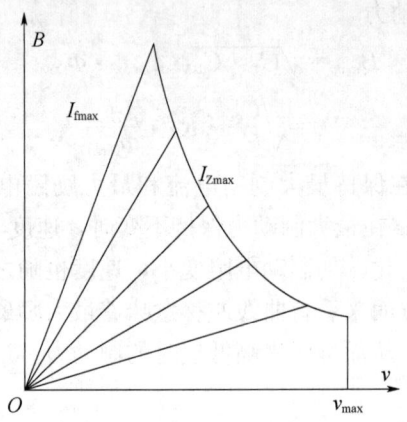

图 4-12　恒励磁电流制动特性曲线

恒励磁电流制动广泛应用于机车在下坡道上的速度调节。在高速区域内，其制动力比较高，制动效果很明显。但因为制动力与机车运行速度成正比例关系，制动力会随着列车速度的降低而迅速减小，其制动效果快速减弱。因此，恒励磁电流制动不作为停车制动，主要作为减速辅助制动手段。

（2）恒制动电流特性

恒制动电流特性曲线如图 4-13 所示，此制动特性中制动力与机车运行速度成反比例关系，即双曲线关系。对于不同的制动电流，制动力与机车运行速度的函数关系为一组平行的曲线。制动电流越大，双曲线的位置越高。恒制动电流制动特性的制动力在很宽的范围内随着速度的升高而降低，制动稳定性较差，但这种制动特性能够充分利用其制动功率，特别适合于采用恒功率供电方式的机车、动车组的制动。

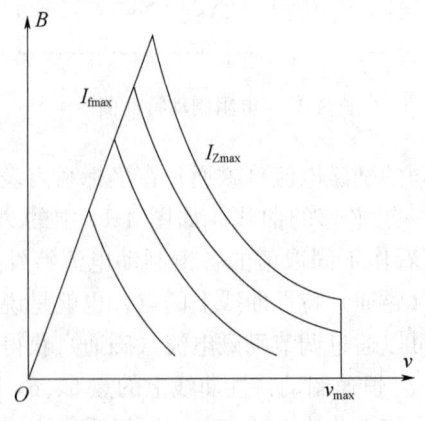

图 4-13　恒制动电流特性曲线

（3）恒制动力控制模式

在磁通不饱和的情况下，磁通与励磁电流成正比。在制动电阻 R_Z 一定的情况下，采用恒制动力控制模式，励磁电流 I_L 与列车速度 v 的关系为

$$I_L = \frac{1}{K} \cdot \sqrt{\frac{B \cdot R_Z}{C_I \cdot v}} \qquad (4-7)$$

恒制动力控制的结构示意图为 4-14 所示。图中 B_R 为制动力给定值，I_L 为励磁电流给定制，I'_L 为检测到的励磁电流值，B_{max} 为最大制动力，I_{Zmax} 为最大制动电流，I_Z 为检测到的制动电流值，v 为检测到的列车速度，图 4-14 是由两个内环制动电流 I_Z 环、励磁电流 I_L 环以及一个外环制动力环组成的闭环系统。

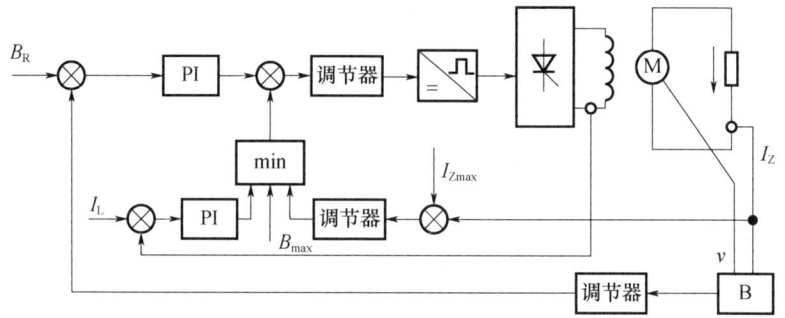

图 4-14　恒制动力控制的结构示意图

内环 1：制动电流 I_Z 环，控制系统将检测到的制动电流 I_Z 与最大制动电流 I_{Zmax} 进行比较，主要用于对最大制动电流 I_{Zmax} 的限制。

内环 2：励磁电流 I_L 环，控制系统根据检测的列车实际速度 v，得到励磁电流的给定值 I_L，然后与检测到的励磁电流值 I'_L 进行比较后进行闭环控制，从而获得恒制动力特性。

外环：制动力环，控制系统根据检测到的制动电流 I_Z 和列车速度 v 计算当前的制动力，并与制动力给定值 B_R 相比较，实现恒制动力的控制。

（4）恒速控制模式

恒速度制动是指在制动工况下，列车保持恒定的速度行驶，即列车在行驶过程中，不论外界条件如何变化，只要给定列车的速度，列车的制动力将随外界条件的变化而变化，以保持列车速度的恒定，这是一种比较理想的制动特性。恒速制动特性曲线如图 4-15 所示。

实际上，恒速特性只适合在制动功率足够大的系统上使用才有意义，因为只有制动功率足够大时，列车才能完全使用电阻制动完成制动功能，否则还需要同时使用空气制动进行制动。一旦使用空气制动，机车速度将不能实现自动调节，因此制动系统通常采用限流准恒速制动特性，如

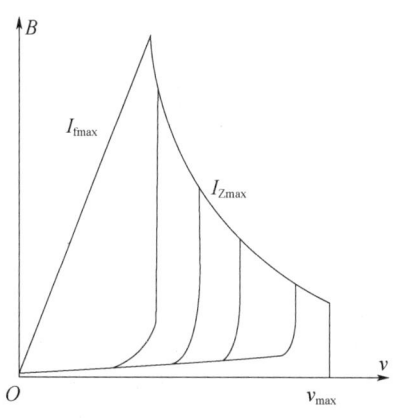

图 4-15　恒速制动特性曲线

SS3B 型电力机车的限流准恒速电阻制动特性为

$$I_a = \begin{cases} 45.5v - 455\,(n-1) \\ 420 \end{cases} \tag{4-8}$$

式中　　n——制动级位数，$n=1$……11；

　　　　v——机车速度，km/h。

SS3B 型电力机车的限流准恒速电阻制动特性如图 4-16 所示。

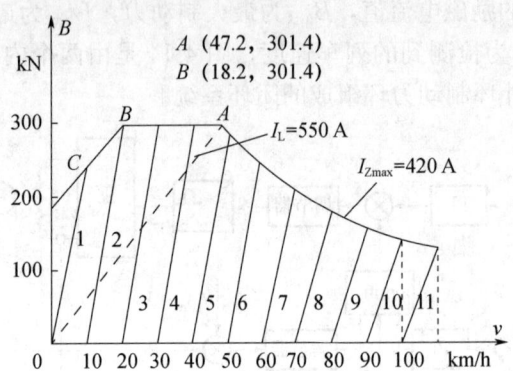

图 4-16　SS3B 型电力机车限流准恒速电阻制动特性曲线

在制动工况下，牵引力 F 为零，列车要想保持速度恒定，制动力 B 和阻力 W 之和必须为零。由于阻力 B 随时因外界条件（例如上坡和下坡，隧道的空气阻力，天气等原因）的变化而发生变化，并且变化具有不可预知性，因而要求制动力 B 须随着外界阻力 W 的变化而变化。根据式（4-7）可知，当列车速度 v 为恒值时，随制动力 B 的变化对励磁电流 I_L 进行调节可以实现恒速。恒速控制的结构示意图如图 4-17 所示，图中 v_R 为列车恒定速度给定值。

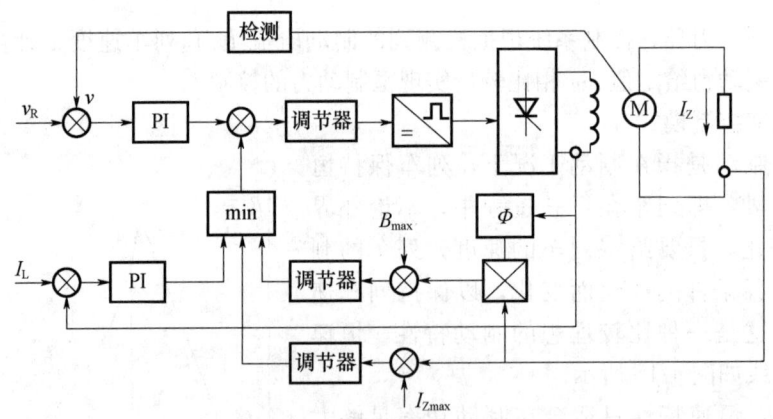

图 4-17　恒速控制的结构示意图

在图 4-17 中，由三个内环最大制动力限制环、最大制动电流限制环、励磁电流环以及一个外环速度控制环组成的闭环系统。

最大制动力限制环：控制系统将根据检测到的励磁电流 I_L 和制动电流 I_Z，通过运算得到实际制动力 B，并与最大制动力 B_{max} 进行比较，主要用于对最大制动力 B_{max} 的限制。

最大制动电流限制环：控制系统将检测到的制动电流 I_Z 与最大制动电流 I_{Zmax} 进行比较，主要用于对最大制动电流 I_{Zmax} 的限制。

励磁电流环：控制系统将检测的励磁电流值 I_L' 与励磁电流给定值 I_L 进行比较后进行闭环控制，从而获得恒速特性。

外环速度控制环：控制系统将检测到的列车实际运行速度 v 与列车给定的恒定速度 v_R 进行比较，从而实现恒速的制动控制。

5. 加馈电阻制动

当机车、动车组制动速度较低时，其制动励磁电流已经接近或达到最大值，电阻制动将按照最大励磁电流特性制动，制动力与机车速度成正比关系，速度越低，制动电流越小，制动力明显减小，制动效果差，即进入低速区域。在低速区制动力严重不足，制动效果差。特别需要指出的是，电阻制动不能完全代替空气制动，不能作为停车制动，只能作为减速制动。在停车制动过程中，只能依靠空气制动。低速区，电阻制动的制动力不足是电阻制动的最大缺陷。

对于交-直流传动系统，在制动的低速区，当制动励磁电流达到最大值时，电阻制动按照最大励磁电流特性制动，制动力与机车速度成正比。在制动电流达到最大，制动力也达到最大时，电阻制动过程就基本结束，防止电阻制动力随机车速度的减小而减小。在这种状态下，内燃机车将解除电阻制动，进入空气制动过程。而电力机车、电力动车（EMU, Electic Multiple Units）则可以采取措施维持最大制动力继续制动。

电力机车、EMU 提高列车在低速区制动力的方法有两种，第一是减小制动电阻，从而增大制动电流，这种方法在前面已经做过详细分析；第二种是采用加馈电阻制动。减小制动电阻的本质是提高最大励磁电流时对应制动特性曲线的斜率。目前减小制动电阻的方法基本上是采用电阻分级切换。

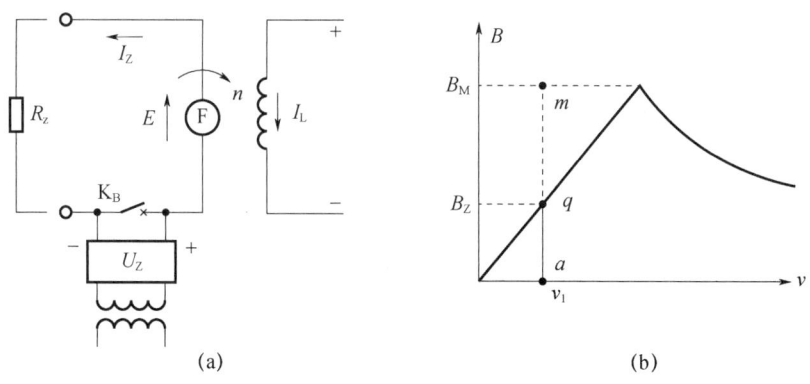

图 4-18 加馈电阻制动原理示意图

电力机车进行电阻制动，当制动电流达到最大时，制动力也达到最大。只要采取措施维持制动电流和制动力不变，就可以防止制动电流和制动力随着机车速度的降低而减小，提高电阻制动在低速时的制动能力。加馈电阻制动的原理是在他励电阻制动时，在牵引电动机的电枢回路中人为地串入一个电源 U_Z，如图 4-18（a）。要维持制动电流保持不变，需要 U_Z 与发电机的感应电动势 E 同步反向变化，即发电机输出电压减少多少，电源 U_Z 就补充多少。U_Z 与发电机的感应电动势 E 叠加后加在制动电阻 R_Z 上，因此制动电流 I_Z 增加提高了制动力。制动电流 I_Z 可以看作是由两部分组成，即

$$I_Z = \frac{E+U_Z}{R_Z} = \frac{E}{R_Z} + \frac{U_Z}{R_Z} = I_d + I_k \tag{4-9}$$

式中　I_d——牵引电机电势产生的制动电流；

　　　I_k——加馈电源产生的制动电流。

在图 4-18（b）中，当列车车辆速度为 v_1 时，I_d 对应线段 aq，即产生的制动力为 B_Z，I_k 对应线段 qm，即产生的制动力为 $B_M - B_Z$。从图 4-18（b）所表达的制动特性可以看出，随着列车车辆速度的降低，在保持励磁电流恒定的情况下，q 点沿着直线向下移动。如果想保持最大制动力 B_M 恒定，则需要随着速度的降低不断调节加馈电源 U_Z，从而使 I_k 逐渐增大，以保持 I_Z 的恒定。

加馈电阻制动的方法提高了他励电阻制动在低速区的制动力，理论上加馈电阻制动可以使列车制动至停止，但现实中并不采用加馈电阻进行停车制动，这是因为：①加馈电阻制动需要从电网吸收能量，增加了能耗；②当机车速度很低接近停车时，加馈电源提供的电压比较高，在此加馈制动过程中需要考虑牵引电动机换向片允许的最大热容量，不允许长时间过电流运行；③加馈电阻制动的控制部分相对比较复杂。更需要特别注意的是，在列车制动停止后，必须立即关闭加馈电源，否则会对电动机的换向器造成损害。

6. 实例分析（加馈电阻制动的应用）

加馈电阻制动是我国第三代电力机车牵引系统中的一个重要组成部分，已经实现了模块化、标准化设计。以下重点介绍 SS9 电力机车的加馈电阻制动系统。

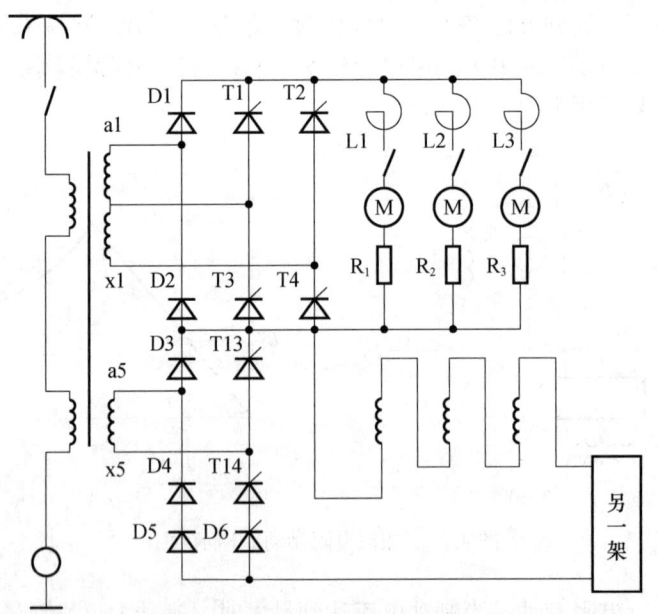

图 4-19　SS9 电力机车电阻制动的原理图

图 4-19 中的 a5-x5 为制动励磁绕组，a1-x1 为加馈电源绕组，D1、D2、T2、T4 为加馈电源整流器，R_1、R_2、R_3 为制动电阻，L1、L2、L3 为电抗器。

SS9 电力机车在电阻制动时，位置转换开关将牵引电动机的电枢与励磁绕组（a5-x5）

断开,同时将各励磁绕组串联后由励磁电源供电。SS9 电力机车的加馈电阻制动分为两个速度控制区:励磁区和加馈区。在励磁区,电机产生的电势比较高,足以维持制动电流,加馈电源无须加入,T2、T4 关闭,D1、D2 仅起续流作用;进入加馈区,加馈电源投入工作,控制半控桥的 T2、T4 开放以调节加馈电源的大小,使制动电流维持在较大状态。

SS9 电力机车电阻制动的制动电流按式(4-10)的最小值进行控制。

$$I = \begin{cases} 88v - 880n \\ 870 \end{cases} \tag{4-10}$$

制动电流与速度的关系见表 4-1。

表 4-1 电阻制动控制区参数

参数	加馈区		励磁区		
	低速区	恒制动力区	恒制动力区	恒功区	高速区
v(km/h)	0~15	15~67.4	67.4~81.4	81.4~161.7	161.7~100
I_Z(A)	0~792	792	792~870	870	870~820.7

四、直流牵引传动系统的再生制动

再生制动是电力机车、EMU 及城市轨道列车等外供电源系统采用的一种动力制动形式,它可以将列车运行中的惯性能量转换为电能,经过处理后以适当的方式反馈到电网上去,或者供给本列车的蓄电池和其他系统使用,因此也可以称为能量回馈制动。再生制动适用于电网供电的车辆,回馈制动方式也适用于自给式供电的车辆。

再生制动除了电气制动的特点外,最突出的优点是具有较好的经济效益,是一种节能的、绿色的电气制动方式。另外由于再生制动方式几乎不需要在列车上增加其他部件,因此再生制动的应用特别广泛,交流牵引系统中已经普遍采用再生制动,特别是在高速列车上。再生制动的缺点是其制动时机车的功率因数较低,对电网的谐波干扰增大,控制系统较为复杂,对控制系统的稳定性要求较高等。

1. 交-直流传动系统的再生制动工作原理

单相可控整流电路采用可控性元件,通过调节可控元件的控制角相位,对整流输出电压进行控制。单相可控整流主要采用桥式整流电路,根据采用可控元件桥臂数量的不同,可分为半控型桥式整流电路、全控型桥式整流电路两大类。半控型桥式整流电路只能单向工作在整流状态,采用半控桥式整流调压的电力机车只能进行电阻制动,全控型桥式整流电路可逆向工作,既可工作在整流状态也可工作在逆变状态,交-直流传动系统的变流器只有在全控桥的条件下,才能进行再生制动,其原理电路如图 4-20 所示。

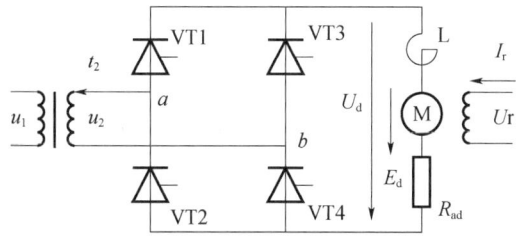

图 4-20 单相桥式全控再生电路原理图

全控桥对称控制时,当控制角 $\alpha > 90°$ 时,整流电压的平均值 U_d 变为负值,实现再生制动,即

$$U_d = 0.9U_2 \cos\alpha \tag{4-11}$$

制动电流可表示为

$$I_Z = \frac{E + U_d}{R} = \frac{C_e \Phi n + U_d}{R} \tag{4-12}$$

式中　U_d——逆变电势(此时为负值)。

　　　R——制动回路总电阻,为电机电枢绕组电阻、平波电抗器电阻和附加稳定电阻三者之和。

由式(4-12)可知,如果要调节制动电流 I_Z,可通过调节他励发电机励磁电流 I_L、改变磁通 Φ 或者调节逆变器改变控制角 α、改变输出电压 U_d 来实现。再生制动回路的总电阻值一般不变,但附加稳定电阻要从制动功率和稳定性两个方面综合考虑,一般消耗 10%～15% 制动功率。式(4-12)中转速 n 取决于列车速度。

2. 再生制动的调节过程

再生制动调节过程一般分为 3 个调节阶段,如图 4-21 所示为再生制动的调节特性曲线。

(1) 调节励磁电流 I_f

为了提高功率因数,电力机车在高速运行中进行再生制动,采用保持逆变器输入电压 U_d 基本不变且为最大值,通过改变励磁电流来调节制动电流 I_Z 的方法,如图 4-21 中的 AB 段所示。随着机车速度的降低,相应地增大励磁电流 I_f,制动力 B 随之增大,这一过程直到励磁电流 I_f 达到额定值,制动力 B 达到最大为止。励磁电流 I_f 的最小值受到牵引电机可靠换向的限制,一般不应小于牵引电机额定电流的 40%。在这一区段中,制动力受到制动功率及牵引电机可靠换向的限制,机车速度越大,制动力 B 越小。

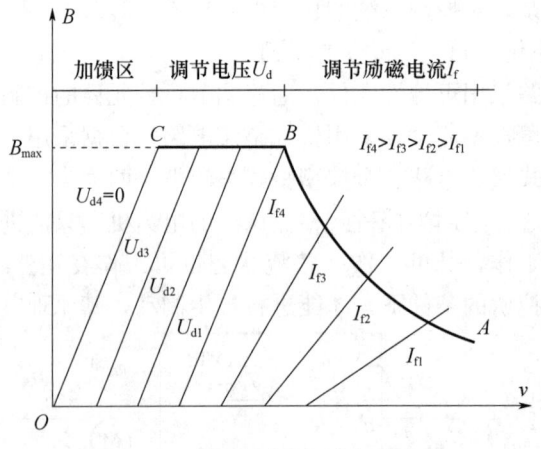

图 4-21　再生制动的调节特性曲线

(2) 调节逆变器输出电压 U_d

根据式(4-12)在上一调节阶段结束时,励磁电流 I_f 达到额定值,制动力 B 同时达

到最大。随着机车速度的降低,如果仍保持逆变器输入电压 U_d 基本不变且为最大值,那么制动电流 I_z 就会减小,制动力 B 随之减小。为了维持制动力 B 保持最大值,需要调节逆变角 β 以改变逆变器电压 U_d。励磁电流 I_f 不变时,减小 U_d,可以保持制动电流 I_z 恒定,制动力也随之保持恒定且为最大值,这一过程直到逆变角 $\beta=180°$,$U_d=0$ 为止。其特性如图 4-21 中 BC 段所示。

(3) 加馈电阻制动

当逆变器输出电压减小到零时,将逆变器转变为整流工况运行,逆变器电压 U_d 极性改变。由式 (4-12) 可知,此时制动电流由电枢电势和整流电压共同产生,原理上相当于加馈制动过程,因此能够使电力机车在低速时保持制动力不变,其特性如图 4-21 中虚线 CB_{max} 所示。图中 $U_d=0$ 的 OC 线的斜率取决于制动回路电阻的大小,电阻值越小,相应 C 点的速度越低。此电阻值一般小于电阻制动机车的制动电阻。

在上述的 3 个调节阶段中,调节励磁电流 I_f 和调节逆变器输出电压 U_d 两个调节阶段时再生制动,其功率因数取决于控制方式。

五、城市轨道交通车辆直流牵引系统的调速方式

城市轨道交通车辆直流主传动系统由网侧高压电路、牵引电动机调速电路组成,主要设备有受流器、高速断路器、直流牵引电动机、轮对和接地回流装置。城市轨道交通车辆直流主传动结构组成如图 4-22 所示。

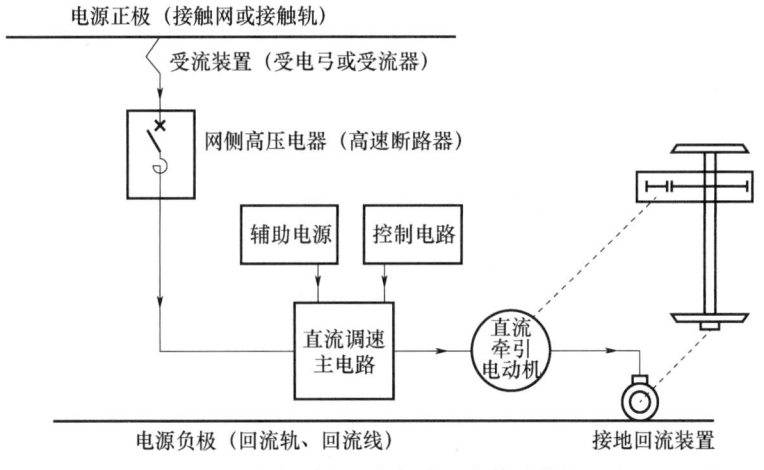

图 4-22 城市轨道交通车辆直流主传动结构组成

城市轨道交通车辆直流主传动系统的工作过程为:接触网或接触轨的直流电 (1500V 或 750V) 经 B 车上的受流器引入车内,经断路器、网侧高压电路、直流牵引电动机调速电路,再经接地回流装置回到变电所。当列车在牵引工况下运行时,电机接入电源运转,电能转换为机械能;当列车运行在牵引工况时,列车的惯性动能(机械能)转换为电能,通过电路回馈到电网(再生制动)或者通过制动电阻消耗掉(电阻制动)。

直流传动的城市轨道交通车辆,其调速控制方式一般有两种基本形式:变阻调压调速和斩波调压调速(电枢斩波控制)。

1. 变阻调压调速

变阻调压控制是指通过调节串入电机回路的电阻，改变直流电机端电压，实现调速目的。具体的调阻方法有凸轮调阻和斩波调阻两种。

（1）凸轮调阻控制

凸轮调阻控制的原理如图 4-23 所示。

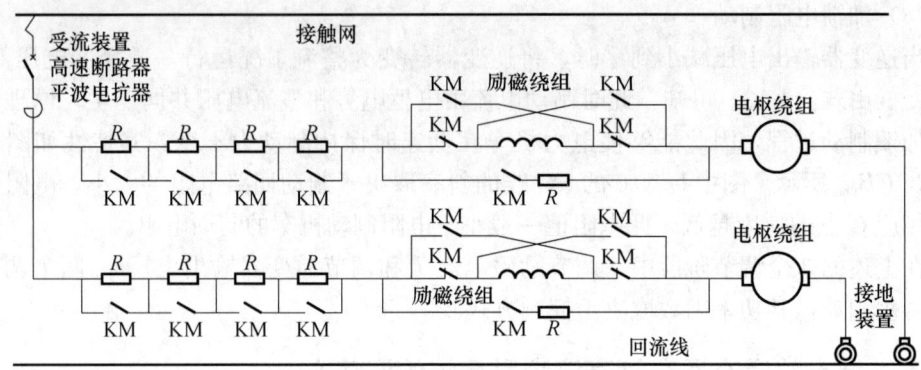

图 4-23 凸轮调阻控制原理

在图 4-23 中，通过转动凸轮，接触器 KM 形成不同的开关组合，接入或断开某个电阻 R，改变串入电机主回路电阻的阻值，以达到调节牵引电动机端电压的目的。凸轮调阻控制是轨道交通在早期时采用的调速方法。这种调速方式的缺点：①触点开关较多，维修量大；②通过凸轮的转动改变电阻，只能实现有级调速，因此会产生牵引力冲击，乘客乘坐舒适感较差；③存在能耗，经济性能较差；④不能实现再生制动。

（2）斩波调阻控制

斩波调阻的原理（图 4-24）与凸轮变阻基本相同，它是将斩波器作为电子开关与启动电阻并联，通过控制斩波器的导通时间，改变串入主回路的电阻，从而改变电机端电压而实现电机调速。这种方法减少了大电流电气开关数量，提高黏着性能，有利于发挥电制动性能，斩波调阻可实现电阻的无极调速，减少牵引进级时的冲动，改善乘坐舒适感。但仍不能实现再生制动。

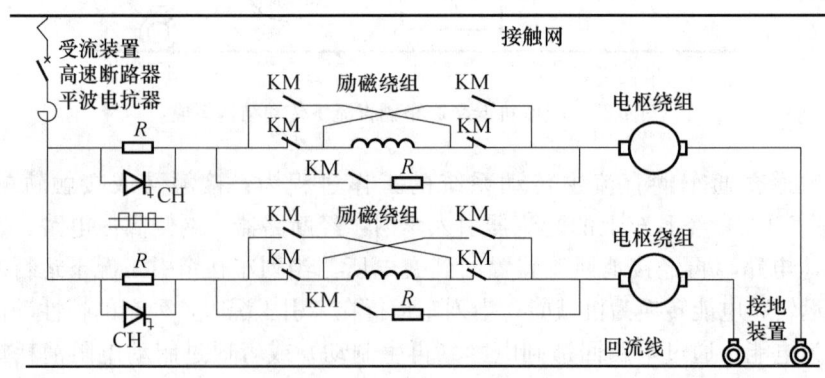

图 4-24 斩波调阻控制原理

2. 斩波调压控制（电枢斩波控制）

变阻控制方式能耗大，效率低，不适合大功率电机。随着电力电子技术的发展，各种高频大功率半导体开关器件的实用化，出现了一种 PWM 斩波器调压方式，即斩波调压调速方法，其最大的优点是节能，动态响应快。近年来，直流电机控制系统已经全部采用这种调压控制方式。

斩波调压控制是指通过控制接在电网与牵引电机之间的斩波器的导通与关断来改变电机端电压的方法，其原理如图 4-25 所示。

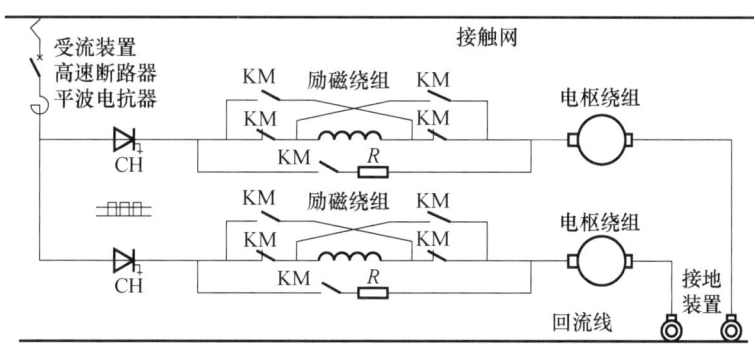

图 4-25　斩波调压控制

与斩波调阻相比，斩波调压控制用斩波器取代了启动电阻，组成了一个直流电机斩波调速电路。在该电路中，当开关闭合时，负载两端获得电源电压，而当开关断开时，负载两端的电压为零。若开关周期性地高速通断，则在负载两端得到一个脉冲序列电压。如果斩波开关的频率足够高，电机的转速是稳定的，且仅由电压平均值的大小来决定。由于斩波控制的是电机的电枢电压，因此这种调速控制也称为电枢斩波控制。

斩波控制调速因用斩波器取代了启动电阻，所以在能耗方面是一种经济的调速方式。随着电力电子技术的发展，斩波器的结构也越来越简化，所以在直流传动的城轨交通车辆调压线路中已广泛采用大功率斩波器。

采用斩波调压方式，可使再生电流回馈到电网，只有当电网网压过高或者因为其他原因电网不再吸收电能时，才使用电阻制动消耗掉电能。我国城市轻轨、地铁供电制式是 DC1500V 的架空线和 DC750V 的第三轨供电方式。采用直流电机牵引，牵引时从电网供电到电动机用电是 DC-DC，再生制动时从发电机发电到回馈到电网也是 DC-DC，这种直流电之间的转换本质是调节直流平均电压，在电力电子学中称为斩波。

六、实例分析（城市轨道交通车辆直流牵引电机斩波调压调速系统）

地铁车辆动车调速以调压调速为主、磁削调速为辅，即采用直流斩波调压调速，通过主极磁通消磁以扩展调速范围，电路如图 4-26 所示，其中斩波器采用脉宽调制方式，为了抑制电流脉动，斩波器和电机之间串联了平波电抗器（图 4-26）。

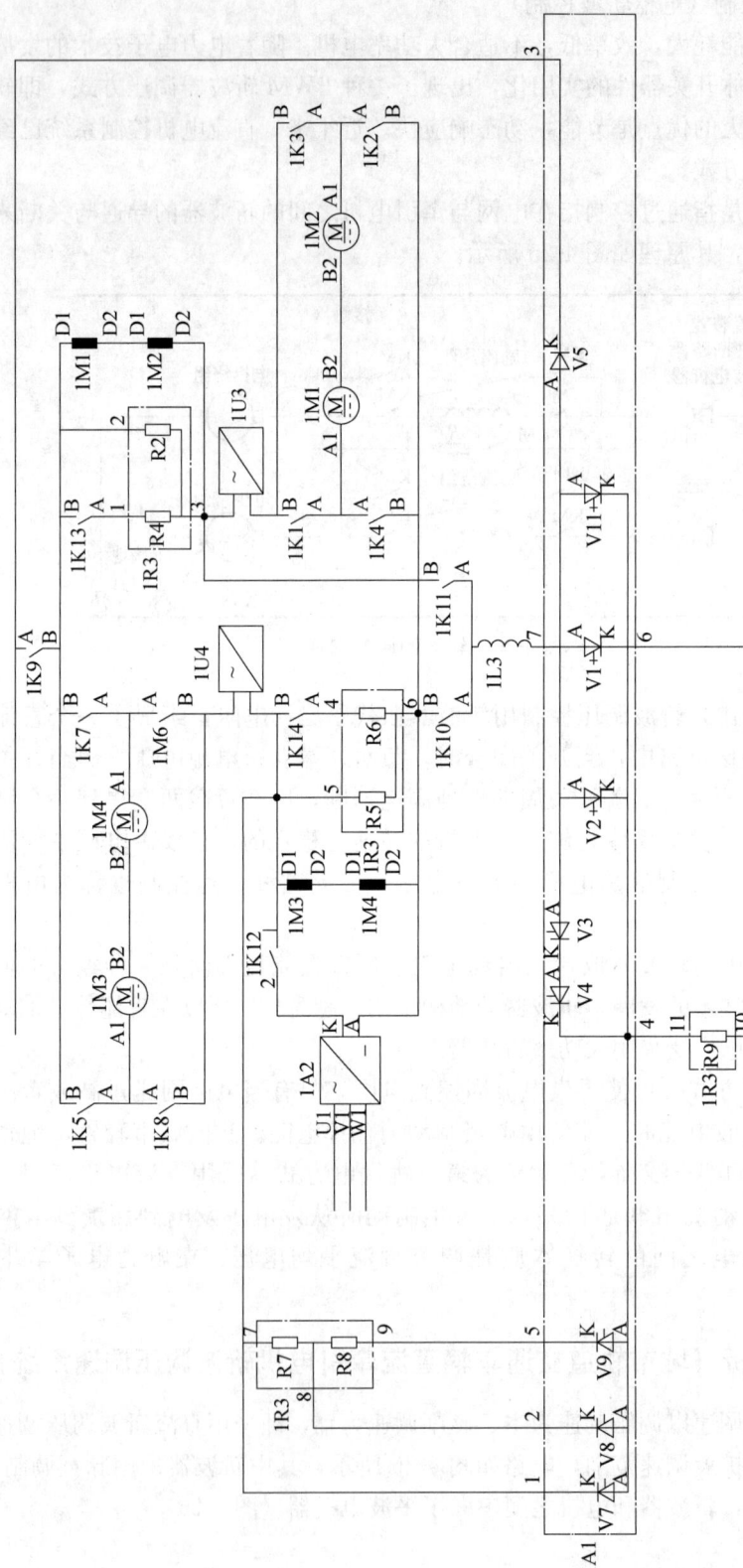

图 4-26 主传动牵引-制动电路

1K1~1K14—接触器；1U3~1U4—电流互感器；1M1~1M4—牵引电动机；1A2—预励磁装置；1L3—平波电抗器；1R3/R3,R6—磁制电；1R3/R4~R5—固定分路电阻；1R3/R7~R9—制动电阻；1A1—斩波器（V1~V2—GTO主晶闸管，V3~V4—制动晶闸管，V7~V8—制动电阻调节晶闸管，V9—串联制动二极管，V5—续流二极管，V11—短路保护晶闸管）。

1. 牵引电路

牵引时四台电机两两（1、2 串联，3、4 串联）串联再并联。DC1500V 为电流从电网经受流器、高速断路器后，通过滤波线路后输出稳定的馈电电压。

牵引工况下的第 1、2 电动机支路：电流从馈电正端→1K9→第一牵引电机励磁绕组 1M1→第二牵引电机励磁绕组 1M2→电流互感器 1U3→1K1→第一牵引电机电枢绕组 1M1A1B2→第二牵引电机电枢绕组 1M2B2A1→1K2→1K10→平波电抗器 1L3→斩波器 1A1（7、6）→馈电负端→接地装置→车轴→钢轨回流。

牵引工况下的第 3、4 电动机支路：馈电正端→1K9→1K5→第三牵引电机电枢绕组 1M3A1B2→第四牵引电机电枢绕组 1M4B2A1→1K6→电流互感器 1U4→第三牵引电机励磁绕组 1M3→第四牵引电机励磁绕组 1M4→1K10→平波电抗器 1L3→斩波器 1A1（7、6）→馈电负端→接地装置→车轴→钢轨回流。

列车向前运行时接触器 1K1、1K2、1K5、1K6 闭合，1K3、1K4、1K7、1K8 断开；向后运行时接触器 1K3、1K4、1K7、1K8 闭合，1K1、1K2、1K5、1K6 断开。

对于电动机 1、2 支路和 3、4 支路来讲，不论是前进和后退，流经电枢的电流和电枢的感应电动势方向相反，均为牵引工况。在牵引工况下，无论电动机是正转还是反转，列车前进或者后退，均可通过调节斩波器 1A1 里面的主晶闸管 V1、V2 的导通比来改变电机电枢的端电压，以调节电机的转速，从而控制列车的运行速度。

牵引工况下斩波器控制方法：启动牵引前期采用频率调制，设定很小的脉宽（即定 ton），频率从 60Hz 起调至 400Hz，之后转入脉宽调制（即调 ton），对导通比 α 在 0.05～0.95 之间进行控制。

为了扩大电动机的调速范围，当电机电枢端电压接近额定电压时（斩波器调节达到 0.95 时），开始进行磁削调速。

磁场削弱电路：速度达到 36km/h，闭合磁削接触器 1K13，磁削电阻 1R3-R4 并入第 1、2 电机的励磁绕组支路；闭合磁削接触器 1K14，磁削电阻 1R3-R6 并入第 3、4 电机的励磁绕组支路，实现磁场削弱级调速，磁场削弱系数为 50%。

注意：电机励磁绕组上并联的电阻 1R3-R3、1R3-R5 为固定分路电阻，用以改善牵引电机的换向，其固定磁削率为 93%。

2. 电制动电路

电制动时牵引电机作为发电机运行，如果发电机电动势 E_d 高于网压，且邻近供电区段有其他车辆可以吸收反馈电能时，则电路实施再生制动，否则进行电阻制动，发电机产生的电能通过制动电阻转化为热能消耗掉。

制动时的电流路径如图 4-27 所示。

其中，电机支路 1M4 电枢 A1B2→1M3 电枢 B2A1→1K5→1M1 励磁→1M2 励磁和电机支路 1M3 励磁→1M4 励磁→1K2→1M2 电枢 A1B2→1M1 电枢 B2A1，两电极交叉励磁。

预励磁电路 1A2（图 4-26）和第 3、第 4 电机的励磁绕组并联。当电路由牵引工况转为电制动工况时，电枢电流方向不变，剩磁方向不变，只有改变励磁电流方向，才能实现电机由电动机工况转换为发电机工况，为此必须预先反向他励励磁，以便使电机建立发电机工况时的初始电压。

制动工况下斩波器控制方法：制动主晶闸管 V1、V2 可关断晶闸管调节再生制动电流，V3、V4 电阻制动晶闸管调节电阻制动电流，V7、V8 配上电阻（1R3-R7、-R8、-R9）构成分级电阻制动调节电路。

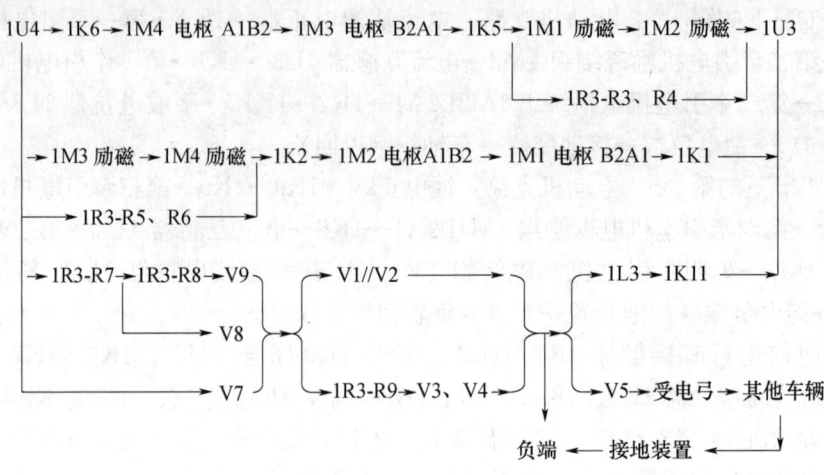

图 4-27　制动电流路径

再生制动：当网压低于 1800V 或有其他车辆吸收电能时，优先采用再生制动。斩波器的制动主晶闸管 V1、V2 工作。V1、V2 导通时，两条电机支路的发电电流由电机正端经 1K11→平波电抗器 1L3→斩波器 1A1 的制动主晶闸管 V1、V2（图 4-26）→二极管 V9→制动稳定电阻 1R3-R8 和 1R3-R7→电机负端。此时平波电抗器 1L3 储能。V1、V2 关断时，两条电机支路的发电电流由电机正端经 1K11→平波电抗器 1L3→二极管 V5→受电弓，向其他车辆反馈电能，经钢轨回流到负端，形成升压斩波再生制动。

电阻制动：当网压达到 1800V 或无其他车辆吸收电能时转入电阻制动。此时斩波器的制动晶闸管 V3、V4 工作，V1、V2 处于关断状态。斩波器 1A1（图 4-26）的 V7、V8 构成分级制动电路，V8 导通时短接 1R3-R8 一级电阻制动，V7 导通时短接 1R3-R8 和 R7 二级电阻制动，通过无极控制导通比均匀地调节制动电流值。

任务三　交流牵引传动的电制动

直流牵引电动机具有良好的牵引和制动性能，通过调节端电压和励磁，就可以方便地调速。但是直流牵引电动机的防空转性能较差，换向器与电刷结构存在一些缺点：①相同功率下，直流牵引电动机的体积和质量较大；②换向困难、电位条件恶化；③易产生火花；④维护复杂等。特别是在高电压、大功率时，换向变得更困难，电位条件恶化，造成电动机的工作可靠性降低。

随着大功率晶闸管，特别是近年来全控型电力电子器件的迅速发展，可调压调频的逆变装置已经成功解决了交流电动机的调速问题。交流异步电动机没有换向器，作为牵引电动机就消除了由此引起的问题，而且交流异步电动机具有结构简单、成本低、工作可靠、寿命长、维修和运行费用低、防空转性能好等一系列优点，所以是一种较理想的牵引电动机。

目前城市轨道交通车辆普遍采用的是交流异步牵引电动机,这是因为同步电动机需要集电环和电刷,或者在转子上安装旋转整流器,不适于频繁启动和停止的工作需要,也不能在轮径不同或牵引电动机转速有差别时,由一台逆变器驱动多台电动机并联工作。交流异步牵引电动机在空间利用和自重上都优于同步电动机,尤其是笼型异步电动机在工业上是最常用的。交流异步牵引电动机经济、耐用、可靠,采用 VVVF 控制,即直流电通过逆变器变为三相交流电,用电压和频率的变化来控制异步电动机的转速,获得最佳的调速性能,并实现再生制动。

交流牵引传动系统采用微机控制系统进行控制,由受电弓、高速断路器 HSCB、牵引逆变器 VVVF、牵引控制单元 DCU、牵引电机、制动电阻等构成。其中,牵引逆变器 VVVF 采用 PWM 脉宽调制模式,将直流电逆变成变频变压的三相交流电,输出给车辆四台交流异步电动机,对电机进行调速,实现列车的牵引、制动功能。

一、交流牵引传动系统电制动原理

由电机学原理可知,三相交流异步电动机的定子绕组在通入频率为 f_1 的三相交流电后,在电动机定子和转子的气隙中产生一个转速为 n_s(同步转速)的旋转磁场,在电磁感应的作用下,电动机的转子将以略低于同步转速 n_s 的速度进行旋转,其速度用 n 来表示。旋转磁场的同步转速 n_s 与电动机转子转速 n 之差与旋转磁场的同步转速之比称为转差率 s。

根据交流电动机的工作原理可知,电磁转矩可以用定子磁链 Ψ_s 和转子磁链 Ψ_r 的乘积 $M=\Psi_s\times\Psi_r$ 表示。在牵引工况下,定子磁链带动转子磁链旋转,定子磁链在空间位置上超前转子磁链,电机输出正转矩。在制动工况下,转子旋转频率超过定子频率,转子电流与牵引状态下方向相反,使得气隙磁场幅值增大。为保持气隙磁场恒定,定子电流需要反向以减小气隙磁场,定子电流流向中间直流环节,在空间位置上滞后于转子电流,电机输出负转距。

另一方面,从电机的机械特性曲线同样可以说明交流异步电动机的电气制动原理(图 4-28),当定子频率为 f_1 时,电动机工作在特性曲线第一象限的 A 点,这时电机输出正转矩为牵引状态。如果降低定子供电频率为 f_2($f_2<f_1$),由于车辆惯性电机转速不能发生突变,电机工作点转移到第四象限 f_2 曲线上的 B 点。在这个象限中电机进入发电状态,电磁转矩为负值,并在负载转矩作用下沿着 f_2 曲线减速。这就是一部电机的制动工况,如不断地按照某种规律降低定子供电频率,即可获得预定的制动特性。

另外,当电机运行中,转子由于外力作用而加速,电机工作点 A 沿着定子供电频率 f_1 特性曲线进入第 4 象限达到 C 点,这时电机的转速 $n'_1>n_1$,电磁转矩为负,电机为发电制动状态。

总之,交流异步电动机电气制动的原理:当交流异步电动机的转子转速 n 大于定子磁场 n_1 转速时,转差率 s 为负值,这时电动机输出负转矩,即阻力矩。由于转子和定子相对速度的改变,转子电流和转子电势的方向也发生了改变,这时定子电流中用以抵消转子电流的磁化作用的分量也跟着改变,于是定子电流 I_L 中的有功分量与电网电压 U

相反，即电网提供的有功功率为负值，也就是说由电机向电网输出有功功率。但是异步电动机仍然从电源吸取无功功率，即吸取无功感性电流，也就是异步电动机的励磁电流。

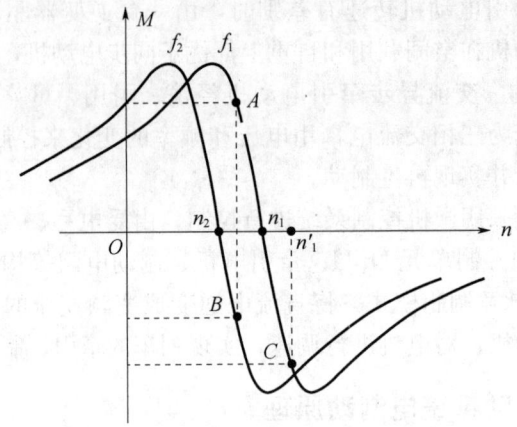

图 4-28 交流异步电动机电气制动原理

二、交流牵引传动系统的调速

由电机学可知，交流异步电动机的转子转速的表达式如下

$$n = n_s(1-s) = (60f_1/p)(1-s) \tag{4-13}$$

式中　f_1——定子电源频率，Hz；

　　　p——电动机极对数；

　　　s——转差率。

由式（4-13）可知，对异步电动机进行调速，可以采用 3 种方法：①改变电动机绕组的极对数，即改变电动机绕组的接法，为有级调速；②改变转差率，即在转子回路中串入电阻或附加电势进行调速，也称串级调速，适合绕线转子异步电动机；③改变供电电源的频率，即通过对供电电源频率的改变而改变牵引电动机的转速，实现对列车运行速度的调节，是近年来应用最广泛的调速方式。在这 3 种方法中，前两种方法没有改变同步转速，不适合于异步牵引电动机的调速，所以只有改变电源频率（改变旋转磁场同步转速）的方法适合于异步牵引电动机的调速。对于不同的负载，变频调速可分为恒磁通调速和恒功率两种。

1. 恒磁通调速

交流电动机定子绕组感应电动势公式为

$$U_1 \approx E_1 = 4.44 f_1 N_1 K_w \Phi \tag{4-14}$$

由式（4-14）可知，在交流牵引传动系统的调速中，如果保持电源电压不变，改变电源频率时，主磁通会随之改变，电机将出现过励磁或欠励磁，因此变频的同时必须改变电机电枢的端电压，保持感应电势与频率的比值不变，即可保持主磁通不变。因此，在交流传动系统中采用变压变频 VVVF 技术来实现恒磁通调速。异步牵引电动机恒磁通调速的机械特性如图 4-29 所示。

值得注意的是，随着频率的降低，最大转矩在低频时下降很快。为了提高最大转矩需要提高定子电压,对定子压降进行补偿,使定子电压下降的速度低于频率下降的速度,以此提高最大转矩。

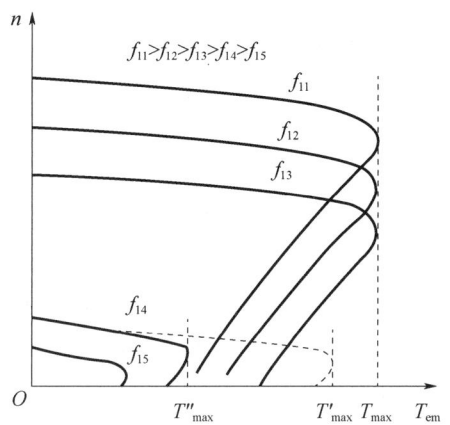

图 4-29 异步牵引电动机恒磁通调速的机械特性

2. 恒频率调速

牵引过程中的恒磁通控制阶段,随着输入频率的提高,电压也相应提高,牵引电动机的输出功率、转速增大,当电压增大到电动机或逆变器限制的最高电压时,电压保持不变,磁通开始减小,进入恒功率阶段。

根据公式(4-15)可知

$$T_{em}f_1 \approx K\frac{U_1^2}{f_1}f_2 = KU_1^2 s \tag{4-15}$$

若电动机按恒功率控制,电压与频率的调节可采用 2 种不同的方法,即 $U_1=C$,$s=C$ 和 $f_2=C$,$U_1^2/f_1=C$。

(1) $U_1=C$,$s=C$

在此调速方式下,由于 $s=C$,定子输入频率 f_1 越高,相应的转差频率 f_2 和临界转差频率 f_m 越大。当输入频率 f_1 达到一定值时,可以忽略定子电阻的影响。根据最大转矩公式可知,最大转矩近似与输入频率的平方成反比。异步牵引电动机在此种调速方式下的机械特性如图 4-30(a)所示,电网电源的参数如图 4-30(b)所示。

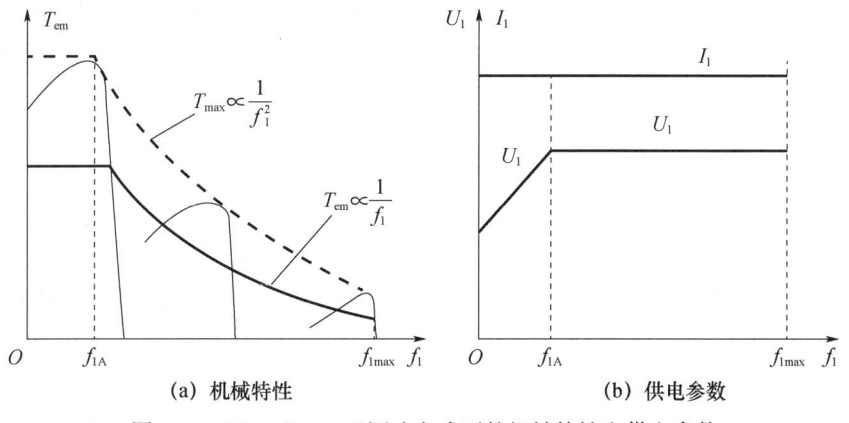

图 4-30 $U_1=C$,$s=C$ 调速方式下的机械特性和供电参数

由图 4-30 可以看出,异步牵引电动机在 $U_1=C$,$s=C$ 控制方式下,最大转矩近似与输入频率的平方成反比,恒功率控制下的电磁转矩近似与输入频率成反比,即电动机的过载能力随输入频率成反比例变换。在最高频率点过载能力最小。因此,这种控制方式下,牵引电动机的能力只在最高输入频率点得到了充分利用,在其余各点并不能得到充分利用。电动机输入电源的电压、电流均保持恒定,即按照恒电压、恒电流供电即可。

(2) $f_2=C$,$U_1^2/f_1=C$

异步电动机在 $f_2=C$,$U_1^2/f_1=C$ 恒功率控制下,其机械特性与供电参数如图 4-31 所示。由图 4-31 可以看出,异步牵引电动机在 $f_2=C$,$U_1^2/f_1=C$ 控制方式下,最大转矩近似与输入频率成反比,恒功率控制下的电磁转矩同样近似与输入频率成反比,即电动机的过载能力恒定,电动机的能力始终能够得到充分利用。电动机输入电源的电压 $U_1=k\sqrt{f_1}$、电流 $I_1 \propto 1/\sqrt{f_1}$ 供电即可。

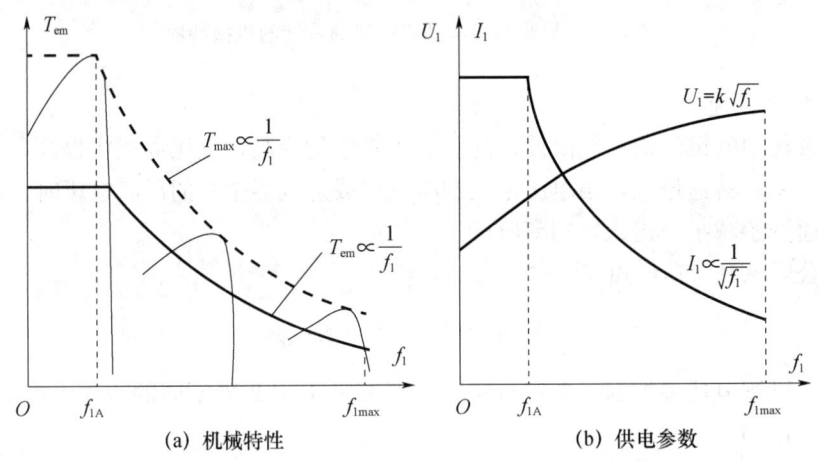

图 4-31 $f_2=C$,$U_1^2/f_1=C$ 调速方式下的机械特性和供电参数

以上两种恒功率调速方式中,从牵引电动机和供电电源角度来看,二者性能不能同时达到最优,从传动系统的角度来看,需要将牵引电动机和电源逆变器作为一个整体考虑,合理匹配以整体性能最佳为目标,对其性能进行优化。工程应用中都是以性价比最高为依据,采用恒电压控制方式使逆变器工作在最优状态,以牺牲牵引电动机能力为代价,获得传动系统最佳性能。目前,轨道列车交流传动系统都采用较大功率的电动机和较小容量的逆变器匹配。

三、直-交牵引系统的再生制动

交流牵引系统的主电路有两种基本形式:直-交形式和交-直-交形式,其中直-交电路由中间直流环节和逆变器两个单元组成,主要用于城市轨道交通;交-直-交电路由整流器(一般是四象限变流器)、中间直流环节和逆变器三个单元组成,主要用于干线电力机车和内燃机车。直-交牵引系统和交-直-交牵引系统的主电路基本结构如图 4-32 所示。

直-交牵引系统主电路的中间直流环节与电网直接相连,再生制动时中间电压直接反馈到电网。再生制动能力与接触网线路吸收能力有关，包括网压高低及负载利用能力。如果电网电压升至一个预定值 1800V（网压 1500V）或 900V（网压 750V）时，制动斩波器通过脉宽调制控制开始工作，这时工作状态成为再生制动和电阻制动的混合状态，再生制动和电阻制动电流的总和为总的制动电流。如图 4-33 所示是再生制动和电阻制动转换的示意图。电阻制动时的制动斩波器和制动电阻一般可以采用中间环节的过压保护斩波器和限流电阻。

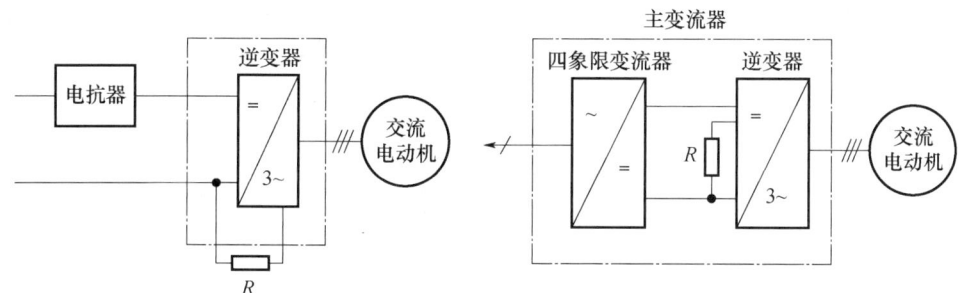

图 4-32　直-交牵引系统和交-直-交牵引系统的主电路基本结构

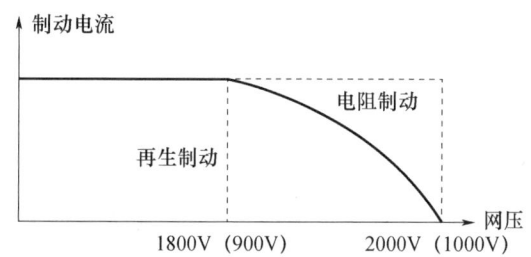

图 4-33　再生制动和电阻制动转换示意图

再生制动时逆变器控制的原理与牵引状态下的控制方法相同，只是电机的能量变换改变了方向，向电网反馈能量。如图 4-34 所示是地铁列车运用的一条再生制动特性曲线。

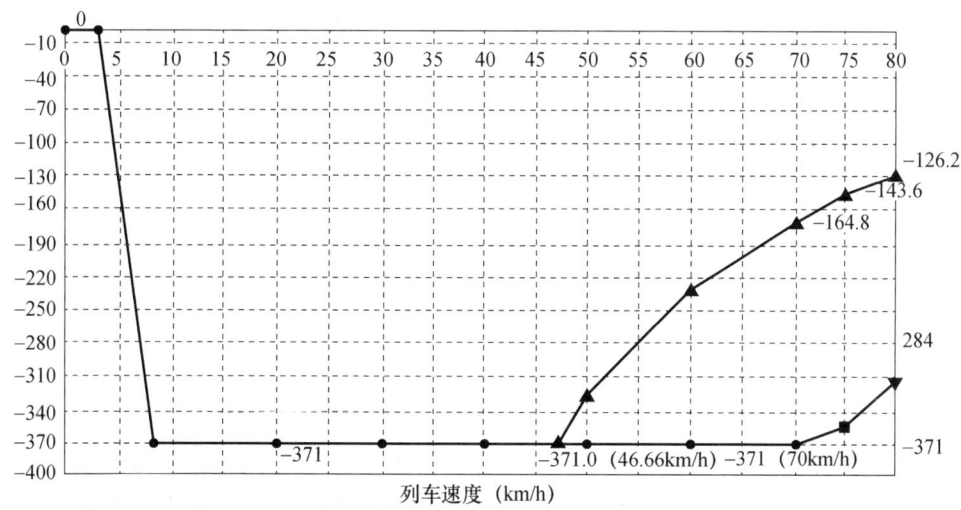

图 4-34　地铁列车运用的再生制动特性曲线

四、交-直-交牵引系统的再生制动

在轨道列车传动系统中,交-直-交牵引系统的调速方法是:首先将交流电源通过整流器(电网侧的四象限变流器)变为直流电源,并通过滤波稳压电路(中间直流环节)获得平直的直流电,再将直流电通过逆变器逆变为三相变频变压的等效正弦波交流电,供给交流异步牵引电动机。

交-直-交牵引系统的再生制动主要由电网侧的四象限变流器实现。目前在电力牵引领域应用的四象限变流器主要为电压型,其原理结构如图 4-35 所示。牵引工况下四象限变流器作为整流器输出直流电压给中间直流环节,再生制动时四象限变流器成为一个单相逆变器向电网反馈能量。

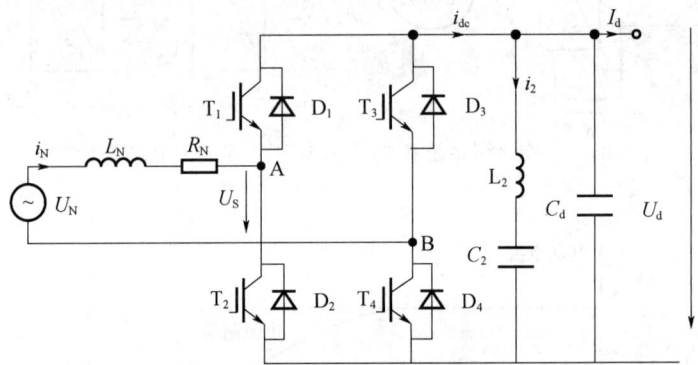

图 4-35 四象限变流器的原理结构

对于牵引(整流)工况,U_N 与 I_N 同相位,对于制动(逆变)工况,U_N 与 I_N 反相位,图 4-36(a)为四象限脉冲整流器能量反馈时的 4 种工作状态,再生制动时工作状态在第二、第四象限。图 4-36(b)为电压 U_N 与电流 I_N 的矢量图。

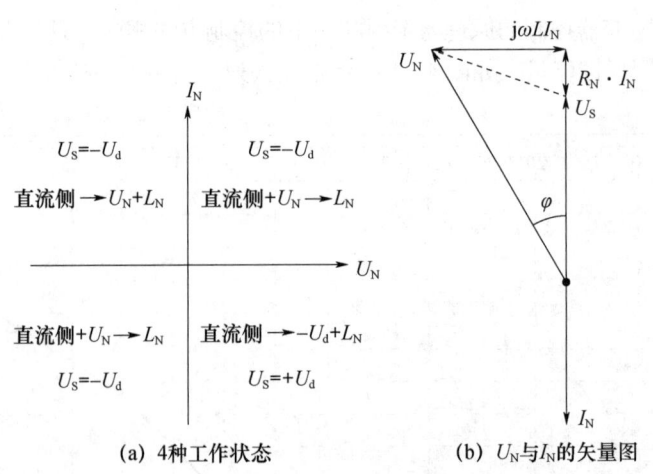

图 4-36 四象限脉冲整流器能量反馈及矢量图

交-直-交变换是一种先进而复杂的调速方法,能够在电压电流坐标平面内 4 个象限运行,满足列车牵引需要。交-直-交流调速系统具有调速范围广、精度高等优点,能够获得与直流调速相同的效果,是具有发展前途的一种调速方法。

任务四 斩波调压调速

斩波调压调速方式的核心技术是脉宽调制（PWM）控制技术。PWM 控制技术是利用半导体开关器件的导通和关断，把直流电压变成电压脉冲序列，并通过控制电压脉冲宽度或频率以达到改变电压的目的的一种控制技术。

PWM 控制的斩波调速调压原理图如图 4-37 所示。图中斩波器用一个晶闸管代表，晶闸管在一个周期 T 内，首先导通 t_{on} 时间，然后在 t_{off} 时间段内关断，在 t_{on} 时间段内，电动机两端的电压为 E，在 t_{off} 时间段内，电动机两端的电压为零，如此反复，电动机电枢两端的端电压波形如图 4-37 所示。

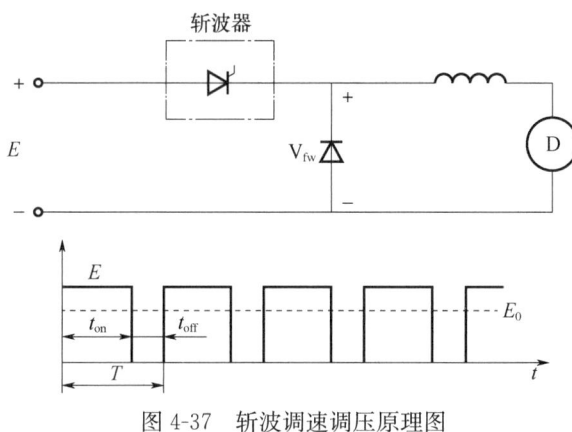

图 4-37 斩波调速调压原理图

平均负载电压 E_0 可用式（4-16）表示：

$$E_0 = E\frac{t_{on}}{t_{on}+t_{off}} = E\frac{t_{on}}{T} = \alpha E \tag{4-16}$$

式中　　t_{on}——导通时间，

　　　　t_{off}——关断时间，

$T(=t_{on}+t_{off})$——斩波周期，

　　　　α——斩波器的导通比。

由式（4-16）可知，只要调节 α，即可调节负载两端的平均电压。

导通比控制的实现方法：

(1) 脉宽调制：保持斩波频率 f 不变，只改变导通时间 t_{on}，简称定频调宽。

(2) 频率调制：改变斩波周期 T，同时保持导通时间 t_{on} 或者关断时间 t_{off} 不变，简称定宽调频。

(3) 脉宽和频率综合调制：按照某种规律同时改变导通时间 t_{on} 和斩波周期 T。通常是分段地改变斩波周期 T，而连续地控制 t_{on}。

对于斩波器传动，脉宽调制是优先选用的一种方法。

在斩波器只用一个晶闸管构成时，α 的取值范围为 $0 \leqslant \alpha \leqslant 1$，因此电枢电压平均值 E 的调节范围为 $0 \sim E$，均为正值，即电机只能在一个方向调速，是直流电变为直流电。

当需要在两个方向调速时,即直流电变为交流电时,需要采用桥式斩波电路,其结构如图 4-38(a)所示。

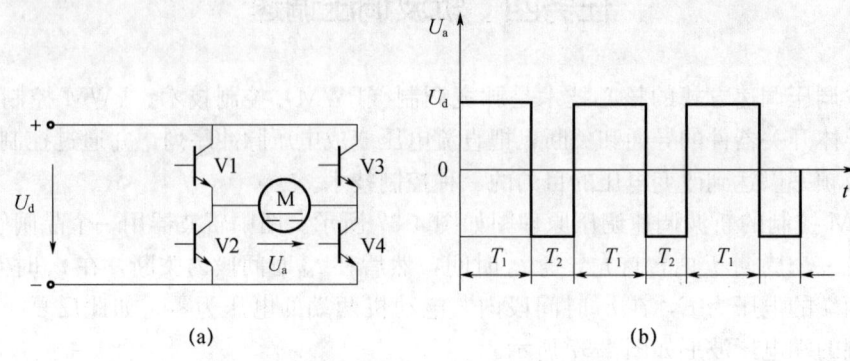

图 4-38 桥式斩波电路斩压原理图

设图中晶闸管 V1、V4 先同时导通 T_1 秒后同时关闭,接着晶闸管 V2、V3 同时导通 T_2 秒后同时关闭,如此循环,则电机电动机电枢两端的端电压波形如图 4-38(b)所示,电机电枢端电压的平均值为

$$U_a = \frac{T_1 - T_2}{T_1 + T_2} U_d = (1 - T_2/T) U_d = (1 - 2\alpha) U_d \qquad (4-17)$$

由于 $0 \leqslant \alpha \leqslant 1$,所以 U_a 的变化范围为 $-U_d \sim +U_d$,因而电机可以在正、反两个方向调速运行。逆变器的工作原理也正是基于此。

以上的斩波器电路结构所产生的输出电压低于输入电压,被称为降压斩波器,如果在主电路中接入电抗器等储能元件,在晶闸管通断过程中就可以提供较高的负载电压,称为升压斩波器,如图 4-39 所示。

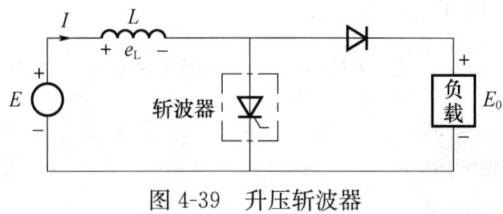

图 4-39 升压斩波器

总之,可以通过改变牵引电机主电路的配置,用晶闸管开关器件采用 PWM 控制技术进行斩波,从而改变电机端电压,当电机端电压为正值时,对电机运转而言,电机正转,为加速;当电机端电压为负值时,对电机运转而言,电机反转,为减速。

任务五 逆变电路

在交流传动系统中,目前基本上都采用的是交流异步电动机,因此在城市轨道交通中的直流供电就存在着电源交换的问题。列车在牵引工况时,是直流电逆变转换为交流电;在制动工况时,交流发电整流转换为直流电。在牵引工况进行斩波调压调速时,斩波器采用脉宽调制 PWM 技术，调节供电电源提供的直流电平均电压，以改变电机电枢的端电压，从而对列车速度进行调节。在逆变电路中，使用逆变器对交流发电进行逆变，转换为直流电。

逆变是整流的逆过程，是工作在相控角大于 90°的相控整流电路。逆变电路包括以下 3 个部分：

（1）电力电路及缓冲电路：利用电力电子器件进行能量变换的主体，缓冲电路与电力电子器件并联，用于吸收电力电子器件上的换相过电压。

（2）控制电路：完成对主电路的控制实现逆变，并使逆变器具有调压、调频、稳压、稳频等良好的动、静性能。

（3）电力电子器件的门控电路：包括设计在门控电路中的过电流保护部分。

一、单相桥式逆变电路

单相桥式逆变电路的工作原理如图 4-40 所示，其中 K1、K2 和 K3、K4 是两组理想开关，U_d 为直流电，K1、K2 和 K3、K4 按某种频率交替闭合和断开。当 K1、K2 闭合，K3、K4 断开时，通过负载 R 的电流方向向右，如图中实线箭头所示；当 K1、K2 断开，K3、K4 闭合，通过负载 R 的电流方向向左，如图中虚线箭头所示。这样在负载上就得到交流电压 u_R 和电流 i_R，其频率取决于 K1、K2 和 K3、K4 关闭和断开的频率。

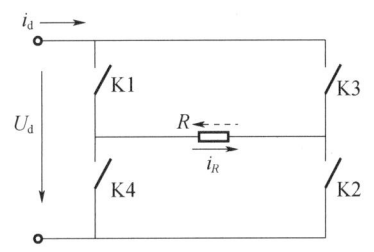

图 4-40 单相桥式逆变电路的工作原理

如果用全控性器件（如 IGBT）代替图 4-40 的开关，得到图 4-41（a）所示的单相桥式 IGBT 逆变器的主电路，图中分别用 V1、V2、V3、V4 表示 IGBT1、IGBT2、IGBT3、IGBT4。

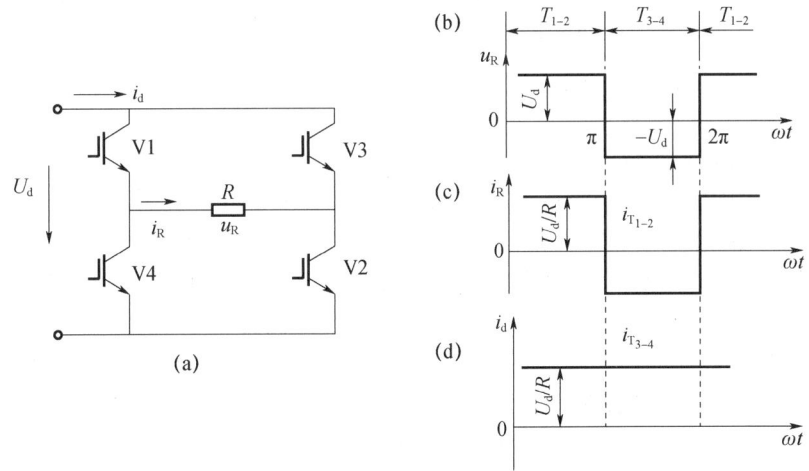

图 4-41 电阻负载单相桥式 IGBT 逆变器电路及波形

图 4-41（b）和图 4-41（c）是 IGBT 逆变器在电阻负载下的输出电压 u_R 和输出电流 i_R 的波形，在 0～π 期间，V1、V2 导通，在 π～2π 期间，V3、V4 导通。图 4-41

(d) 为直流输入电流 i_d 的波形。

对于感性负载，负载电流滞后于电压，当两组开关已经切换，电压已经反向时，感性负载电流仍将在滞后角时间内保持原来的流向，如果突然断开感性负载的滞后电流，必然会引起过电压造成电力电子器件的击穿损毁。因此，在感性负载电路中，每个电力电子器件上需要并联一个快速二极管，以构成滞后电流的通路，如图 4-42 所示。

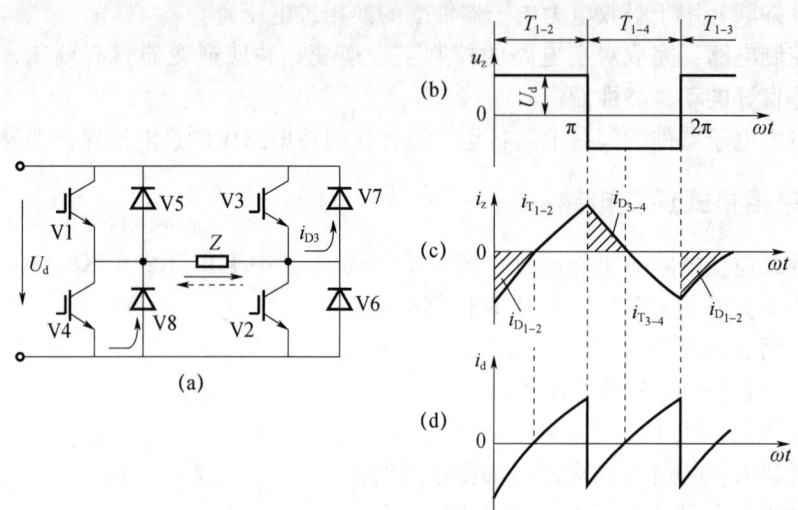

图 4-42 感性负载下单相桥式 IGBT 逆变电路及波形

图 4-42 中 $\omega t = \pi$ 时，V1、V2 断开和 V3、V4 导通后，感性负载电流从 V1、V2 转移到由 V7、V8 及电源所构成的续流回路中，使负载电流在滞后角时间内保持原来的流向；同理，$\omega t = 2\pi$ 时，V3、V4 断开和 V1、V2 导通后，感性负载电流从 V3、V4 转移到由 V5、V6 及电源所构成的续流回路中，负载电流 i_z 的波形如图 4-42（c）所示。由图可以看出，在二极管导通时间内，感性负载向电源反馈了能量。

二、三相桥式逆变电路

1. 三相桥式逆变电路

在实际应用中通常采用的是三相交流异步电动机，主电路采用三相桥式逆变电路。三相桥式逆变电路如图 4-43 所示。从电路结构上看，三相桥式逆变电路可以看作三相桥式可控整流电路和三相桥式二极管整流电路的反并联。三相桥式可控整流电路中的 V1~V6 的触发信号依次相差 60°，三相桥式二极管整流电路中六个二极管 V7~V12 与 GTO 并联，提供续流回路，称为续流二极管。在三相桥式逆变电路的控制方式中，采用的是双极性。图中 C 为滤波电容器，U、V、W 三相的 PWM 控制共用一个三角载波 u_C，三相调制信号 u_{ru}、u_{rv}、u_{rw} 的相位依次相差 120°。

2. 三相桥式逆变电路在城市轨道交通中的应用

图 4-44 是城市轨道交通中的三相交流传动主电路原理图。如图所示，1500V 的直流电通过受流器 P、高速断路器、线路滤波器等，再经过逆变器输出到 4 台电动机。在电制动工况时，通过对 M1~M4 直接接触器和 V1~V16 开关元件的控制使交流电机转

变为交流发电机,产生制动转矩,并控制其大小,生成的三相交流电通过逆变器(VVVF 中的桥式整流电路)变成直流电返回电网。

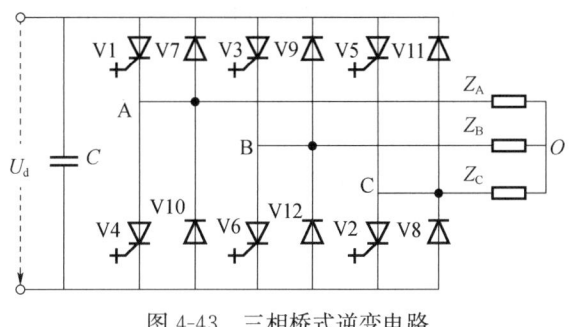

图 4-43 三相桥式逆变电路

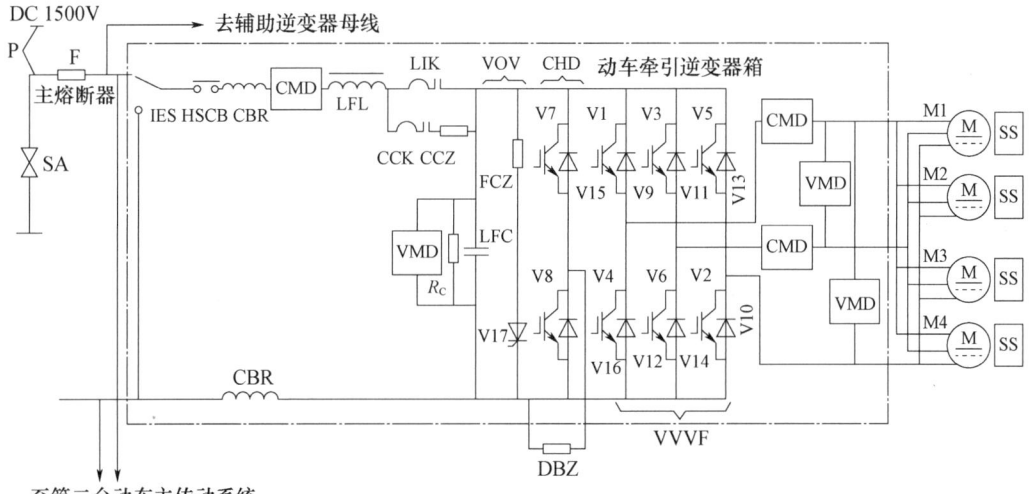

SA—浪涌电压吸收器；IES—隔离开关；HSCB—高速断路器；LFL—滤波电抗器；
LFC—滤波电容器；CCZ—充电电阻；CCK—充电接触器；LIK—线路接触器；
VMD—电压传感器；CMD—电流传感器；SS—速度传感器；DBZ—制动电阻；
M1~M4—交流电动机；CBR—差动电流保护器；FCZ—过电压保护电阻。

图 4-44 三相交流传动主电路原理图

课后习题

1. 简述再生制动和电阻制动的特点。
2. 简述再生制动的工作原理。
3. 实现再生制动必须满足什么条件？
4. 简述电阻制动的工作原理。
5. 分析交-直流传动系统电阻制动特性的工作范围。
6. 简述交-直流传动系统中恒励磁电流制动的工作特性。
7. 简述交-直流传动系统中恒制动电流制动的工作特性。
8. 简述加馈电阻制动的工作原理。

9. 分析交-直流传动系统中再生制动的调速过程。
10. 简述交流牵引传动系统中电制动工作原理。
11. 对于交流牵引传动系统，恒频率调速可以采用两种不同的方式，试分析它们各自的特点。
12. 斩波器调压调速中 PWM 控制的原理是什么？
13. 斩波器调压调速的导通比实现的方法有哪几种？
14. 分析单相桥式逆变电路的工作原理。
15. 分析三相桥式逆变电路的工作原理。

项目五　供风系统

任务一　供风系统概述

一、供风系统组成

一般城市轨道交通列车是以动车组为单元的,所以供风系统一般也是以动车为单元来设置的。每个动车组单元设置一个空气压缩机组,每个压缩机组包括压缩机、驱动电动机、空气干燥器和压力控制开关等。这些装置都安装在动车单元的一个车的底架上,如图 5-1 所示。

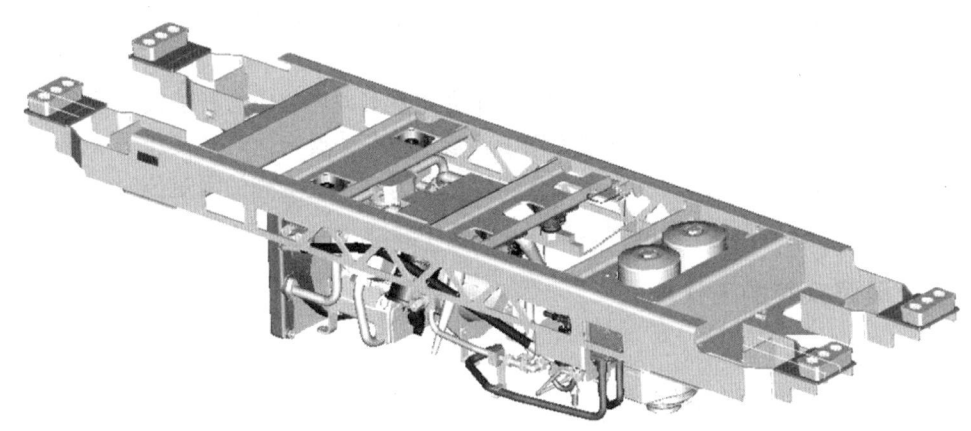

图 5-1　压缩空气供给装置(空气压缩机组)

供风系统的作用是完成压缩空气的产生、净化、传输、储存和压力控制等环节。供风系统主要包括空气压缩机组、空气干燥器、安全阀、压力控制器与总风缸等部件。供风系统的核心部分是风源模块(A1),风源模块可以安装在 T_C 车上,也可以安装在 M 车上。

压缩空气供给装置提供清洁干燥的压缩空气,用于包括空气制动在内的所有由压缩空气驱动控制的气动子系统。压缩空气供给装置主要由压缩机、软管、安全阀、油过滤器、压力开关、空气干燥器、塞门、测试接头、车间气源接头、车间气源供风塞门等组成。

二、供风系统原理

供风系统原理如图 5-2 所示。

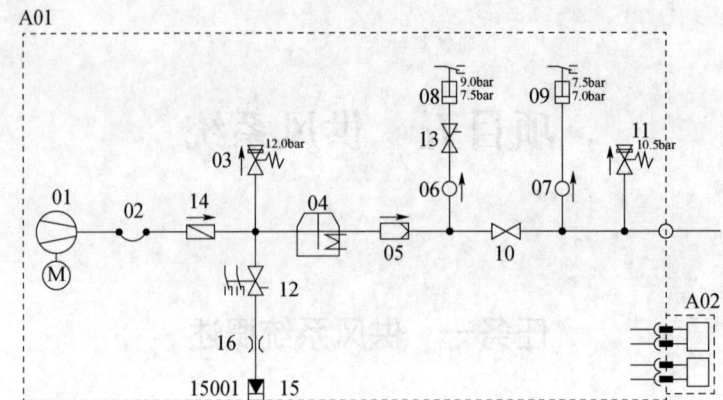

01—空气压缩机组；02—软管；03、11—安全阀；04—空气干燥器；05—油过滤器；06—测试接头；
08、09—压力开关；10、13—塞门；12—车间气源供风塞门；14—油水分离器；15—车间气源接头；16—固定节流口。

图 5-2 供风系统原理图

空气压缩机组（01）是产生压缩空气的装置，它产生的压缩空气进入空气干燥器（04）净化，净化后的压缩空气进入总风联管，进而通过车钩气路装置向相邻车辆传输，列车中的每节车均从总风联管获取本车所需使用的压缩空气，存储在总风缸中的压缩空气同时供本车用风系统使用。

压力控制包括压缩机管理、压力限制、压力调整等内容。压力开关设定两台压缩机同时工作的压力转换点，配套的测试头用于调整压力开关设定值时外接压力表显示。安全阀限定所处管路的最高压力。当所处管路中的压力高于安全阀的限定值时，安全阀向外断续式喷气，起到降压和提醒的双重作用。

三、风源系统的工作模式

1. 工作模式

以 EP2002 制动控制系统为例，列车的空气压力是由安装在拖车上的空气压缩机提供的，空气压缩机的控制由微机制动控制单元（MBCU）来完成。空气压缩机的工作模式有两种，即辅助模式和正常模式。如果把列车 1 位端的空气压缩机作为主空气压缩机（正常模式），则后面 2 位端的空气压缩机就作为储备压缩机（辅助模式）。如果列车需要的压力空气一个空气压缩机就能满足，则第二个空气压缩机不再启动，只有当总风压力低于 750kPa，一个空气压缩机不能满足需求时才启动第二个空气压缩机。

（1）辅助模式。空气压缩机辅助模式是指当压缩空气的压力低于辅助恢复压力（750kPa）时，第二个空气压缩机开始启动，当压缩空气的压力达到排气压力（950kPa）时停止的工作模式。

（2）正常模式。正常模式时，一个空气压缩机工作即可满足列车气路系统的需求，当压缩空气的压力低于恢复阈值（840kPa）时，空气压缩机开始工作；当压缩机空气的压力达到排气阈值（950kPa）时，空气压缩机停止工作。

图 5-3 进一步解释了不同压力时空气压缩机的操作模式，控制压缩机工作共有 5 种压力阈值。

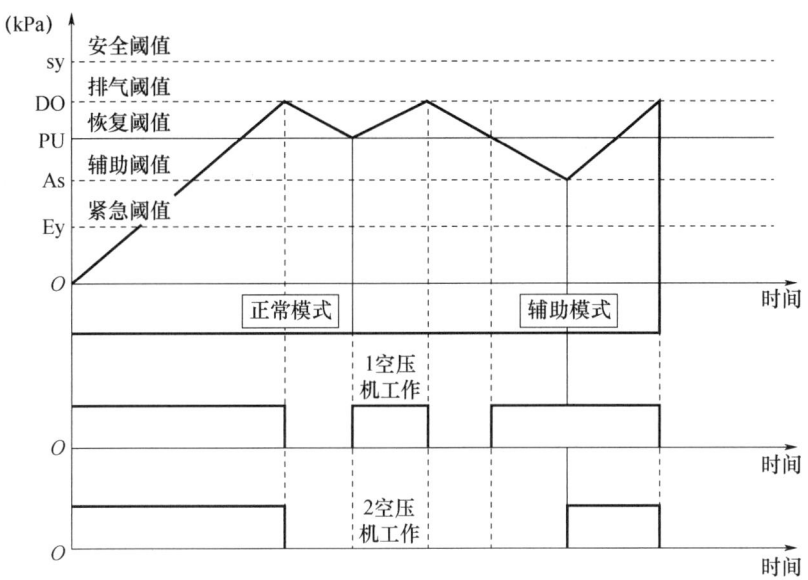

图 5-3 不同压力时空气压缩机的操作模式

安全阈值：安全释放阀的压力（1030kPa）。

排气阈值：压缩机停止所有模式工作的压力（950kPa）。

恢复阈值：在正常模式下压缩机开始工作的压力（840kPa）。

辅助阈值：当主风管中的压力到达这个压力极限值时，第二个空气压缩机开始帮助操作空气压缩机充气（750kPa）。

紧急阈值：当主风管中的压力到达这个压力极限值时，紧急制动使列车停止（700kPa）。

2. 空气压缩机的选择

在正常模式下空气压缩机可以根据奇偶日来确定运转方式。在对应日的空气压缩机出现故障的情况下，列车信息管理系统（TIMS）允许工作的空气压缩机切换。列车在运行时，空气压缩机在正常模式或辅助模式下工作。

当一个空气压缩机得到奇偶日信号时，它在正常模式下工作；当奇偶日信号无效时，它在辅助模式下工作。

任务二　空气压缩机

空气压缩机组是整个供风系统的核心部件，没有空气压缩机就没有风源。

制动空气压缩机组的驱动电动机可以采用直流电动机，直接由接触网（或第三轨）供电，也可以采用交流电动机供电。电动机通过弹性联轴器驱动空气压缩机。

进入空气压缩机的空气必须先经过滤清器使其净化。经过压缩后的空气在存入主储风缸前还要进行干燥，然后供各用气部件使用。

目前城市轨道交通车辆使用的空气压缩机大多为多级气缸类，分低压段压缩和高压段压缩。低压压缩是将外界大气压缩至 2.6×10^5 Pa 左右，然后再进入高压压缩，将压力提高至 10×10^5 Pa。每个气缸顶部都设有吸气阀和排气阀，外界大气通过设在空气压缩机进气口处的油浴式滤清器的净化后，被吸入低压气缸进行压缩。为了提高压缩效率，低压气缸输出的压缩空气被送到中间冷却器冷却，冷却后的低压空气再送至高压气缸做进一步地压缩，直至空气压力符合要求。高压段的压缩空气还必须通过冷却器冷却，使其温度降低以便通过空气干燥塔进行油水分离。最后，洁净而干燥的高压压缩空气被送到主储风缸进行储存。中间冷却器和后冷却器多为翅片管式冷却器，它们被重叠在一起，采用强迫式通风冷却。强迫通风的风源来自安装在曲柄端头的风扇供风。空气压缩机运行时，其气缸的润滑是依靠焊接在曲轴上的小铁片将曲轴箱内的机油刮起，飞溅到气缸壁上来润滑的，这种润滑方式称为飞溅润滑。采用飞溅润滑会使空气压缩机输出的压缩空气含有一定量的油分，所以必须在最后进行油水分离。空气压缩机的启动和停止是由压力开关控制的，压力开关设置一般为 $(7.0\sim8.5)\times10^5$ Pa，前者为开启压力，后者为停止压力。气路中还设置了 10×10^5 Pa 的安全阀，以防压力开关失效。

城市轨道车辆的制动系统及其他一些子系统所使用的压缩空气都是由空气压缩机组产生的。电动机通过万向节直接驱动空气压缩机。目前，城轨车辆中采用的空气压缩机主要有活塞式空气压缩机和螺杆式空气压缩机两种。城轨车辆采用的空气压缩机一般具有噪声低、振动小、结构紧凑、维护方便、环境实用性强的特点。

一、活塞式空气压缩机

目前使用较多的活塞式空气压缩机是 VV120 型空气压缩机。昆明地铁 1 号线使用的 VV120 型空气压缩机采用空气冷却，两级活塞压缩的空压机由一个三相交流（50Hz，AC380V）电动机驱动。压缩机的排量约为 920L/min，工作转速为 1450r/min。三相交流电动机驱动的空气压缩机如图 5-4 所示。

空气压缩机和空气干燥器被安装在一个共用框架上。该共用框架可以通过螺栓直接联接到车底底架上，在空气压缩机与共用框架间的所有支撑均包括在内。

1. 空气压缩机基本结构

空气压缩机有两个低压气缸和一个高压气缸。空气压缩机由固定机构、运动机构、进排气机构、冷却装置和润滑装置等几部分组成，VV120 型空气压缩机如图 5-5 所示。其中固定机构包括机体、气缸、气缸盖，运动机构包括机轴、连杆、活塞，进排气机构包括空气过滤器、气阀，冷却装置包括中间冷却器、后冷却器和带有黏性联轴器的散热风扇等。

带有黏性联轴器的散热风扇的作用是能够根据环境温度和压缩机出口温度，给予连续并且相互独立的冷却控制，从而确保压缩机在适合的工作温度下运行。当散热风扇结冰或附着异物时，黏性联轴器同时充当离合器来避免危险。

压缩机与电动机用弹性联轴器连接，外部采用法兰保护。该联轴节高度耐用，免于维护，扭转刚度强，避免了压缩机内的扭转振动。自定心凸缘结构避免了电机与压缩机之间频繁复杂的工作。

项目五 供风系统

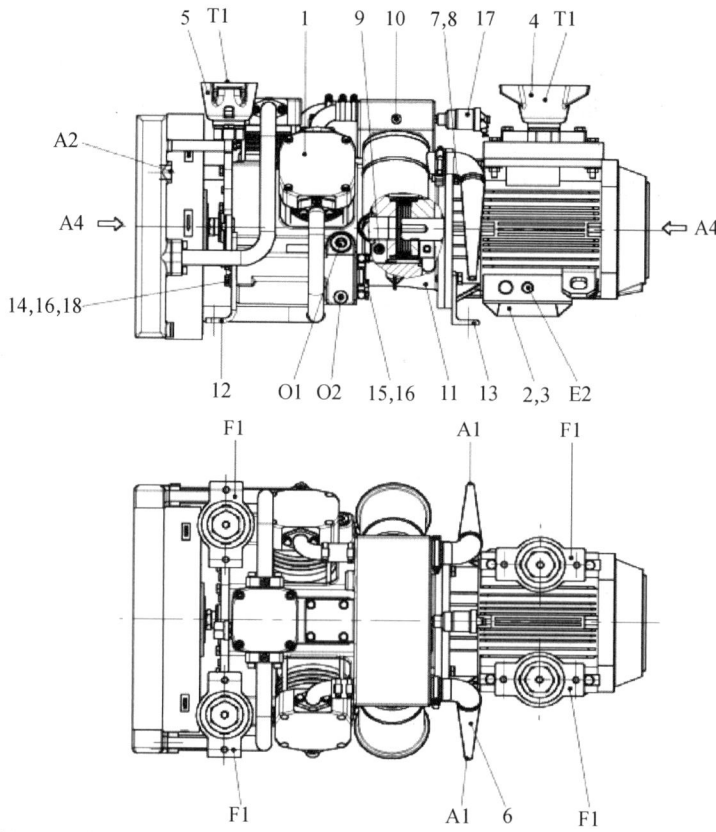

1—空气压缩机；2—交流电动机；3—铭牌；4—弹性支座；5—弹性支座；6—消声器管；7—六角螺栓；
8—锁紧环；9—联轴器；10—螺塞；11—中间法兰；12、13—支撑角铁；14—六角螺栓；15—圆柱头螺栓；
16—锁紧环；17—真空指示器；18—挡圈；A1—进气口；A2—排气口；A4—冷却空气；
E2—穿电缆用开口；F1—弹性支座；O1—注油口；O2—排油口；T1—悬挂点。

图 5-4 三相交流电动机驱动的空气压缩机

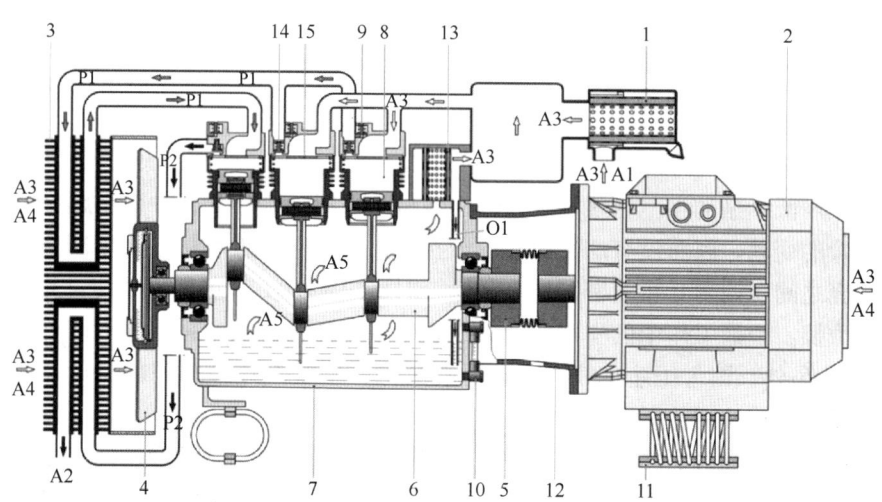

1—空气滤清器；2—电动机；3—冷却器；4—带黏液耦合器的风扇叶轮；5—波纹管联轴器；6—曲轴；
7—曲轴箱；8—气缸；9—防护阀；10—油位显示管；11—弹性零件（图示为钢丝弹簧）；12—中间法兰；
13—压缩空气除油过滤元件；14—阀门；15—阀门；A1—进气口；A2—排气口；A3—抽吸气体；
A4—冷却空气；A5—含油气体；P1—中间压力；P2—高压；O1—注油口。

图 5-5 VV120 型空气压缩机

2. 空气压缩机工作原理

空气压缩机通过自带的吸气过滤器吸入空气，电机通过联轴节驱动空气压缩机机轴转动，曲柄连杆机构带动高、低压缸活塞同时在气缸内做上下往复运动。当低压活塞下行时，活塞顶面与缸盖之间形成真空，经空气滤清器的大气，推开吸气阀片进入低压缸，此时供给阀在弹簧和中冷器内空气压力的作用下关闭。当低压活塞上行时，气缸内的空气被压缩，其压力大于供给阀片上方压力与供给阀弹簧的弹力之和时，压缩供给阀弹簧推开供给阀片，具有一定压力的空气排出缸外，而吸气阀片在气缸内压力及其弹簧的作用下关闭。两个低压缸送出的压缩空气都经气缸盖的同一通道进入冷却器。经中冷器冷却后，再进入高压缸，进行第二次压缩，压缩后的空气由后冷却器冷却后进入空气干燥器。

机轴带动连杆转动时，连杆下端的拨杆使得机轴箱内的油四处飞溅，从而对被润滑的部件进行润滑。VV120 型空气压缩机空气循环系统示意如图 5-6 所示。

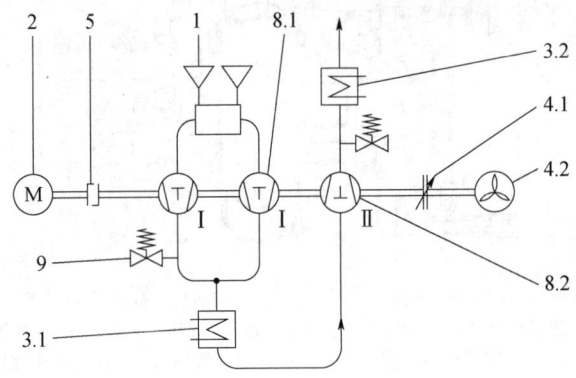

1—干式空气滤清器；2—电动机；3.1—中间冷却器；3.2—二次冷却器；4.1—黏液耦合器；4.2—风扇叶轮；5—联轴器；8.1—2 个气缸 $\phi 95$，第Ⅰ级（低压）；8.2—1 个气缸 $\phi 75$，第Ⅱ级（高压）；9—防护阀。

图 5-6　VV120 型空气压缩机气路示意图

二、螺杆式空气压缩机

1. 螺杆式空气压缩机的特点

（1）噪声低、振动小。当螺杆式空气压缩机工作时，旋转部件中两个螺杆的运动没有质心位置的变动，因而没有产生振动的干扰力。经精密加工和精密磨削制造的阴、阳螺杆和机壳之间，两两互相紧密贴合，其啮合时通过喷油实现密封和冷却，并不产生机械接触和摩擦，因而工作中的噪声较低。并且喷油润滑也使噪声强度大大降低，一般不超过 85dB。另外，因为压缩空气的过程是连续的，不受气阀开、闭的制约，所以压缩空气的流动也是连续而且平稳的。

（2）可靠性高和寿命长。螺杆式空气压缩机工作时，除了轴承和轴封等部件外，没有其他因相对运动而承受摩擦的零部件。因为阴、阳螺杆和机壳之间并不产生机械接触，即在工作中不产生摩擦，因此它具有较高的可靠性并可免维护。通常螺杆式空气压缩机的检修周期可以保证不短于整车的大修期。

（3）维护简单。在其运行中，检查、检修人员只要保证螺杆式空气压缩机的机油油位不低于油位计或视油镜刻线,保证空气滤清器未脏到堵塞的程度,那么空气压缩机就能工作,它不需给予特别的维护。

2. 螺杆式空气压缩机的结构

螺杆式空气压缩机的主机属于双回转轴容积式压缩机,转子为一对互相啮合的螺杆,螺杆具有非对称啮合型面。主动转子为阳螺杆,从动转子为阴螺杆。常用的主副螺杆齿数比根据空气压缩机容量的不同而有所不同,一般为4∶5、4∶6或5∶6。两个互相啮合的转子在一个只留有进气口和排气口的铸铁壳体里面旋转,螺杆的啮合和两个螺杆与壳体之间的间隙通过精密加工严格控制,并在工作时向螺杆腔内喷压缩机油,使间隙密封,并将两转子的啮合面隔离,防止机械接触时产生磨损。另外,不断喷入的机油与压缩空气混合,可带走压缩过程中所产生的热量,以维持螺杆副长期可靠的运转。螺杆副啮合旋转时,从进气口吸气,经过压缩后从排气口排出,即得到具有一定压力的压缩空气。

如图5-7所示螺杆副是由一对齿数比为4∶6、以特定螺旋角互相啮合的螺杆组成的。其中,阳螺杆(通常作为驱动螺杆)为凸形不对称齿,而阴螺杆(通常作为从动螺杆)为瘦齿形弯曲齿。两螺杆的齿数断面线形是专门设计并精密磨削加工而成的。阴、阳转子啮合如图5-8所示。

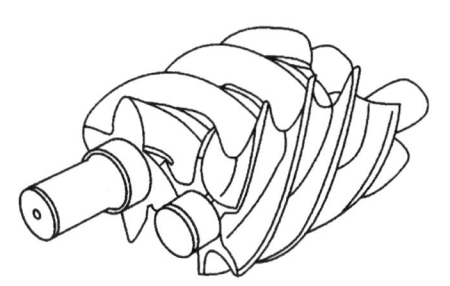

图5-7 螺杆式空气压缩机的螺杆副

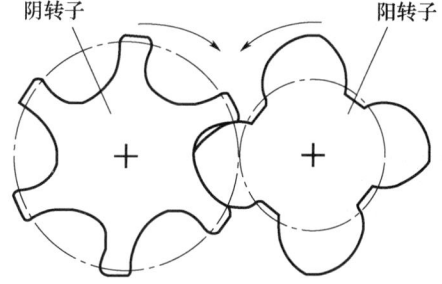

图5-8 转子啮合图

3. 螺杆式空气压缩机的工作原理

该压缩机的工作过程分为吸气、压缩和排气3个阶段,其结构如图5-9所示。

(1) 吸气过程。螺杆安装在壳体内,在自然状态下就有一部分螺杆的沟槽与壳体上的进气口相通。也就是说,在任何时候,无论螺杆式空气压缩机的螺杆旋转到什么位置,总有空气通过并充满进气口与进气口相通的沟槽。这是压缩机的吸气过程。阴、阳两转子在吸气结束时,已经充满空气的螺杆沟槽的齿顶与机壳腔壁贴合,此时,齿槽内的空气被隔离,不再与外界相通,无法再相对流动,即被"封闭"。当吸气过程结束后,两个螺杆在吸气口的反面开始进入啮合,并使得封闭在螺杆沟槽里的空气体积逐渐减小,压力开始上升,压缩随之开始。

(2) 压缩过程。随着空气压缩机两转子的继续转动,封闭有空气的螺杆沟槽与相对螺杆齿的啮合从吸气端不断地向排气端进行,啮合的齿逐渐占据原来已充满沟槽的空间,并挤压这个沟槽里的空气,使体积逐渐变小,而压力则随着体积的变小而逐渐升高。空气被带着一边转动,一边被继续压缩,这个过程从吸气结束开始,一直持续到排气口打开之前。当前一个螺杆齿端面转过被它遮挡的机壳端面上的排气口时,在沟槽内的空气即与排气腔的空气相连通,受挤压的空气开始进入排气腔,至此在空气压缩机内压缩的过程结束。这个体积减小压力渐升的过程,就是空气压缩机的压缩过程。在压缩过程中,空气压缩机不断地向压缩室和轴承喷射润滑油。

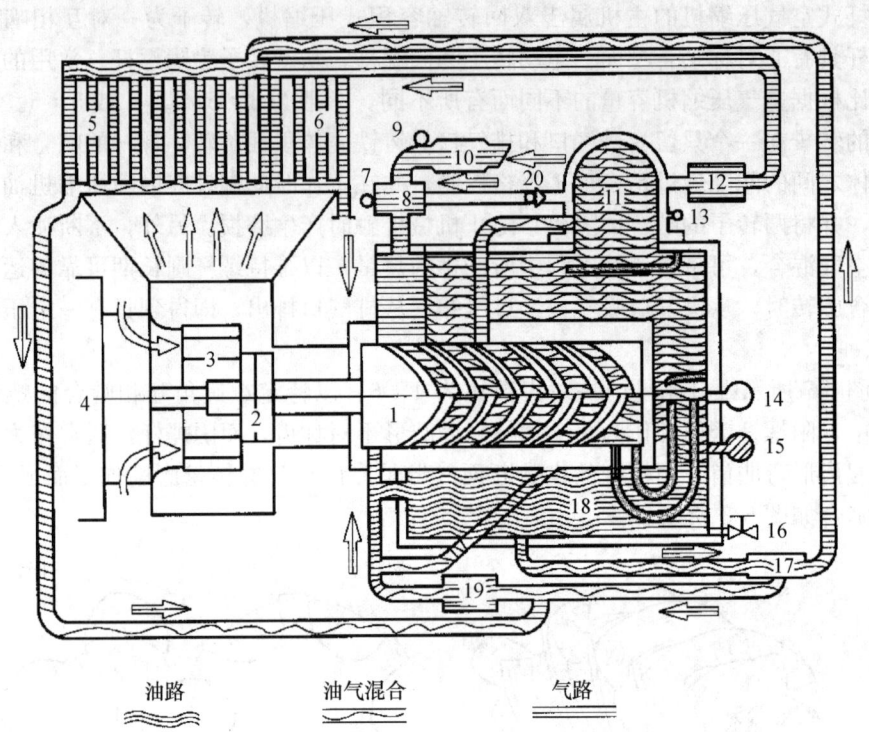

1—螺杆式空气压缩机;2—万向节;3—冷却风机;4—电动机;5—空、油冷却器(机油冷却单元);
6—冷却器(压缩空气后冷却单元);7—压力开关;8—进气阀;9—真空指示器;10—空气滤清器;
11—油细分离器;12—最小压力维持阀;13—安全阀;14—温度开关;15—视油镜;16—泄油阀;
17—温度控制阀;18—油气筒;19—机油过滤器;20—单向阀。

图 5-9　螺杆式空气压缩机的结构

(3) 排气过程。压缩过程结束,封闭有压缩空气的螺杆沟槽的端部边缘与壳体端壁上的排气口边缘相通时,受到挤压的压缩空气迅速从排气口排出,并进入空气压缩机的排气腔。随着螺杆副的继续转动,螺杆啮合继续向排气端的方向推移,逐渐将沟槽里的压缩空气全部挤出。这就是空气压缩机的排气过程。

螺杆式空气压缩机壳体的进气口开口的大小及边缘曲线的形状,是与螺杆的齿数及螺旋角的角度相关的。而空气压缩机后端壁上的排气口开口形状(蝶形)及尺寸也是由空气压缩机的压缩特性及螺杆的断面齿形所决定的。

本书所述的螺杆式空气压缩机的工作原理,是以螺杆的某一个沟槽为例介绍的,并且把它的工作过程分为吸气、压缩和排气 3 个阶段。实际上空气压缩机螺杆的工作转速很快,而且主动螺杆和从动螺杆的每一个沟槽,在运转过程中都承担着相同的任务,即它的空腔在进气侧打开时吸进空气,然后再将其带到排气侧压缩后排出。螺杆相邻两个沟槽的同一个工作阶段,尽管有先后,但由于这个过程速度非常快,而且周而复始,所以实际上是重叠发生的。这就形成了螺杆式空气压缩机工作的连续性和供气的平稳性,进而保证了它的低振动和高效率。

螺杆式空气压缩机的工作循环是在啮合的螺杆齿和沟槽间周而复始、连续不断地进行的,而且它的压缩过程是当沟槽里的空气被挤进排气腔中才完成的,所以没有像活塞式空气压缩机那样的振动和排气阀开闭形成的冲击噪声。

任务三 空气干燥器

空气压缩机输出的高压压缩空气中含有较高的水分和油分,必须经过空气干燥器将其中的水分和油分分离出去,才能达到车辆上各用气箱体对压缩空气的使用要求。

空气干燥器一般都做成塔式的,有单塔和双塔两种。一般直流传动系统车辆采用的是单塔式空气干燥器,交流传动系统车辆使用的是双塔式空气干燥器。

一、单塔式空气干燥器

单塔式空气干燥器(图5-10)是由油水分离器、干燥筒、排泄阀、电磁阀、再生储风缸和消声器等组成。在油水分离器中存在许多拉希格圈(一种用铜片或铝片做成的有缝的小圆筒),干燥筒则是一个网形的大圆筒,其中盛满颗粒状的吸附剂。

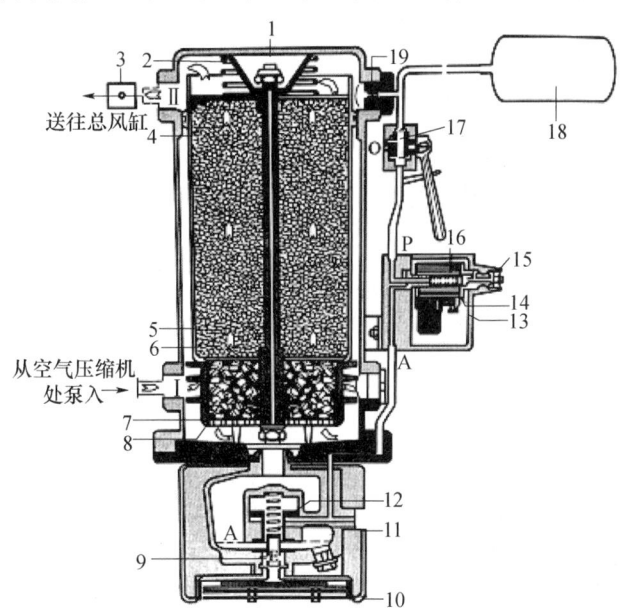

1—空气干燥器;2—弹簧;3—单向阀;4—带孔挡板;5—干燥筒筒体;6—吸附剂;7—油水分离器;8—拉希格圈;9—排泄阀;10—消声器;11—弹簧;12—活塞;13—电磁阀;14—线圈;15—排气阀;16—衔铁;17—带排气的截断塞门;18—再生储风缸;19—节流孔;Ⅰ—进口接管;Ⅱ—出口接管。

图5-10 单塔式空气干燥器

单塔式空气干燥器工作原理如图5-11所示。工作过程为:空气压缩机输出的压力空气从干燥塔中部的进口管进入干燥塔后,首先达到油水分离器。当含有油分的压缩空气与拉希格圈相接触时,由于液体表面张力的原因使空气中的油滴很容易地吸附在拉希格圈的缝隙中，这样就可以将空气中的绝大部分油分分离出去了。然后空气再进入干燥筒内并通过吸附剂，吸附剂能大量地吸收空气中的水分。只要干燥筒上方输出的空气湿度低于35%，就可以满足车辆各用气系统的需求。洁净而干燥的压力空气输向主储风缸，而分离后留在干燥塔内的油和水还要进行再处理。从空气干燥塔输出的干燥空气有一部分通过干燥塔顶部的另一小孔储入再生储风缸。当总储风缸压力达到一定时，空气压缩机停止工作，干燥塔顶的压力也迅速降低。由于干燥塔与主储风缸的通路中有单向阀，故主储风缸的压力空气不能倒回到干燥塔内，而这时再生储风缸内的干燥压力空气将回至干燥器内，并沿着干燥筒、油水分离器一直到干燥塔下部的积水积油腔内。在下冲的过程中，回冲干燥空气不仅吸收了吸附剂中的水分，同时还冲掉了拉希格圈上的油滴，使吸附剂和拉希格圈都得到了还原，在以后的净化和干燥中可以继续发挥其作用。再生储风缸还有一条管路通向积水积油腔底部的排污阀门。管路中间有一个VM电磁阀，其电磁线圈与空气压缩机的压力开关相接。当空气压缩机关闭时，电磁阀线圈失电，气路导通，再生储风缸内的压力空气顶开积水积油腔底部的排泄阀门，使积水积油腔内的水和油通过消声器迅速排向大气。

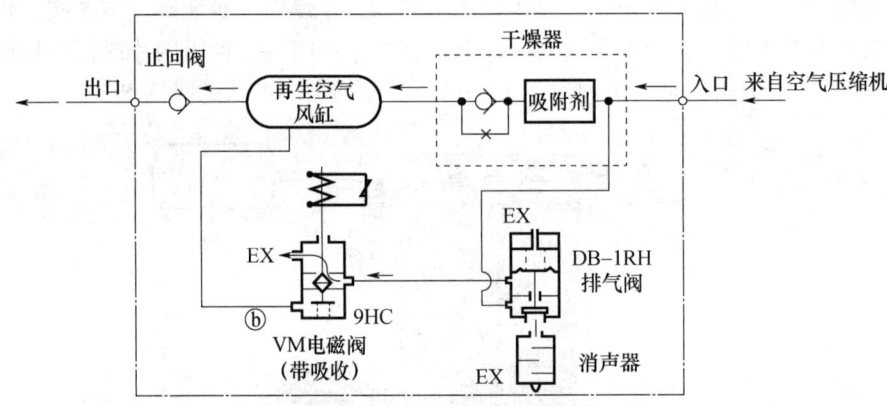

图 5-11 单塔式空气干燥器工作原理

二、双塔式空气干燥器

1. 结构

双塔式空气干燥器的结构如图 5-12 所示，主要由以下几个部分组成：两个干燥剂罐，各带有内置的油分离器；支架带再生罐喷嘴和止回阀、中心溢流阀、先导阀；一个双活塞阀，带有内置消声器，用于设备排水；电磁阀和电子循环控制器相配合，控制干燥器的干燥和再生循环。

每个储压罐配有一个压力指示器，用以显示储压罐所处的工作状态。例如，如果左储压罐中有压力，说明它处于干燥阶段，则左边的压力指示器上出现一条红杠。如果处于无压状态，说明它处于再生阶段，则这条红杠自动消失。储压罐所处的工作状态可通过压力指示器采集后显示于中间位置上。压力指示器上设有一个压力开关。

2. 工作原理

双塔式空气干燥器冷却再生吸附干燥设备同时运行两个工序，即干燥阶段和再生阶段并行。当一个储压罐中主气流被干燥时，另一个储压罐中的干燥剂则再生。

项目五　供风系统

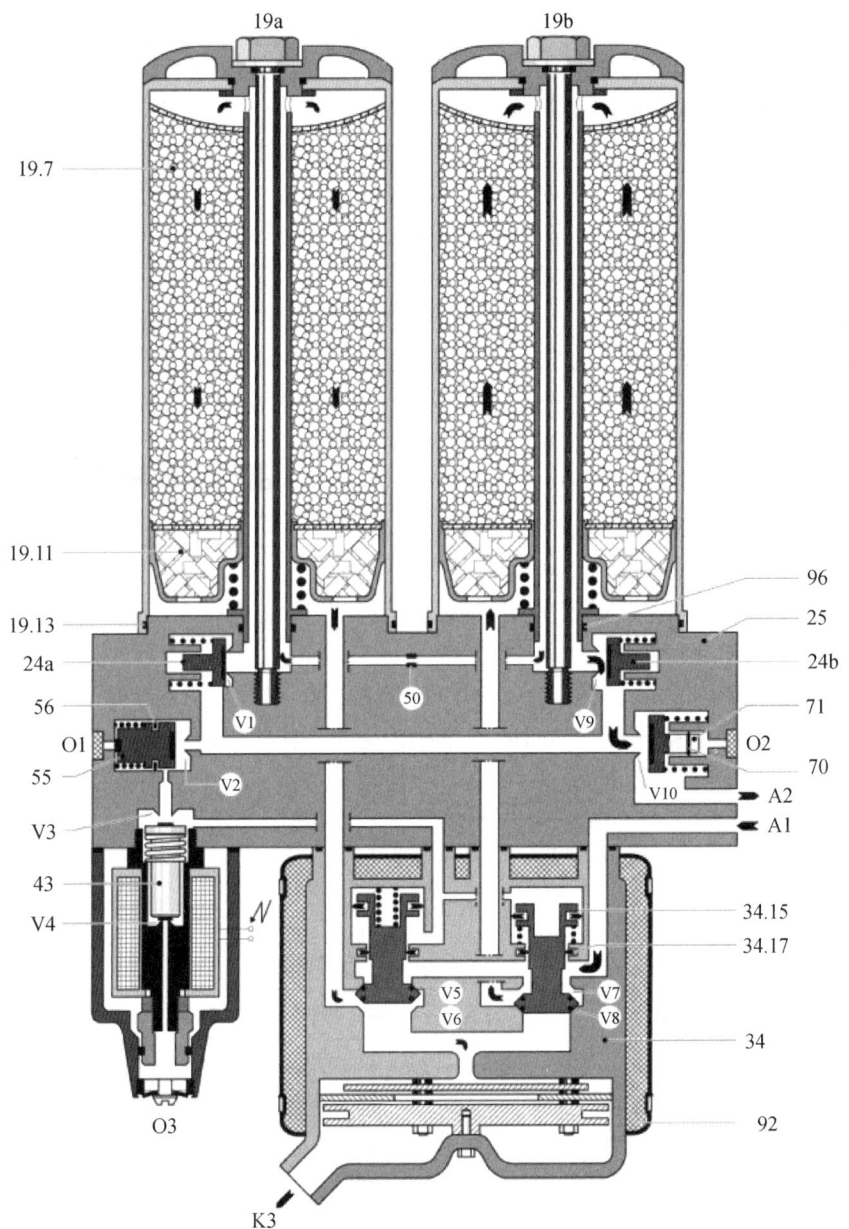

19a—再生阶段的储压罐；19b—干燥阶段的储压罐；19.7—干燥剂；19.11—带拉希格圈的油分离器缸；
19.13、96—O形环；24a、24b—止回阀；25—支架；34—双活塞阀；34.15、34.17、56、70—克诺尔K形环；
43—电磁阀；50—再生节流孔；55—先导阀；71—溢流阀；92—绝缘套；A1—进风口；
A2—排风口；O1～O3—排气孔；V1～V10—阀座。

图 5-12　双塔式空气干燥器结构

图 5-12 表示处于工作状态中的空气干燥设备，其中储压罐（19b）处于干燥阶段，储压罐（19a）处于再生阶段。

电磁阀（43）通过从循环控制装置发出的电输入信号而得电，阀座 V3 打开。从通向压缩空气接口 A2 的压缩空气管道中分流出来的压缩空气流经开启的阀座 V2 和 V3，流至双活塞阀（34）。转换压力将活塞顶着弹簧压至下部或上部位置，以此打开阀座 V6

和 V7。由压缩机供给并随之经过再冷却和预排水的压缩空气流经接口 A1 和开启的阀座 V7，流至储压罐（19b）的风缸，它从下而上地流过储压罐，接着通过中心管再向下，经过止回阀（24b）和溢流阀（71）被导向接口 A2。空气在流入干燥剂（19.7）之前，先要流经油分离器（19.11）中的拉希格圈填料。这样，经过多次环流、涡旋和碰撞后，残留在压缩空气中的最小的油滴和水滴都落在拉希格圈的较大表面上。然后结成较大的滴液在重力作用下落到下面的集流室中。接着在通过干燥剂时，空气中尚含有的水分被吸走，使压缩空气从储压罐（19b）中流出时的相对湿度小于35%。

一部分已干燥的空气被分流出来，经过再生节流孔（50）被减压，通过储压罐（19a）的干燥剂后被送入相反方向。这种减压后的空气也称为再生空气，它从需要再生的干燥剂中吸走了水分，并通过开启的阀座 V6 和消声器而排入大气。

当干燥剂即将达到饱和极限时，通过电子控制装置在 $T/2$ 阶段（图5-13）被换接，即阀用电磁阀（43）失电。阀座 V3 关闭，阀座 V4 打开。通向双活塞阀（34）的控制线路排气。从而通过弹力将活塞压入上部或下部位置，这样就关闭了阀座 V6 和 V7，并打开了阀座 V5 和 V8。

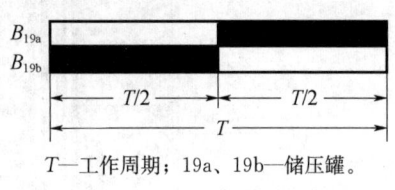

T—工作周期；19a、19b—储压罐。

图5-13 一个工作循环示意图

在这种操作位置时，主气流（A1→A2）在储压罐（19a）中被干燥，而干燥剂在储压罐（19b）中再生。操作位置的时间顺序和相应的工作阶段由图5-14所示。

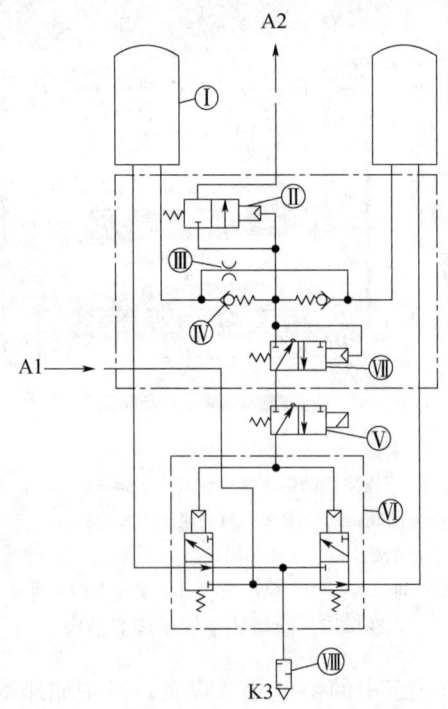

Ⅰ—储压罐；Ⅱ—溢流阀；Ⅲ—节流阀；Ⅳ—单向阀；Ⅴ—电磁阀；Ⅵ—双活塞阀；
Ⅶ—压力阀；Ⅷ—消声器；A1—A2—接口；K3—通往大气口。

图5-14 双塔干燥器的工作原理

为了使设备完好地工作，需要有一定的转换压力，在这种转换压力下先导阀（55）打开，并且活塞阀（34）可以转换。溢流阀（71）确保这种压力在设备中迅速形成。通往主风缸的通道直到超过转换压力时才打开。这样可以避免在长时间充气过程中储压罐（19b）中的干燥剂出现过饱和。

两个止回阀（24）可防止空气压缩机停机时主风缸和车辆内管路排气。

控制装置与压缩机同时接通。该控制装置按固定程序控制阀用电磁阀（43）的关闭和接通时间。在空转或关闭压缩机后，控制装置将接通的实际状态储存下来，当重新接通时继续计数。由此可以确保需要再生的干燥剂能够完全干燥而不至于因推迟转换周期而出现过饱和状况。空气干燥设备的转换控制设计缜密，使得当转换单元中出现波动时，总能保证有一个干燥罐供应压缩空气。

任务四　辅助设备

一、风缸

风缸的作用是进行储存压缩空气，为相关设备供风。风缸下方一般都装有排水塞门或排水堵，作用是可以定期排出风缸内的冷凝水，一般用钢或铝合金制成，具有很高的耐压性，是一种高压容器。以昆明地铁1号线为例，系统除了制动模块中的三个风缸（B00A06、B00B04和B00L04）外，还有空气弹簧风缸（L12，4个/车）。为了操作方便，总风缸（B00A06）和空气悬挂风缸（B00L04）设有排水塞门；为了保证制动的安全性，制动风缸（B00B04）只设排水螺堵，并在气路入口设有止回阀（B00B03）；考虑操作频次和施工的方便性，空气弹簧风缸（L12）只设排水堵。系统中所用风缸的有关数据见表5-1。

表5-1　风缸主要技术参数表

风缸参数	总风缸（B00A06） 制动风缸（B00B04） 空气悬挂风缸（B00L04）	空气弹簧风缸（L12）
安装位置	制动模块	底架中部靠两端转向架处
材料	铝合金	钢
容积（L）	100 60 100	50
质量（kg）	12 8.2 12	30
允许最大工作压力（bar）	10	
工作温度范围（℃）	−50～+65	−40～+100
油漆色号	RAL 7012	RAL 7012

二、供风系统管路部件

1. 温度开关

在失油或油量不足、冷却不良等情况时，均可能导致排气温度过高。当排气温度达到温度开关所设定的温度值时，温度开关断开而停机。检查温度开关时，拔下温度开关上的电线护套，用欧姆表测量温度开关两接线柱间的电阻，在温度没有达到断开时该电阻为0。

2. 压力控制器（压力开关）

当空气压缩机停机后，油气管内和进气口处是空载的，因此机器可以在很小的负荷下再次启动。卸压不是一个突变的工作，而是通过控制进行定时的过程。安装在空气压缩机上的膜片式压力开关，可以确保空气压缩机再次在小于300kPa条件下启动。

压力开关受进气阀阀座内压力控制，空气压缩机停机后，油气筒内压力立即传至进气阀阀座内，压力开关断开。随着油气筒内的压力被卸荷阀快速卸除，进气阀阀座内压力也降低，当压力小于300kPa时，压力开关恢复接通，此时压缩机才能再次启动。

空压机运行时，进气阀腔内压力低于大气压力，压力开关处于接通状态。压力开关在出厂前已设定好，不能随意调整。

3. 止回阀

(1) 止回阀的作用

止回阀允许气流向一个方向流动，阻止其反向回流。其结构简单，采用可接入管路的设计型式。

(2) 止回阀的结构及工作原理

止回阀分为不带节流门的止回阀和带节流门的止回阀两种，结构如图5-15、图5-16所示。压缩空气通过进气接管（A1）流入后，将阀锥（b）从阀座（V）上提起，并流过止回阀。同时，部分压缩空气通过阀锥（b）中的横孔回流，充满阀座（V）上方的空间，从而在那里形成一股反作用力。只要止回阀中的控制压力大于或等于反作用的压力，阀座（V）就一直处于开启状态。如果流向止回阀的气流被截止或排出，或A2处压差大于A1处压差，止回阀便会在阀锥（b）上方存在的反压力作用下关闭，空气回流即被阻止。只有在阀锥（b）上方的反压力小于A1处压力时，阀座（V）才再次开启。

4. 测试接口

测试接口是一种可快速连接用于检查某一压缩空气系统中的压力的诊断仪。测试接口一方面可以测量管中的压力，另一方面利用外气注入的方式检测管理器、压力开关、制动阀压力。

测试接口设计成管道插口状，测试接口含有支架、螺帽、弹簧塞，最大工作压力为1000kPa。

如图5-17所示，测试接口在工作位置：测试口用螺帽（b）关闭，活塞（c）被压力弹簧（f）推上去，从端口Ⅰ到Ⅱ的通道打开。无论外气注入口还是测试连接口，必须拧到测试接口上。

项目五 供风系统

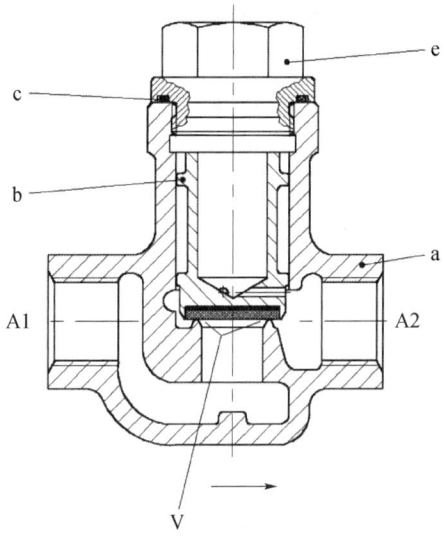

a—阀箱；b—阀锥；c—O形环/密封圈；e—螺塞；V—阀座；A1—进气接管；A2—排气接管。

图 5-15 不带节流门的止回阀结构示意图

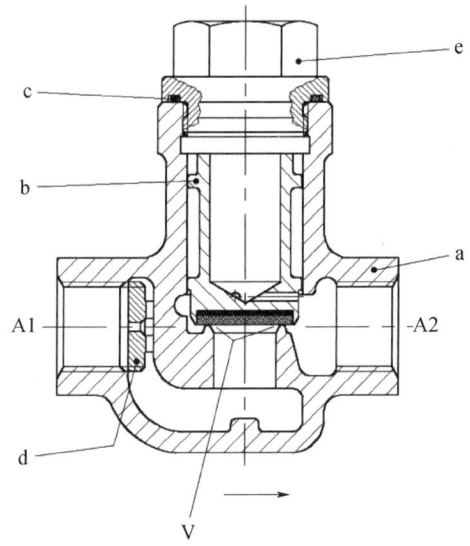

a—阀箱；b—阀锥；c—O形环/密封圈；d—节流门；e—螺塞；V—阀座；A1—进气接管；A2—排气接管。

图 5-16 带节流门的止回阀结构示意图

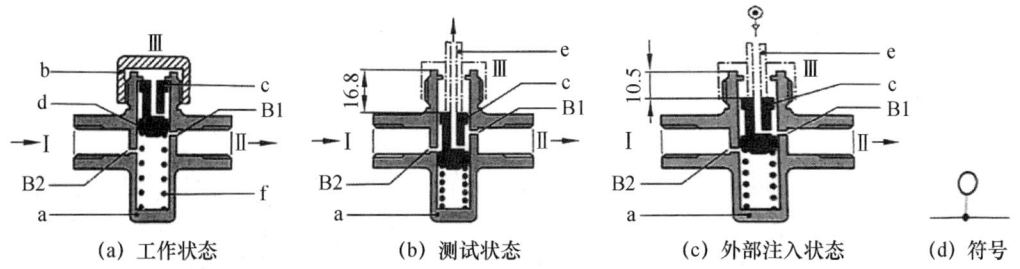

a—阀体；b—螺帽；c—活塞；d—O型圈；e—选择开关；f—压力弹簧；B1，B2—气口；
Ⅰ—进气端口；Ⅱ—出气端口；Ⅲ—测试端口。

图 5-17 测试接口结构及工作原理图

测试接口压力测试：为了压力测试，活塞（c）推到下端进气口，端口Ⅰ关闭，端口Ⅱ和端口Ⅲ打开。

测试接口外部注入测试：来自外源的压缩空气注入时，从测试端口Ⅲ到测试端口Ⅱ的通道经 B2 被打开。从而Ⅰ到Ⅱ的通道被关闭。

5. 溢流阀

（1）溢流阀的作用

溢流阀是空气制动系统中保证空气压力不至于过高的重要部件，在管路中起到调节空气压力的作用。当供风压力高于设定的阀门开启压力时，溢流阀打开。

（2）溢流阀的结构及工作原理

溢流阀分为 3 种，结构分别如图 5-18、图 5-19、图 5-20 所示。①带回流的阀门，止回阀存在于进气口 A1 处；②带限量回流的阀门，不存在止回阀；③无回流的阀门，止回阀存在于进气口 A2 处。溢流阀由两个阀箱部件组成，分别为上部的膜片腔箱体和下部气体流经的阀门组件。膜片腔箱体中有一个预张紧的压缩弹簧（c）顶在隔膜（d）上，隔膜（d）负责打开或关闭阀座（V）。图 5-18 和图 5-20 中所示的设备配有一个止回阀（e），其在阀箱中的位置决定了设备的不同功能。

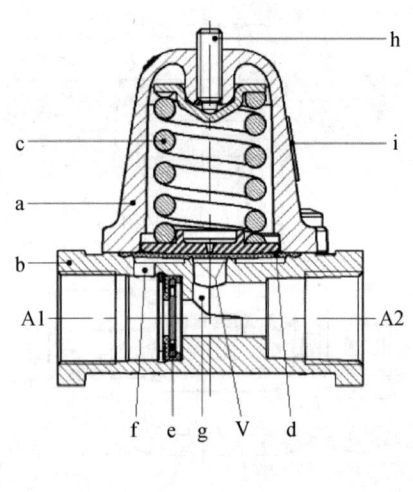

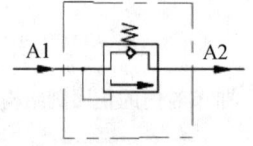

a—弹簧外壳；b—阀箱；c—压缩弹簧；d—隔膜；e—止回阀；f—孔；g—通道；
h—螺纹销钉；i—铭牌；V—阀座；A1—进风接口；A2—排风接口。

图 5-18 带回流的溢流阀

① 带回流的溢流阀（图 5-18）。由输入（进风）接口（A1）进入的压缩空气通过孔（f）到达隔膜（d）下部的环形室。只要 A1 压力未超过所设定的开启压力，则阀座（V）就保持关闭状态。当达到所设的开启压力时，隔膜（d）将克服压缩弹簧（c）的作用力从阀座（V）上提起，空气则通过通道（g）流到排风接口（A2）处。阀门将保持打开状态，直到进风接口（A1）处的供风压力小于关闭压力为止。当供风压力降至

低于关闭压力时,隔膜(d)将借助压缩弹簧(c)的作用力关闭阀座(V)。空气通过止回阀(e)从接口(A2)回流至(A1)。

② 带限量回流的溢流阀(图5-19)。由输入(进风)接口(A1)进入的压缩空气通过孔(f)到达隔膜(d)下部的环形室。只要A1压力未超过所设定的开启压力,则阀座(V)就保持关闭状态。当达到所设的开启压力时,隔膜(d)将克服压缩弹簧(c)的作用力从阀座(V)上提起,空气则通过通道(g)流到排风接口(A2)处。当设备前的压力降低时将出现回流现象。此后将进行接口(A2)和(A1)之间的压力平衡,但只要达到关闭压力,该过程停止。隔膜(d)借助压缩弹簧(c)的作用力关闭阀座(V),其后不再进行压力平衡。

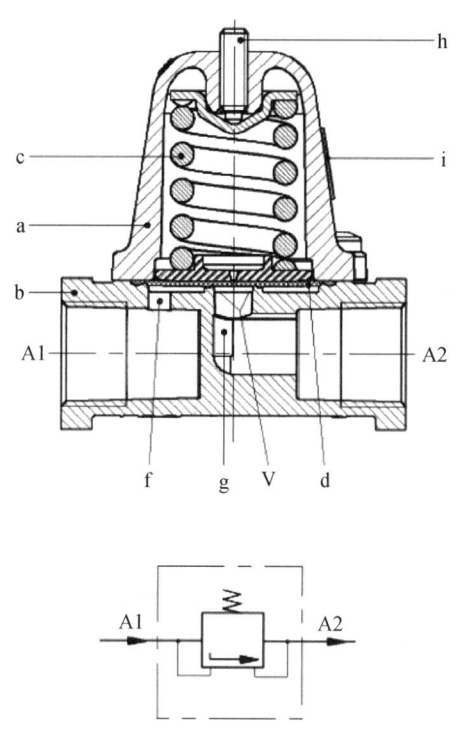

a—弹簧外壳;b—阀箱;c—压缩弹簧;d—隔膜;f—孔;g—通道;h—螺纹销钉;
i—铭牌;V—阀座;A1—进风接口;A2—排风接口。
图5-19 带限量回流的溢流阀

③ 无回流的溢流阀(图5-20)。由输入(进风)接口(A1)进入的压缩空气通过孔(f)到达隔膜(d)下部的环形室。只要A1压力未超过所设定的开启压力,则阀座(V)就保持关闭状态。当达到所设的开启压力时,隔膜(d)将克服压缩弹簧(c)的作用力从阀座(V)上提起,空气则通过通道(g)流到排风接口(A2)处。阀门将保持打开状态,直到接口(A1)处的供风压力小于压缩弹簧(c)的作用力(关闭压力)为止。阀门在达到关闭压力时关闭,不出现回流现象。当进风接口(A1)处出现压降时,不能进行回流(即使阀门没有关闭),因为在排风接口(A2)处安装的止回阀(e)阻止了压缩空气回流。

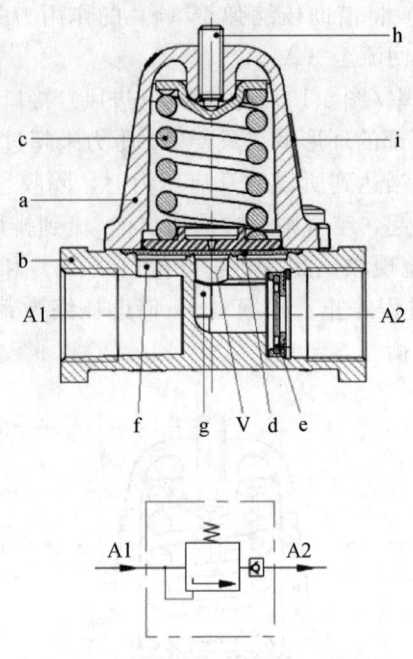

a—弹簧外壳；b—阀箱；c—压缩弹簧；d—隔膜；e—止回阀；f—孔；g—通道；
h—螺纹销钉；i—铭牌；V—阀座；A1—进风接口；A2—排风接口。

图 5-20 无回流的溢流阀

6. 空气弹簧阀

（1）空气弹簧阀的作用

空气弹簧阀又称为高度阀，在轨道交通车辆上通过囊式空气弹簧相应地充气和排气来调节车厢的水平高度，而不受载荷状态的影响。

空气弹簧阀在空气弹簧的控制回路中起执行机构的作用。它被设计为具有节流功能的双座阀（也可选择不带节流功能的）型式。为防止风箱压力损失，还安装了一个止回阀。止回阀对带有旁路的阀型不起作用。

（2）空气弹簧阀的结构及工作原理

空气弹簧阀结构如图 5-21 所示。阀门上有储风缸的管路接口（V），左、右各有一个囊式空气弹簧管路接口（L）用于连接囊式空气弹簧。接口（V）的对侧是排风口（E）。经过节流的阀门的特征流量值的示例显示在图 5-22 中。曲线的走向与所使用的空气弹簧阀有关。通过简单的设计措施可以在一定范围内改变流量（4bar 入口压时最大可达 11L/s）及节流量。另外还提供一种带可锁定的关闭位置的空气弹簧阀。

行走机构和车辆箱体之间竖直方向上由于车辆加载或卸载会引起相对运动，由操纵拉杆传给操纵杆（23），再传递到固定在空气弹簧阀外壳阀箱（1）中的带偏心元件（18）的传动件上。偏心元件卡入活塞（16）的一个长孔内，当传动件旋转时通过偏心元件带动活塞向上及向下运动。阀盘（2a）起止回阀（V1）的作用。这样，在压力下降时就不会有空气从囊式空气弹簧管路的接口（L）向 V 回流。对于带有旁路的阀型，囊式空气弹簧中的空气可不受阻挡地通过旁路孔（O）回流。

空气弹簧阀在轨道车辆处于正常水平位置时处于所谓的关闭位置，在该位置既没有压缩空气进入（充风）也没有压缩空气出来（排风）。在该位置进气阀（V2）和排气阀（V3）都关闭。

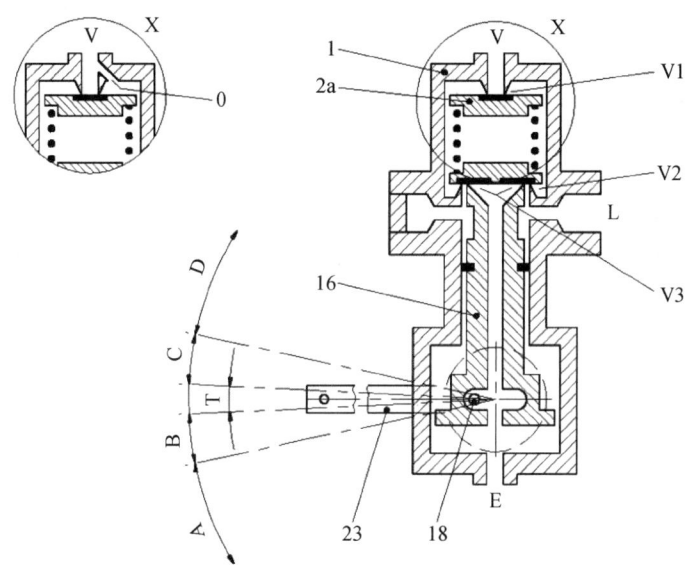

1—阀箱；2a—阀盘；16—活塞；18—带偏心元件的传动件；23—操纵杆；A—未节流的排风；B—节流的排风；C—节流的充风；D—未节流的充风；E—排风口；L—囊式空气弹簧管路的接口；O—旁路孔；T—死区；V—储风缸的管路接口；V1—止回阀；V2—进气阀；V3—排气阀。

图 5-21 空气弹簧阀的结构

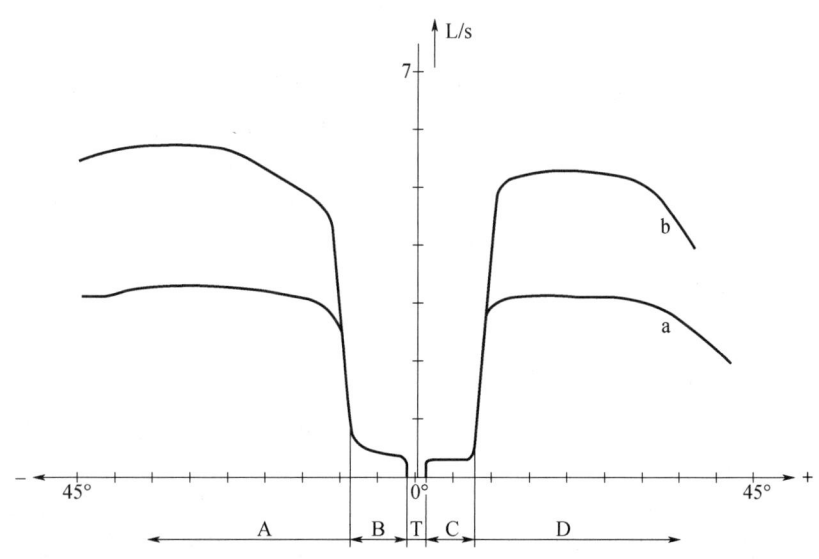

a—接口 1；b—接口 2（SV1205-GJ 没有第二个接口）；A—未节流的排风；B—节流的排风；C—节流的充风；D—未节流的充风；T—死区。

图 5-22 流量图

① 空气弹簧的充气（加载）

加载时车辆箱体先是下降，因为囊式空气弹簧在较高的负载下会向内挤压。通过空气弹簧的压缩，带偏心元件的传动件（18）通过操纵装置一直旋转到偏心元件将活塞（16）提起，由此将进气阀（V2）打开。从储风缸来的压缩空气施力于上阀盘（2a），将止回阀（V1）打开。在空气弹簧阀节流时，压缩空气首先经过活塞颈和外壳上的孔之间的狭窄通道以节流状态流向L，进入囊式空气弹簧，空气弹簧阀的充气如图5-23所示。

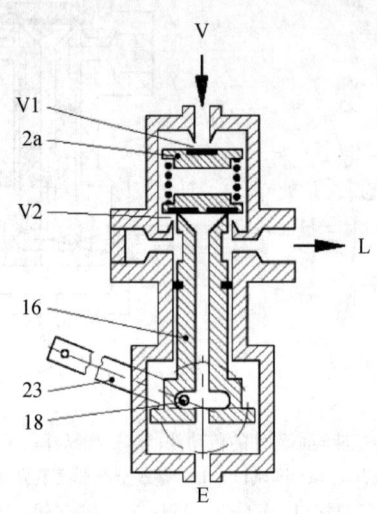

2a—阀盘；16—活塞；18—带偏心元件的传动件；23—操纵杆；E—排风口；
L—囊式空气弹簧管路的接口；V—储风缸的管路接口；V1—止回阀；V2—进气阀。

图5-23 空气弹簧阀的充气

对于带旁路的阀型，压缩空气会在进气阀V2打开的同时通过旁路孔流入。

操纵杆（23）的操纵行程越大，活塞（16）向上移动的距离也越大，露出来的外壳上的孔的截面（由相应的形状决定）就越大。在空气弹簧阀不节流的情况下，在气流流过死区后，整个的进气口截面会马上露出来。车辆箱体被提起。一旦达到初始设定的高度水平，操纵杆便会重新回到水平位置。空气弹簧阀将处于其关闭位置，止回阀和进气阀（V1和V2）也将关闭。

② 空气弹簧的排气（卸载）

卸载时车辆箱体首先升起，因为囊式空气弹簧由于负载减小而向外放松。由于空气弹簧的松弛，带偏心元件的传动件（18）被操纵装置旋转，从而使得偏心元件将活塞（16）向下推，排气阀（V3）打开。进气阀（V2）由于作用在阀盘（2a）上的压力和压缩弹簧的弹力而保持关闭。储风缸与囊式空气弹簧之间的连接由此被切断。现在压缩空气在空气弹簧阀节流时，从囊式空气弹簧经过活塞颈和外壳上的孔之间的狭窄通道以节流状态通过活塞（16）的排气孔流至排气口E，空气弹簧阀的排气如图5-24所示。

如果活塞（16）继续向下运动，外壳上的孔露出来的截面就更大。在空气弹簧阀不节流时，气流流过死区后，整个排气截面都会马上露出。车辆箱体将通过这种方式被降至初始高度水平。操纵杆也由此重新回到其水平位置。空气弹簧阀将处于其关闭位置，排气阀（V3）也将关闭。

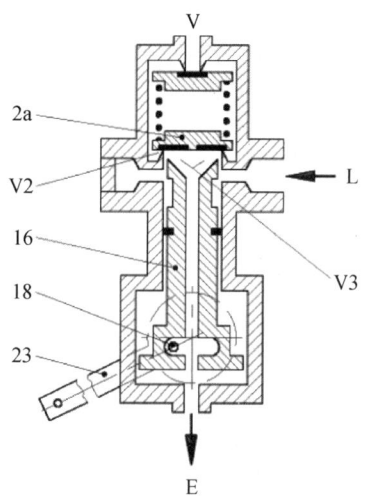

2a—阀盘；16—活塞；18—带偏心元件的传动件；23—操纵杆；E—排风口；
L—囊式空气弹簧管路的接口；V—储风缸的管路接口；V2—进气阀；V3—排气阀。

图 5-24 空气弹簧阀的排气

三、其他管路部件

1. 软管

普通软管的设置有阻止振动传递、连接有相对运动的管路、方便接管等作用，见表 5-2。软管使用寿命约为 6 年，到期需要更换。

表 5-2 普通软管的名称和作用

参考名称	作用
压缩机出风软管	阻止振动传递
制动软管	适应相对运动
停放制动软管	适应相对运动
制动缸软管	适应相对运动
停放制动缸软管	适应相对运动
车钩总风软管	适应相对运动
车钩解钩软管	适应相对运动

2. 空气过滤器（滤清器）

空气过滤器是用于防止杂质和潮气渗进而安装在空气制动系统顺流方向的敏感部件，其结构如图 5-25 所示。

3. 截断塞门

截断塞门结构如图 5-26 所示。截断塞门分为锥芯独立式和球芯式两种。塞门通过改变手柄与阀体的相对位置来改变气路，包括带排气孔型和不带排气孔型，同时手柄有蝶形、杆形等不同形式。

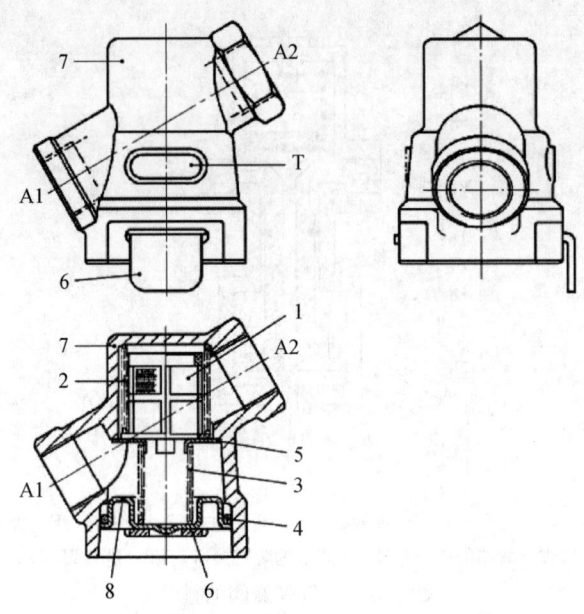

1—滤芯；2、3—压缩弹簧；4—O形环；5—压紧板；6—节气门；7—阀箱；
8—罩盖；A1、A2—压缩空气接口；T—铭牌。

图 5-25　空气过滤器结构

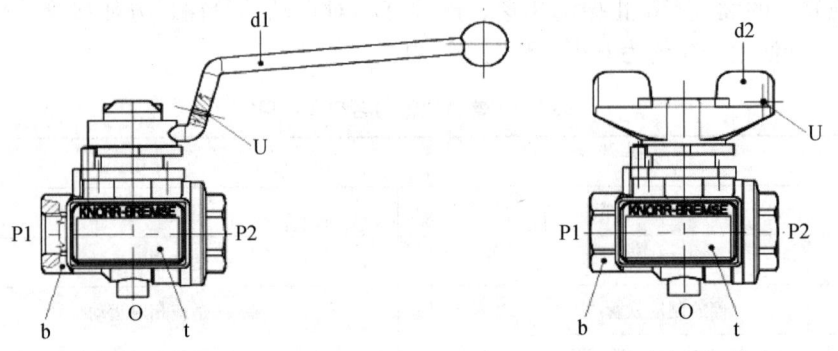

b—阀箱；U—铅封孔；d1—球杆手柄；d2—锁紧手柄；P1—进风口；P2—出风口；O—排风孔；t—铭牌。

图 5-26　截断塞门结构

截断塞门的作用是当空气管路局部故障或需要进行部分隔离时使用的设备。一般安装在制动支管上。当列车中的车辆因特殊情况或列车检修作业时，需要该车辆空气制动箱体作用，关闭该车截断塞门，切断车辆制动机与制动主管的压缩空气通路，同时排出副风缸和制动缸的压缩空气，可使制动机缓解，以便于检修人员的安全操作。

课后习题

1. 供风系统由哪些部分组成？

2. 城轨车辆供风系统中常用的空气压缩机有哪些类型，各自的优缺点是什么？
3. 简述 VV120 型活塞式空气压缩机组的工作原理。
4. 螺杆式空气压缩机的基本工作原理是什么？
5. 简述双塔式干燥器的工作原理。
6. 在供风系统的空气处理单元中为什么要采用压力阀？
7. 简述空气弹簧阀的工作原理。

项目六　基础制动装置

基础制动装置是把作用在制动缸活塞上的压力空气推力增大倍数以后，平均传递给各闸瓦，使其转变为压紧车轮的机械力，阻止车轮转动而产生制动作用。

基础制动装置按其作用方式可分为闸瓦制动装置和盘形制动装置，其中闸瓦制动装置按闸瓦块数又可分为单闸瓦式、双闸瓦式和多闸瓦式制动装置。

任务一　闸瓦制动装置

闸瓦制动也称为踏面制动，是最常用的一种制动方式。闸瓦制动装置在制动时根据制动指令使制动缸内产生相应的制动压力，该压力通过制动缸使制动缸活塞杆产生推力，经基础制动装置中的一系列杆件的传递、分配，使每块闸瓦都贴靠在车轮踏面上，并产生闸瓦压力。车轮与闸瓦之间相对滑动，产生摩擦力，最后转化为轮轨之间的制动力。缓解时，制动控制装置将制动缸内的空气排出，制动缸活塞在制动缸缓解弹簧的作用下退回，通过各杆件带动闸瓦离开车轮踏面。

在闸瓦与车轮这一对摩擦副中，车轮由于主要承担车辆走行的功能，因此其材料不能随意改变。要改善闸瓦制动的性能，只能通过改变闸瓦材料的方法。早期的闸瓦材料主要是铸铁。为了改善摩擦性能和增加耐磨性，目前城市有轨交通车辆中大多采用合成闸瓦，但合成闸瓦的导热性较差，因此目前也有采用导热性能良好，且具有较好的摩擦性能和耐磨性的粉末冶金闸瓦。

在闸瓦制动方式中，动能转化为热能的能力强，但热能散于大气的能力相对较弱。当要求的制动功率较大时，有可能产生的热能来不及散于大气，而在闸瓦与车轮踏面积聚，使它们的温度升高，严重时甚至会导致闸瓦（铸铁闸瓦）熔化或车轮踏面产生裂纹等。因此，在采用闸瓦制动时，对制动功率要有限制。

城市轨道交通车辆基础制动装置是制动装置的执行部件，普遍采用单元制动器的形式。其主要原因是转向架的安装空间有限，特别是动车空间相对较小，采用单元制动器是解决基础制动装置安装问题的有效途径。

一、闸瓦

车辆上使用的闸瓦可分为：铸铁闸瓦、合成闸瓦、粉末冶金闸瓦3种。在铸铁闸瓦中又可分为中磷铸铁闸瓦和高磷铸铁闸瓦。在合成闸瓦中，按其基本成分分为合成树脂闸瓦和石棉橡胶闸瓦；按其摩擦系数高低，又可分为高摩擦系数合成闸瓦和低摩擦系数合成闸瓦（简称高摩合成闸瓦和低摩合成闸瓦）。粉末冶金闸瓦根据制动摩擦性能要求不同可分为3类：低摩擦系数闸瓦（L1型或L2型）、标准摩擦系数闸瓦（M型闸瓦）

和高摩擦系数闸瓦（H 型闸瓦）。

1. 铸铁闸瓦

铸铁闸瓦在铁道车辆上使用已有百年以上的历史。铸铁制动材料的主要优点是，摩擦系数受环境影响小而较为稳定，具有"全天候"运行特征；导热性较好，对车轮热损害小；可使车轮踏面粗化，从而获得较大的黏着力，减小车轮的机械擦伤；坚固耐用、价格低廉。但普通铸铁（片状石墨）闸瓦的摩擦系数较小，且随摩擦速度的提升，摩擦系数迅速下降，在列车高速运行时尤为明显，故普通铸铁闸瓦一般多用于低速运行的客货列车。对高速列车闸瓦，可从提高铸铁的含磷量和加入少量合金元素两方面来改进其性能。实际上，现在使用的多种铸铁闸瓦，即中高磷铸铁、含磷蠕墨铸铁、合金铸铁等长寿命的特殊铸铁闸瓦。铸铁的含磷量增加，组织中析出大量磷共晶，使闸瓦的摩擦系数提高、耐磨性改善，列车的制动距离也将缩短。如将含磷量（质量分数）从 0.5％提高到 3.0％左右，闸瓦的摩擦系数提高了 20％，闸瓦的耐磨性也成比例地提高，制动距离可缩短 30％～45％。但磷增加了铸铁闸瓦的脆性，使用中不可避免地产生裂纹，故需采用闸瓦背来补强。即便如此，高磷铸铁闸瓦的耐热裂性仍较差，其摩擦系数随列车运行速度的提升而急剧下降的缺点未得到改善。

中磷铸铁闸瓦的含磷量为 0.7％～1.0％，高磷铸铁闸瓦的含磷量为 10％以上。高磷铸铁闸瓦的耐磨性比中磷铸铁闸瓦高一倍左右，故高磷铸铁闸瓦的使用寿命比中磷铸铁闸瓦长，约为中磷铸铁闸瓦的 2.5 倍以上。高磷铸铁闸瓦还有一个优点，就是制动时火花少。铸铁闸瓦的摩擦系数随含磷量的提高而增大，故高磷铸铁闸瓦的摩擦系数大于中磷铸铁闸瓦。但含磷量过高，将增加闸瓦的脆性，当含磷量超过 1.0％时，闸瓦如不加钢背，便有裂损的可能，所以高磷铸铁闸瓦需采用钢背补强，以解决脆裂问题。

中磷铸铁闸瓦和高磷铸铁闸瓦的基本形式如图 6-1 所示。原闸瓦厚度为 40mm，但为增加有效磨耗量，延长其使用寿命，后改为 50mm，但有一部分车辆安装 50mm 厚度的闸瓦比较困难，故仍用 40mm 厚度的闸瓦，闸瓦内圆弧半径为 440mm。

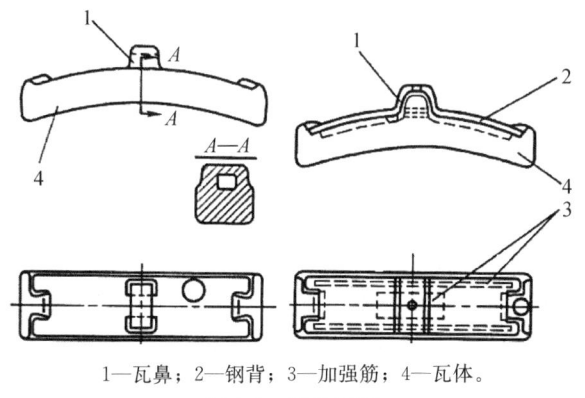

1—瓦鼻；2—钢背；3—加强筋；4—瓦体
图 6-1 铸铁闸瓦

2. 合成闸瓦

由于铸铁闸瓦的摩擦系数在高速时迅速下降，故高速车辆制动闸瓦可采用合成材料。合成闸瓦是由有机树脂黏结剂（如酚醛树脂）、金属或化合物粉末（如铁、铜、铅与氧化铁、氧化铝等）和摩擦润滑调节剂等经充分混炼后成型加工、焙烧而成，它将材料与制品工序合二为一。改变合成材料的配比，可使合成闸瓦获得不同的摩擦系数，我国目前研制的合成闸瓦分低摩擦系数合成闸瓦和高摩擦系数合成闸瓦。

合成闸瓦的主要优点是：①摩擦性能可按需要进行调整；②耐磨性好，使用寿命长；③节约铸铁材料；④对车轮踏面的磨耗小，可延长车轮使用寿命；⑤质量轻，一般只为铸铁闸瓦的1/2～1/3；⑥可避免磨耗铁粉的污损及因制动喷射火星而引起火灾事故，并减轻对电气设备的不良影响；⑦摩擦系数比较平稳并能保证有足够的制动力；⑧由于摩擦系数值可以充分提高，采用合成闸瓦与小直径的制动缸配套，可节约压缩空气，在高坡地区连续制动时可缩短再充气时间，提高列车在坡道地区运行的安全性。

但合成闸瓦也存在不足：①材料的导热性差，制动时摩擦热量难以散发，因而车轮温度升高明显，甚至产生热裂；②在湿润状态，摩擦系数显著下降，即列车制动受天气环境影响大，在雨雪天气制动能力下降；③合成闸瓦与车轮踏面反复磨合后，使二者间的黏着系数降低，导致列车制动时车轮滑行而引起踏面擦伤。

合成闸瓦在高速列车发展的早期曾得到了广泛的重视与应用，如我国双层旅客列车上就采用了这种制动闸瓦材料，但因其在高温下磨损急剧增加，限制了合成闸瓦只能在一定范围内使用，列车运行速度一般不应高于200km/h，其制动处温度一般不能超250℃。此外，合成材料闸瓦的"全天候性"也不适应列车运营重载化的发展趋势。

合成闸瓦本身强度较小，因而在其背面压装一块钢板（钢背），闸瓦的厚度为45mm。合成闸瓦由钢背和摩擦体两部分组成，如图6-2所示。

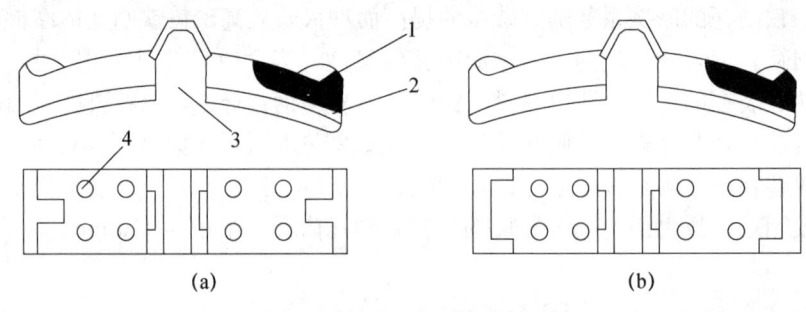

1—钢背；2—摩擦体；3—散热槽；4—冲孔。
图6-2 合成闸瓦

钢背内侧开有槽和孔，以提高摩擦体与钢背的结合强度。低摩擦系数合成闸瓦钢背两端的中间部分制成凸起的挡块，两侧低平，以便与闸瓦拖的4个爪相结合。钢背外侧中部，装有用钢板焊制成的闸瓦鼻子，其外形与中磷铸铁闸瓦相同，并可互换使用；而高摩擦系数合成闸瓦则因与低摩擦系数合成闸瓦、中磷铸铁闸瓦的摩擦系数相差太大，不能互换使用。为防止混淆，将高摩擦系数合成闸瓦钢背两端的中间部制成低平，两侧凸起，正与低摩擦系数合成闸瓦相反。钢背内侧还焊有加强筋，以增加钢背的刚度。为了增加闸瓦的散热面积和避免闸瓦裂损、脱落，合成闸瓦摩擦体的中部压制成一条或两条散热槽。合成闸瓦是将合成材料按规定的比例混合均匀后，置于钢模内与钢背热压成为一个整体的。

3. 粉末冶金闸瓦

粉末冶金材料是以金属粉末为基体，适当添加摩擦剂、润滑剂等成分，通过压制成型、可控高温烧结（900～1050℃）而制得。粉末冶金闸瓦具有高温而稳定的摩擦系数，耐磨损，导热性优良，抗热裂性好，雨雪天气环境下摩擦系数稳定等优点。其缺点是对车轮刮削倾向大。粉末冶金闸瓦不仅在质量与性能上有突出的优点，而且在组分设计、产品多样化上也极具灵活性。目前，粉末冶金闸瓦主要有铁基和铜基材料两大类，铜基粉末冶金闸瓦虽原材料贵重，但因其导热性极佳，本身抗热裂，且对制动盘和车轮的热损伤隐患小，故也具有较高的应用价值。为充分发挥粉末冶金材料的性能潜力，以铜铁镍合金为基体的粉末冶金闸瓦已在日本应用，其列车的运行速度可高达 350km/h。

（1）外观要求

闸瓦瓦背不得存在裂纹，并应进行防锈处理；闸瓦瓦背外弧面和检验样本之间的局部间隙不大于 1.5mm；闸瓦摩擦体不得存在裂纹、分层、疏松等粉末冶金烧结缺陷；闸瓦厚度大的一侧垂直于摩擦面的方向，涂一道约 10mm 宽的白漆标记；摩擦体除白漆标记外，其余部分不得涂漆。

（2）使用性能

闸瓦使用限度（包括瓦背和摩擦体在内）任何一处的剩余厚度不小于 14mm；闸瓦在使用限度内，摩擦体不应产生片状或块状脱落，摩擦体脱落面积大于摩擦面积的 20% 时禁用；闸瓦不得使车轮踏面产生局部过度磨耗、沟状磨耗或犁痕式磨耗，不得使踏面产生热损伤，不得因闸瓦原因造成摩擦体和车轮之间发生材料转移。

（3）FJW-2 粉末冶金闸瓦

制动单元使用 FJW-2 粉末冶金闸瓦，闸瓦托上有上、下两块闸瓦，每块闸瓦各用一个闸瓦钎子穿于闸瓦托上。每个闸瓦钎子一端设有销孔，用穿销插入该孔，穿销外侧用开口销锁定使闸瓦固定。

更换闸瓦时，首先做好安全措施，安放好止轮器，挂上禁动牌。弹簧停车装置置于缓解位，单阀制动，将不换闸瓦侧转向架的制动缸塞门关闭，单阀缓解。用专用内六角扳手拧动闸瓦托复位装置，闸瓦托就会快速后退，使闸瓦间隙增大，将闸瓦托上的上、下开口销及穿销取下，拆下闸瓦。换上新闸瓦，上侧闸瓦钎子从上向下穿，下侧闸瓦钎子从下向上穿，然后将上、下闸瓦托穿销穿好锁定，再拧动复位装置，保证新闸瓦与车轮踏面间隙不小于 8mm，然后将单阀制动缓解多次，闸瓦间隙将自动调整到额定值，再开放制动缸塞门。

（4）粉末冶金闸瓦在更换时的注意事项

① 上、下闸瓦钎子一定要插入闸瓦托及闸瓦孔内；② 闸瓦托上的穿销一定要插入闸瓦钎子的销孔内，外侧开口销子锁好；③ 更换闸瓦后，调整复位装置，保证新闸瓦与车轮踏面间隙不小于 6～8mm。

4. 复合材料闸瓦

为满足铁路运营高速化、重载化，车辆的轻量化以及在规定范围内刹车的要求，材料学家已研究、应用了新型复合材料闸瓦，主要有 C/C 纤维复合材料和金属基复合材料。C/C 纤维复合材料是用碳纤维强化碳基体的复合材料，具有质轻、高强度、高模量、低热膨胀系数、高抗裂性和优良的耐高温性能，能在 1000℃ 温度下正常工作。该种闸瓦已在飞机和赛车上得到了广泛的应用，法国已在 TGV 高速列车上使用了这种复合材料制动装置，效果显著。金属基复合材料是以铝为基体、以均匀分布的陶瓷颗粒为强化项，克服了铝材热稳定性差、耐磨性欠佳的缺点，具有较高的强度、优良的耐热性与抗裂性。

二、单元制动器概述

1. 单元制动器的特点

在每个转向架上装有两种型号的踏面单元制动器，分别为PC7Y型和PC7YF型踏面单元制动机，还附带弹簧制动器（也称为停放制动端）。

（1）有弹簧停车制动及手动辅助缓解装置（PC7YF型）；

（2）有闸瓦间隙调整器；

（3）制动传动效率高，均在95%左右；

（4）占用空间小，安装简单；

（5）性能稳定，作用可靠，维修方便。

2. 单元制动器的主要技术参数（表6-1）

表6-1　PC7Y型、PC7YF型单元制动器的主要技术参数

制动倍率	常用制动器	2.85
	弹簧制动器	1.15
制动缸工作压力（kPa）		300～600
最大闸瓦压力（kN）		45
弹簧制动缓解压力（kPa）		5300～8000
闸瓦磨耗后一次最大调整量（mm）		15
最大间隙调整能力（mm）		110
PC7Y型单元制动器质量（包含闸瓦）（kg）		63
PC7YF型单元制动器质量（包含闸瓦）（kg）		85

3. 单元制动器的组成

（1）PC7Y型踏面单元制动器（不带停车制动器），主要由制动缸缸体、传动杠杆、缓解弹簧、制动活塞、扭簧、闸瓦、闸瓦间隙自动调整器、闸瓦托、闸瓦托吊、闸瓦托复位弹簧和手动杠杆及其安装枢纽等组成，如图6-3所示。

（2）PC7YF型踏面单元制动器是在PC7Y型的基础上增加一个用于停车制动的弹簧制动器，它包括停车缓解风缸、缓解活塞、活塞杆、螺纹套筒、停放制动弹簧、停放制动杠杆等。

4. 单元制动器的工作原理

当列车制动时，制动缸充气，在空气压力的作用下，制动缸活塞压缩缓解弹簧右移，活塞杆推动制动杠杆，而制动杠杆另一端则带动闸瓦间隙调整器向车轮方向推动闸瓦托及闸瓦，使闸瓦紧贴车轮。

缓解时，制动缸排气，这时闸瓦及闸瓦托上所受的推力被撤除，在制动缸缓解弹簧及闸瓦托吊杆上端头的扭簧的反弹力作用下，闸瓦及活塞等机构复位。

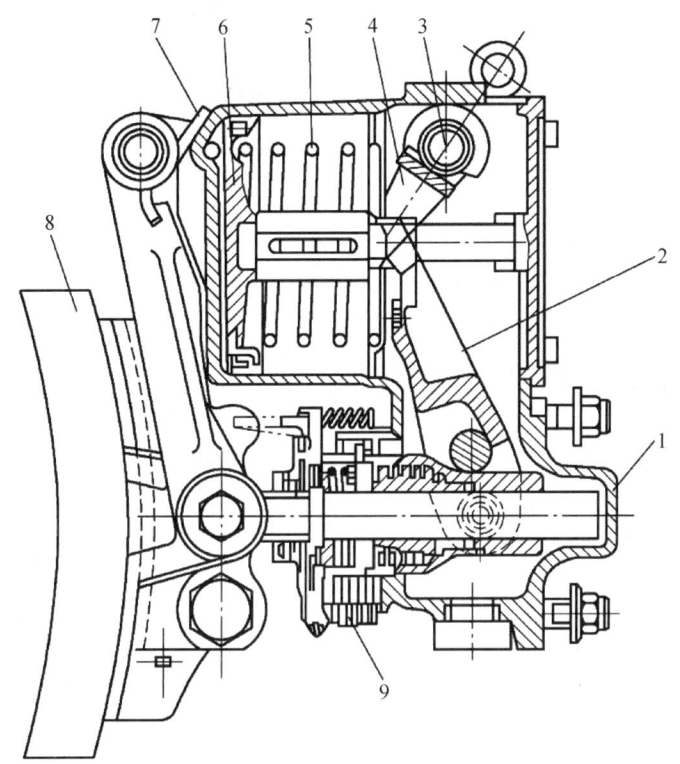

1—制动缸缸体；2—传动杠杆；3—安装在制动缸缸体上的枢轴；4—手制动杠杆；5—缓解弹簧；
6—制动活塞；7—扭簧；8—闸瓦；9—闸瓦间隙自动调整器。

图 6-3　PC7Y 型单元制动器（不带停车制动器）

5. 闸瓦间隙调整器的工作原理

闸瓦间隙自动调整器简称闸调器，用于自动调整闸瓦与车轮踏面之间的间隙，使之保持在规定的范围之内，此间隙一般为 6～10mm。其工作过程如下。

（1）闸瓦和车轮踏面无磨耗时的制动过程

闸瓦和车轮踏面无磨耗时的制动行程 H_0 是指调整衬套碰到调整环靠近推杆头一端的凸环，且进给螺母和调整衬套的啮合锥面（Z1）（以下简称 Z1 锥面）刚好脱开时的制动行程。当施行车辆制动时，压缩空气进入制动缸，推动制动缸活塞及活塞杆，将整个闸瓦间隙调整器所有零部件向车轮踏面方向移动，直到调整衬套碰到调整环止。调整环的凸环可防止调整衬套进一步向制动方向移动，此时 Z1 锥面刚好脱开。压缩弹簧的作用力使调整衬套作用于调整环，由于压缩弹簧的作用，Z1 锥面再一次啮合。当 Z1 锥面刚好完全脱开时，无磨耗时的制动行程 H_0 完成。此时闸瓦间隙已被消除，闸瓦与车轮踏面接触；当制动缸内空气压力继续上升时，踏面单元制动器便产生了制动作用力。闸瓦和车轮踏面无磨耗时的制动位如图 6-4 所示。

（2）闸瓦和车轮踏面无磨耗时的缓解过程

当施行车辆缓解时，制动缸内的空气压力下降到一定值后，在缓解弹簧的作用下，通过制动杠杆，带动整个闸瓦间隙调整器及其所有传动部件脱离车轮踏面向后（即缓解方向）移动。此时，Z1 锥面啮合，当调整衬套碰到调整环离开推杆头一端的凸环时，推杆停止向后移动，回到缓解位置，而闸瓦间隙调整器等仍由于制动缸缓解弹簧的作用，通过制动杠杆继续朝缓解方向移动，止推螺母和连接环的啮合面 Z2（以下简称 Z2 面）开始脱开。由于压缩弹簧的作用，Z2 面再一次啮合。当 Z2 面刚好完全脱开时，无磨耗的缓解过程完成。当制动缸完全缓解时，各运动着的零部件停止移动。闸瓦和车轮踏面无磨耗时缓解位如图 6-5 所示。

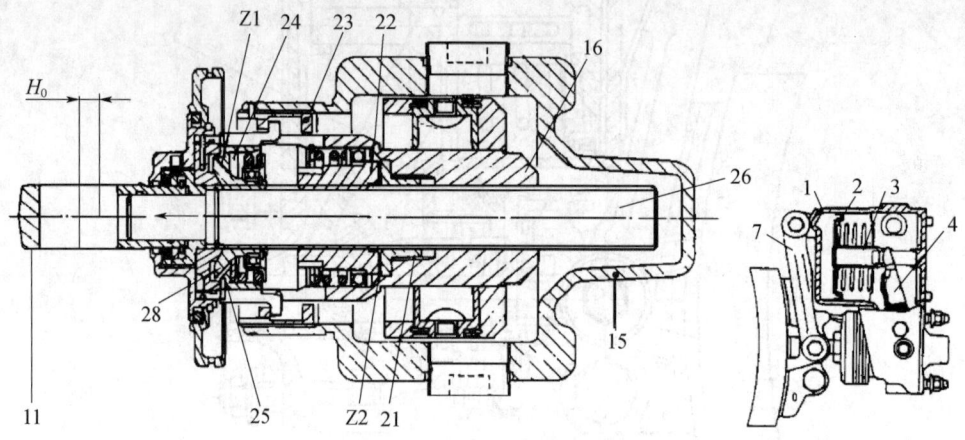

1—制动缸；2—制动活塞；3—活塞；4—制动杠杆；7—闸瓦托吊；11—推杆头；15—外体；16—闸瓦间隙调整器体；21—连接环；22—止推螺母；23—调整环；24—压缩弹簧；25—调整衬套；26—推杆；28—进给螺母；Z1—啮合锥面；Z2—啮合面。

图 6-4　闸瓦和车轮踏面无磨耗时的制动位

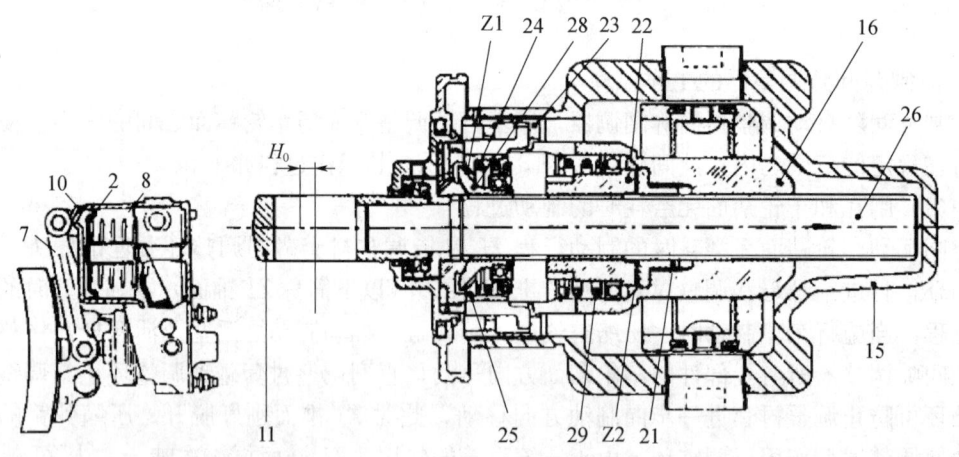

2—制动活塞；7—闸瓦托吊；8—缓解弹簧；10—闸瓦复位弹簧；11—推杆头；15—外体；16—闸瓦间隙调整器体；21—连接环；22—止推螺母；23—调整环；24—压缩弹簧；25—调整衬套；26—推杆；28—进给螺母；29—压缩弹簧；Z2—啮合面。

图 6-5　闸瓦和车轮踏面无磨耗时的缓解位

（3）闸瓦和车轮踏面有磨耗时的制动过程

闸瓦和车轮踏面有磨耗时的制动位如图 6-6 所示。制动开始时，各零部件的动作与无磨耗时的制动过程完全一样。所不同的是：当调整衬套碰到调整环后，由于闸瓦和车轮踏面出现磨耗，制动行程进一步加长，即制动缸产生的制动力仍不断通过制动杠杆传递到闸瓦间隙调整器→连接环→止推螺母，从而传递到推杆，带动它们继续向前（制动方向）移动，进给螺母也随着推杆向前移动，而调整衬套由于受调整环的限制，不能进一步向前移动，Z1锥面脱开，又由于推杆和进给螺母为非自锁螺纹连接，由于闸瓦磨耗，制动行程加长，推杆等不断向前移动，压缩弹簧的预压力就会引起进给螺母在推杆上转动，进给螺母与推杆两者的相对位移量即为闸瓦和车轮踏面磨耗量M_V。此时，推杆向前移动的行程比无磨耗时的制动行程H_0大，两者之差即为闸瓦和车轮踏面的磨耗量之和M_V。

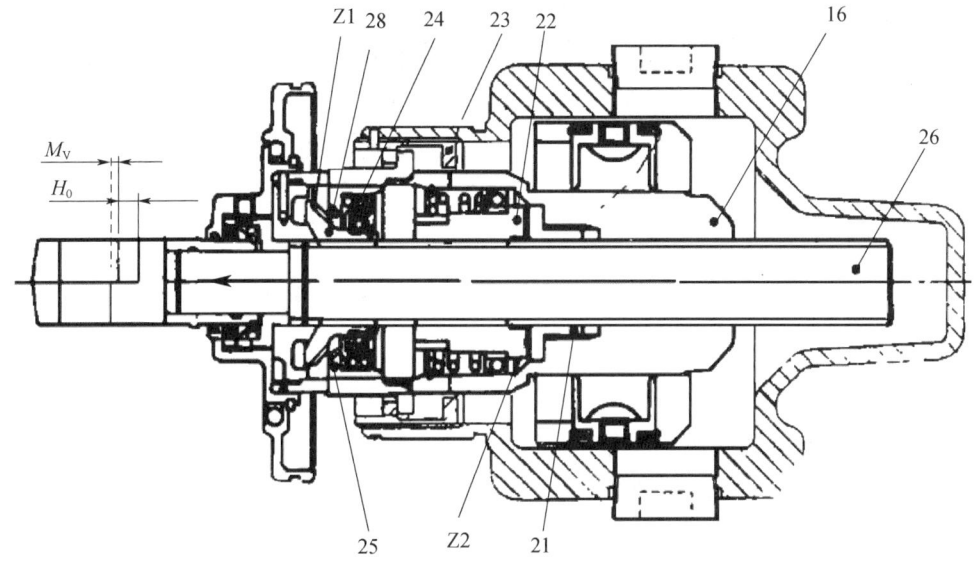

16—闸瓦间隙调整器；21—连接环；22—止推螺母；23—调整环；24—压缩弹簧；
25—调整衬套；26—推杆；28—进给螺母；Z1—啮合锥面，Z2—啮合面。
图6-6 闸瓦与车轮踏面之间有磨耗时的制动位

（4）闸瓦和车轮踏面有磨耗的缓解过程

闸瓦和车轮踏面有磨耗时的缓解位如图6-7所示。缓解开始时，各零部件的动作与无磨耗时的缓解过程完全一样，只是当调整衬套碰到调整环后，由于Z1锥面的啮合，受调整环限制的调整衬套能防止进给螺母在推杆上传动，压缩弹簧使Z1锥面保持啮合，因此使推杆不能进一步向后移动，止推螺母也不能随着闸瓦间隙调整器体和连接环继续向后移动，从而使Z2面脱开，压缩弹簧的作用又使得止推螺母在推杆上传动，直到制动缸完全缓解，闸瓦间隙调整器、连接环回到缓解位，Z2面重新开始啮合而停止移动。两者的相对位移量为闸瓦和车轮踏面仍保持了正常间隙，只是推杆比无磨耗时向前伸出了M_V。

（5）推杆复位机构的工作原理

随着闸瓦的磨耗，推杆在间隙调整过程中不断伸长。当闸瓦磨耗到极限后，需要更换闸瓦时，只需顺时针转动调整螺母，啮合面上的齿就能克服弹簧垫圈的作用而滑脱，从而使推杆复位，而不需要拆卸螺栓和其他任何零部件。更换闸瓦后，闸瓦间隙又恢复到无磨耗时的正常值范围，一般无需人工调整，即可准备进行下一次制动。

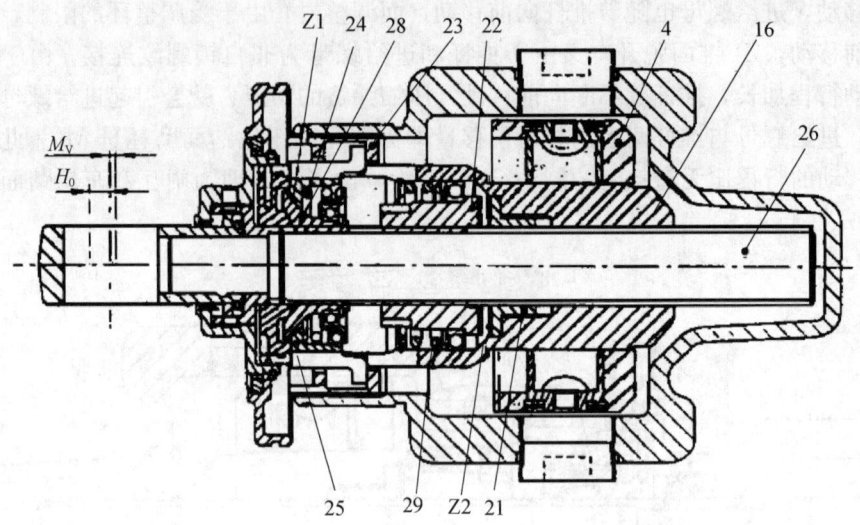

4—制动杠杆；16—闸瓦间隙调整器；21—连接环；22—止推螺母；23—调整环；
24—压缩弹簧；25—调整衬套；26—推杆；29—压缩弹簧。

图 6-7 闸瓦与车轮踏面之间有磨耗时的缓解位

(6) 闸瓦间隙自动调整器结构

闸瓦间隙自动调整器的结构如图 6-8 所示。

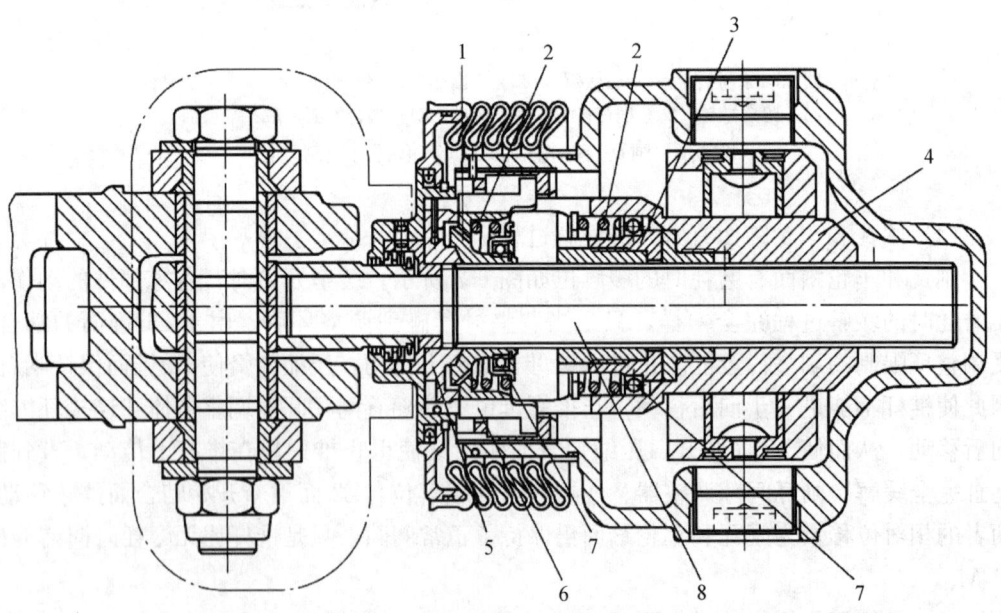

1—联合器螺母；2—弹簧；3—推力螺母；4—调节套筒；5—伞形离合器；
6—行程限位套；7—滚针轴承；8—大螺距非自锁螺杆。

图 6-8 闸瓦间隙自动调整器结构图

6. 停放制动器

停放制动器是一套辅助制动装置,其设置目的是在车辆停放时,防止车辆溜走。停放制动器的结构如图 6-9 所示(以 PC7YF 型单元制动器为例)。停放制动器的操作可以通过电磁阀控制缓解风缸的充排气来实现,由于其制动力通过弹簧力产生,也称弹簧制动器。

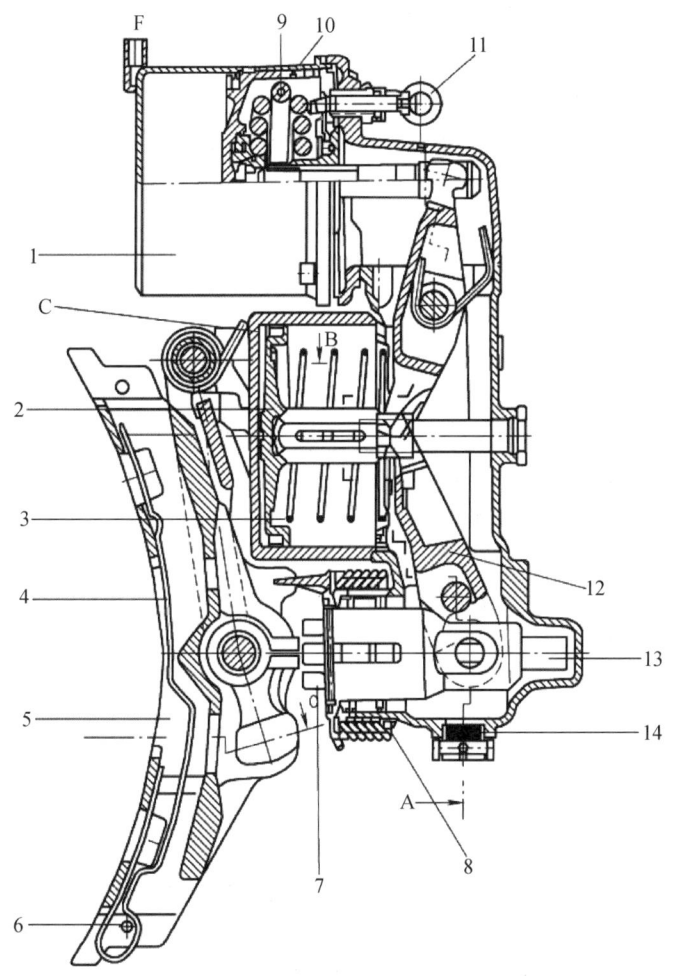

1—弹簧制动器;2—制动缸活塞;3—缓解弹簧;4—锁紧簧片;5—闸瓦;6—开口销;7—整螺母;
8—皮腔;9—弹簧制动器的弹簧;10—弹簧制动器的活塞;11—紧急缓解拉环;12—杠杆;
13—闸瓦间隙自动调整器的推杆;14—滤清器;F—压力空气向弹簧制动器充气时的接口;
C—压力空气向制动缸充气时的拉接口。

图 6-9 PC7YF 型单元制动器(带弹簧制动器)

停放制动器的工作原理如下:

(1)用于停车制动状态:当停车制动缓解风缸排气时,停放制动弹簧伸张,通过活塞杆带动停放制动杠杆推动制动杠杆,使闸瓦压紧车轮踏面,实现停车制动。随着缓解风缸压力降低,闸瓦压力增大,当缓解风缸的风压为零时,闸瓦压力达到最大,等于停放制动弹簧的伸张力与停放制动倍率的乘积。车辆带风长时间停放,制动缸及其管路压力空气泄漏，缓解风缸压力也逐渐降低，停放制动施加，且闸瓦压力逐渐增大。

(2) 缓解状态：当向缓解风缸充气时，压缩空气推动活塞克服弹簧的作用力，使活塞杆带动停放制动杠杆复位，松开制动杠杆，停车制动得到缓解。所以停车制动是排气制动，充气缓解。

(3) 人工操作：车辆停放制动施加后无司机操纵时，若需缓解，可通过拉动辅助缓解装置缓解拉簧来实现。此时，缓解活塞和螺纹套筒（两者为非自锁螺纹连接）相对移动，释放弹簧作用力，停放制动杠杆施加于制动杠杆的推力消失，闸瓦压力随之消失，达到车辆缓解。停放制动器人工缓解后需向缓解风缸再次充气，使其复位后，才能实现下次停放制动的施加。

(4) 注意：①在车辆运行中，随时观察主风缸压力，确保其不低于规定压力，以免运行中抱闸；②在主风缸压力较低时移动车辆，应确认停放制动处于缓解状态，以防车轮踏面擦伤等事故的发生。

三、TFD 型踏面制动器

1. TFD 型踏面制动器技术参数

① 单元制动缸直径：177.8mm；
② 最大闸瓦调整能力：110mm；
③ 闸瓦托一次伸长量：(20±2) mm；
④ 闸瓦托间隙：(10±2) mm；
⑤ 闸瓦托一次调整量：≥6mm；
⑥ 制动单元输出力：$31×(1±5\%)$ kN；
⑦ 弹簧缸输出力：≥15kN；
⑧ 总风缓解压力：≤450kPa；
⑨ 环境温度：-40～$+50$℃正常使用。

2. 功能分析

TFD 型踏面制动器（单元）是轨道交通工具的基础制动装置，根据其功能的差异，制动单元可以分为两种类型：TFD-1 型不带停放踏面制动单元（以下简称 TFD-1 型踏面制动单元）和 TFD-2 型带停放踏面制动单元（以下简称 TFD-2 型踏面制动单元），如图 6-10 所示。其中 TFD-1 型踏面制动单元只有常用制动的制动缸本体，而 TFD-2 型踏面制动单元不但有常用制动的制动缸本体，而且还有能够实现坡道停车、失风停车功能的弹簧缸体。制动缸和弹簧缸的中部设有一隔板，以保证各自的气密性。

TFD 型踏面制动器（单元）具有集制动缸、弹簧缸、凸轮放大机构、间隙调整机构及执行机构于一体，结构紧凑，占用转向架空间小，制动倍率可以调节及模块化结构等特点，最重要的是，即使车辆的供风系统故障，仍然能够继续保证车辆安全制动。

3. TFD-1 型踏面制动单元

TFD-1 型踏面制动单元主要是由闸瓦托组成、闸瓦托活动吊杆组成、支撑活塞组成、间隙调整器组成以及制动缸体组成、制动缸上盖等零件组成，如图 6-11 所示。

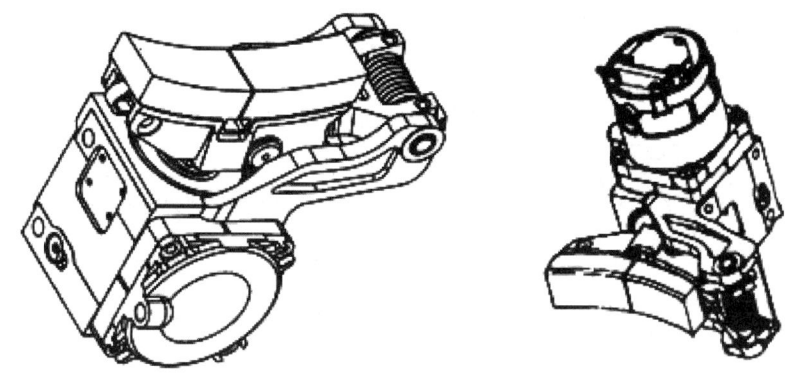

图6-10　TFD-1型踏面制动单元与TFD-2型带停放踏面制动单元

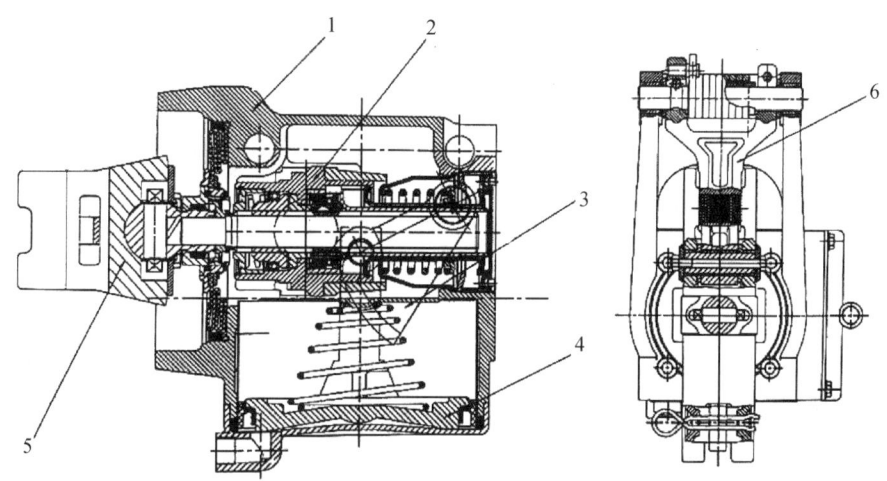

1—制动缸体组成；2—间隙调整器组成；3—放大机构组成；4—支持活塞组成；
5—闸瓦托组成；6—闸瓦托活动吊杆组成。

图6-11　TFD-1型踏面制动单元结构剖视图

（1）制动缸组成

制动缸组成主要是由制动缸缸体和制动缸上盖两部分组成。

（2）间隙调整器组成

间隙调整器主要由推筒组成、引导螺母组成、缓解弹簧拉套等3大部分组成，如图6-12所示。其主要作用是在闸瓦间隙超过正常间隙时（即由于闸瓦严重磨耗时），间隙调整机构能够进行调整，使其复原到合理的间隙。

（3）支撑活塞组成

支撑活塞组成主要是由支撑活塞、位移骨架皮碗、凸轮机构等主要部件组成，如图6-13所示。其中支撑活塞起活塞的作用，是将空气势能转化为机械能的机构；位移骨架皮碗起着密封的作用，防止气体发生泄漏而影响性能；凸轮机构是力学放大机构，是将小的压力值变化为较大的输出力。

（4）闸瓦托组成

闸瓦托组成主要是由制动螺杆、闸瓦托、防尘罩安装环、制动螺杆头等主要部件组成，如图6-14所示。其中，制动螺杆起着传递力的作用；闸瓦托是闸瓦的安装机构，可以让闸瓦能够均匀地贴靠车轮；防尘罩压环是防尘罩的固定机构；制动螺杆头与闸瓦托相连，可以实现闸瓦托的上、下偏摆。

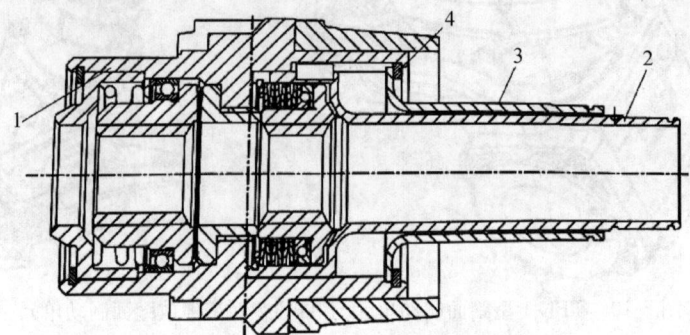

1—推筒组成；2—引导螺母组成；3—缓解弹簧拉套；4—卡圈。

图 6-12　间隙调整器结构剖视图

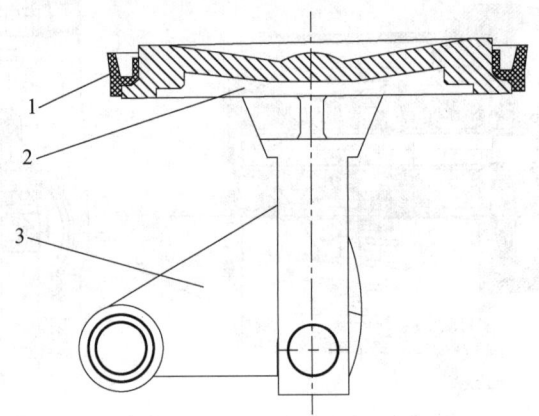

1—位移骨架皮碗；2—支撑活塞；3—凸轮机构。

图 6-13　支撑活塞结构剖视图

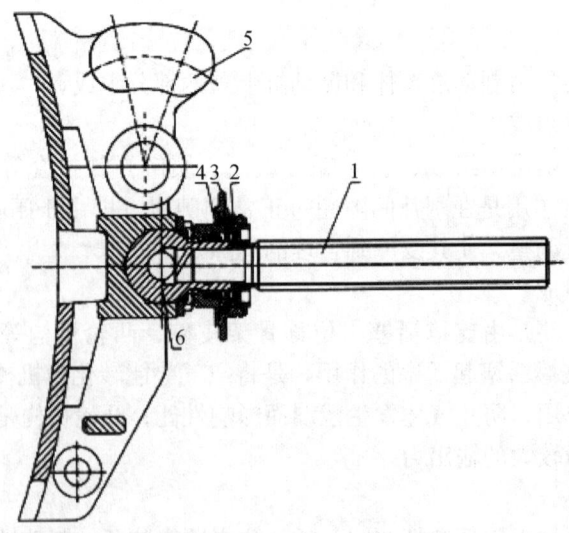

1—制动螺杆；2—防尘罩安装环；3—螺杆调整螺母；4—复位螺母；5—闸瓦托；6—制动螺杆头。

图 6-14　闸瓦托组成结构剖视图

（5）闸瓦托活动吊杆组成

闸瓦托活动吊杆组成主要是由闸瓦托活动吊杆和闸瓦托吊杆衬套组成，如图6-15所示。其作用是用来控制闸瓦托的横向变形，同时配合扭转弹簧来控制闸瓦托的复位。

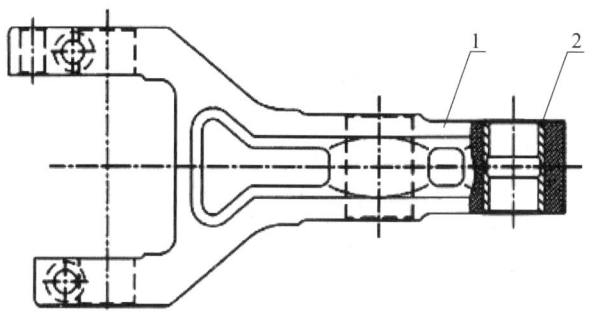

1—闸瓦托活动吊杆；2—闸瓦托吊杆衬套。

图6-15 闸瓦托活动吊杆组成结构图

4．TFD-2型带停放踏面制动单元

TFD-2型带停放踏面制动单元主要是由TFD-1型踏面单元加上弹簧制动组成组合而成，不但具有常用的制动功能，而且具有能够在入库停车、坡道停车以及断电、断风特殊情况下的紧急停车功能，如图6-16所示。

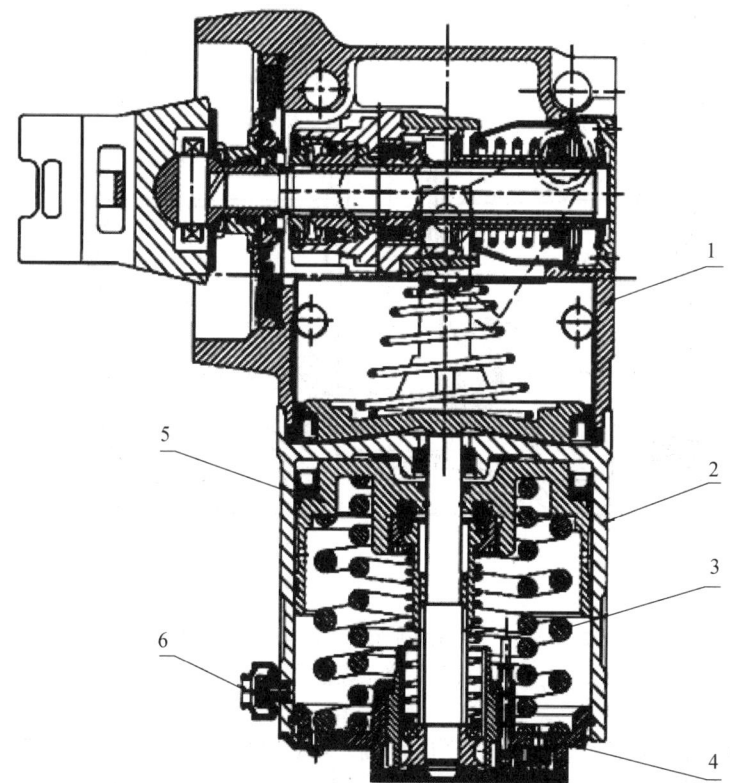

1—制动缸组成；2—弹簧制动筒体；3—双弹簧；4—弹簧制动箱盖组成；5—弹簧制动活塞组成；6—排气罩组成。

图6-16 TFD-2型踏面制动单元结构剖视图

(1) 弹簧制动箱盖组成

弹簧制动箱盖组成是弹簧制动的核心机构，是将已经储存的弹簧能在接到指令后，立即释放出机械能的机构，其主要是由弹簧制动箱盖、弹簧制动上盖、棘轮座、锁闭棘轮和止动心轴部件组成，如图 6-17 所示。

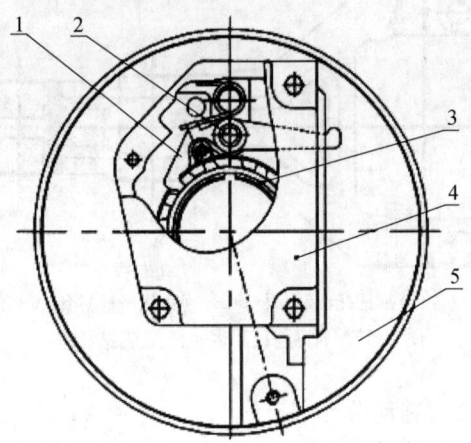

1—锁闭棘轮；2—棘轮轴；3—棘轮座；4—弹簧制动上盖；5—弹簧制动箱盖。

图 6-17　弹簧制动箱盖组成结构剖视图

(2) 弹簧制动活塞组成

弹簧制动活塞组成主要是由制动活塞、橡胶皮碗、锥形座和锥形螺母组成，如图 6-18 所示。

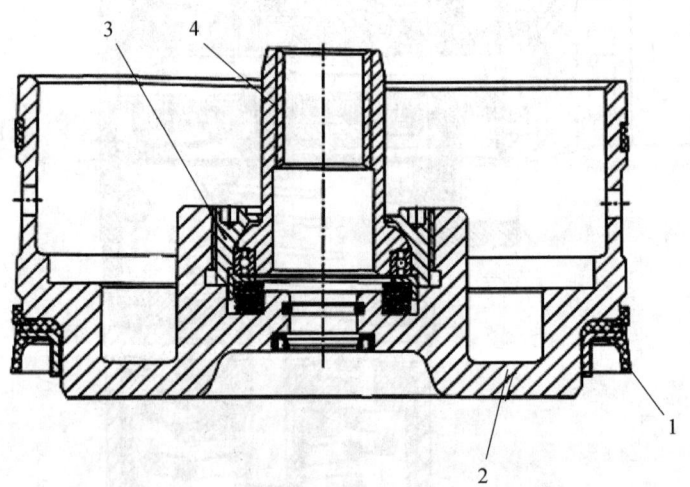

1—橡胶皮碗；2—弹簧制动活塞；3—锥形座；4—锥形螺母。

图 6-18　弹簧制动活塞组成结构剖视图

弹簧制动活塞起活塞作用，是空气势能转化为弹簧势能的机构，橡胶皮碗起着密封的作用，防止气体发生泄漏而影响性能，通过弹簧制动螺杆推动支撑活塞，再经过凸轮放大机构，将小的压力值变化为较大的输出力，实现无空气压力下的停车制动。

任务二　盘形制动

踏面制动是采用闸瓦压紧车轮产生制动力进行制动的，因此在制动中不可避免地对车轮踏面产生影响，这种影响包括机械磨损和热影响两个方面，前者会加速路面磨损，降低车轮的使用寿命，后者则使车轮承受周期热负荷，导致踏面的热疲劳或剥离现象，严重时使车轮产生弛缓，造成安全事故。制动功率越大，踏面制动时对踏面的影响也就越大，当功率大到一定值时，制动闸瓦和车轮将不能吸收全部的热容量。因此，踏面制动只能使用在中低速城市轨道车辆上。

为克服踏面制动固有的缺点，随着城市轨道交通逐步向高速发展，盘形制动开始在城轨交通车辆上使用。盘形制动是在车轴上或在车轮辐板侧面安装制动盘，用制动夹钳使两个制动闸片紧压制动盘侧面，通过摩擦产生制动力，使列车停止前进。由于作用力不在车轮踏面上，盘形制动可以大大减轻车轮踏面的热负荷和机械磨耗，可提高车轮寿命。另外，盘形制动制动平稳，几乎没有噪声。盘形制动的摩擦面积大，而且可以根据需要安装若干套，制动效果明显高于踏面制动。

一、盘形制动的分类

盘形制动根据制动盘的安装，又分为轮盘制动和轴盘制动。轮盘制动的制动盘一般夹装在车轮两侧，在动力转向架中使用，因此最多只能安装4个盘4个摩擦面。轴盘制动的制动盘安装在车轴或者空心轴套上，可以在车轴内侧或外侧，在空间允许的条件下可以安装4个制动盘8个摩擦面，能提供更大的制动力。

目前，国内已经开通运营的广州地铁3号、4号、5号线和上海地铁11号线车辆都采用了盘形制动装置。其中，广州地铁3号线车辆最高速度为120km/h，采用轮盘制动；而广州地铁4号、5号线直线电机车辆最高速度90km/h，采用轴盘制动。

二、盘形制动装置的主要构成

盘形制动装置的结构如图6-19所示，主要包括单元制动缸组成、夹钳装置、闸片和制动盘组成。

单元制动缸组成中有闸片间隙调节器。夹钳装置由吊杆、闸瓦托、杠杆和支点拉板组成。夹钳的悬挂方式为制动缸浮动三点悬挂，即两闸片托的吊杆为两悬挂点，另一悬挂点是支点拉板。制动时，制动缸活塞杆推出，制动缸缸体和活塞杆带动2根杠杆，通过杠杆和支点拉板组成的夹钳，夹紧制动盘的2个摩擦面实现制动。

1. 制动盘组成

制动盘皆由灰口铸铁制作而成，是具有径向排布散热筋的环形铸铁件。摩擦盘的外侧为摩擦面，内侧设有多个宽度相等的条形散热筋，同时还设有铸造凸台、螺栓凸台、对中定位台，且沿径向均匀分布，在散热筋之间形成径向的气流通道。摩擦盘的厚度和散热筋的尺寸与制动盘的热容量性能有关。摩擦盘的可磨耗厚度相同，皆为7mm，在其圆周方向有一个槽指示磨耗极限需要更换。

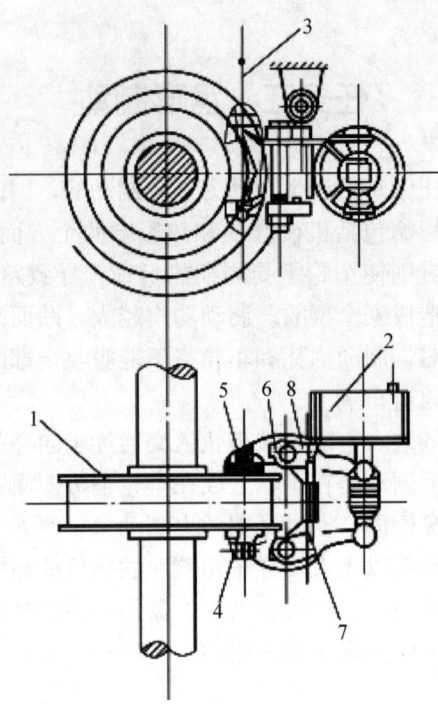

1—制动盘；2—制动缸；3—吊杆；4—闸片；5—闸片托；6、7—杠杆；8—支点拉板。

图 6-19 盘形制动装置

广州地铁 3 号线采用轮装制动盘，其外径为 640mm，内径为 350mm。其结构示意如图 6-20 所示，制动盘安装方式是将两个摩擦盘安装在车轮两侧，通过 6 个定位销对中定位和传递制动力矩。两个摩擦盘用 12 个径向排列的螺栓连接，使用防松螺母锁紧螺栓。车轮制动盘的摩擦表面与轮缘的外表面齐平，可以与其他各种类型的标准制动闸片和制动夹钳配合使用。

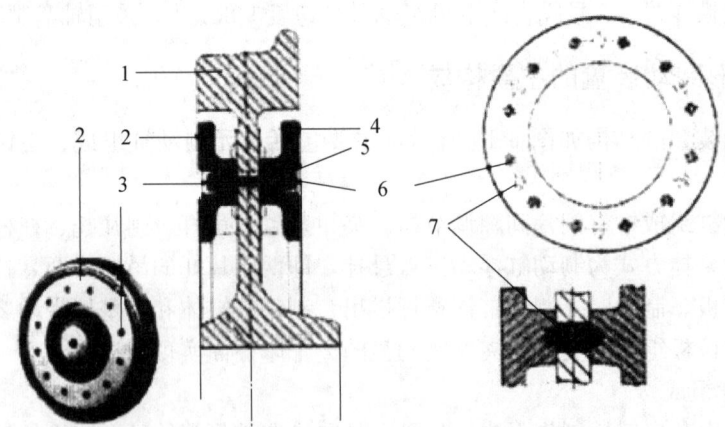

1—车轮；2—摩擦环；3—螺栓；4—摩擦环；5—螺栓套；6—螺母；7—定位销。

图 6-20 3 号线轮装制动盘结构示意图

广州地铁 4 号、5 号线车辆制动盘为轴装制动盘，其外径为 530mm，内径为 270mm。如图 6-21 所示，轴装制动盘包括带有散热筋的摩擦盘、盘毂和挡圈，安装在车轴外侧。盘毂采用过盈配合安装在轮轴上，摩擦盘通过挡圈压紧在盘毂上，挡圈与盘毂之间通过 12 个径向排列的螺栓连接。挡圈与盘毂通过 1 个定位销定位和传递制动转矩。摩擦盘安装孔径比螺栓大，只承受紧固力，而不承受剪切力。

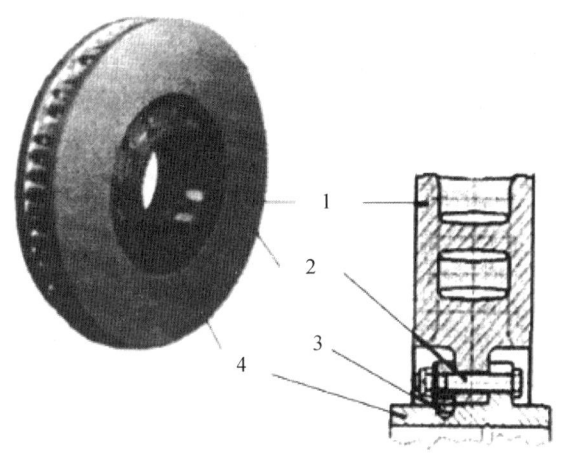

1—摩擦盘；2—螺栓；3—定位销；4—盘毂。
图 6-21　4 号、5 号线轴装制动盘结构示意图

2. 夹钳装置组成

（1）不带弹簧执行器的制动夹钳装置

不带夹钳执行器的制动夹钳装置用作常用制动，主要由机壳、隔膜、钳杆、闸片间隙调整模块及制动闸片支座等部件构成，如图 6-22 所示。

机壳由销钉支撑，该销钉适宜安装在托架中。此托架用螺栓连接到转向架构架上。如果在转向架构架上有适当的安装夹具，则销钉也可以被紧固在其中。

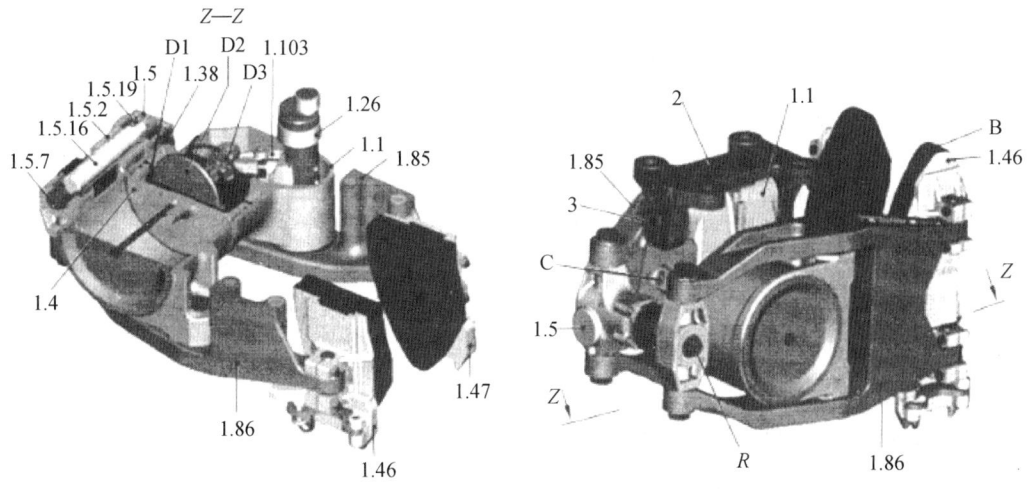

1.1—机壳；1.26—偏心轴；1.38—推杆；1.4—隔膜；1.46，1.47—制动闸片支座；1.5—闸片间隙调整模块；1.5.2—扭力弹簧；1.5.7—推力螺母；1.5.16—心轴；1.5.19—套筒飞轮；1.85，1.86—钳杆；1.103—杆；2—托架；3—销钉；B—制动闸片；C—常用制动供风口；R—六角复位头；D1—隔膜；D2—活塞；D3—活塞复位弹簧。
图 6-22　不带弹簧执行器的制动夹钳装置

隔膜安装在机壳中，用两个形状相同的钳杆和铰链连接。钳杆上装有闸片支座，外加制动闸片。钳杆的另一端被铰链连接到闸片间隙调整模块。隔膜气缸包括隔膜、活塞和活塞复位弹簧。其中的一个钳杆在偏心轴的枢轴零件上摆动，该枢轴自身在壳机的滚动接触轴承上转动。另一个钳杆绕机壳上安装的固定轴转动。

闸片间隙调整传动机构由偏心轴启动，它包括推杆、叉形杆（外加滚子）、拉杆和压缩弹簧。推杆作为闸片间隙调整模块与传动机构之间的连杆。闸片间隙调整模块端部的推杆插口用橡胶盖密封，以防尘土进入。闸片间隙调整模块主要包括心轴、螺纹螺母、套筒飞轮和扭力弹簧。

（2）带有弹簧执行的制动夹钳装置

带有弹簧执行器的制动夹钳装置用作常用制动和停车制动，主要由机壳、隔膜、钳杆、闸片间隙调整模块、制动闸片支座及弹簧执行器等组件组成，如图 6-23 所示。

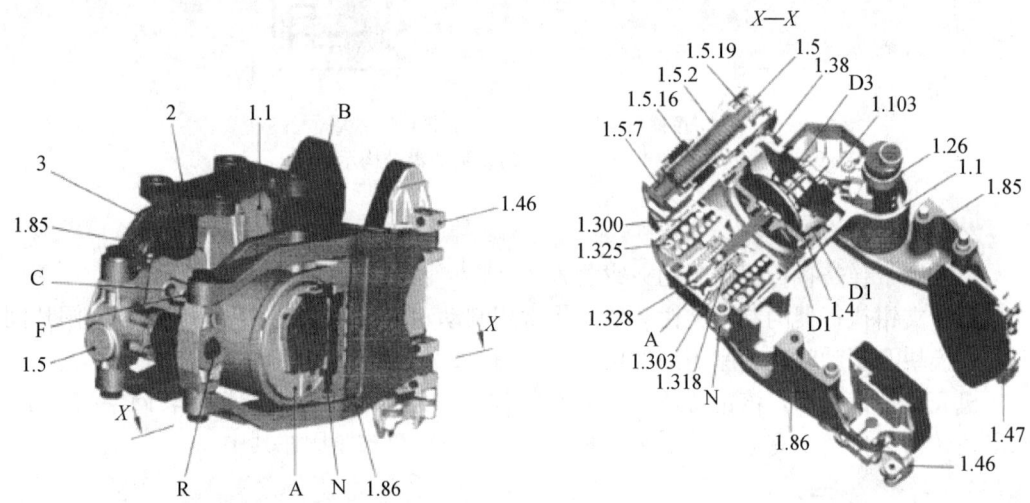

1.1—机壳；1.26—偏心轴；1.38—推杆；1.4—隔膜；1.46，1.47—制动闸片支座；1.328—螺纹心轴；
1.5—闸片间隙调整模块；1.5.2—扭力弹簧；1.5.7—推力螺母；1.5.16—心轴；1.5.19—套筒飞轮；
1.85，1.86—钳杆；1.103—杆；1.300—活塞；1.303—齿轮；1.318—螺母；1.325—压缩弹簧；
2—托架；3—销钉；A—弹簧执行器；B—制动闸片；C—常用制动供风口；F—停放制动供风口；
N—紧急释放装置；R—六角复位头；D1—隔膜；D2—活塞；D3—活塞复位弹簧。

图 6-23 带有弹簧执行器的夹钳装置

隔膜安装在机壳内，与在无弹簧执行器的制动夹钳单元中使用的隔膜完全相同。弹簧执行器集成在机壳中。它主要包括活塞、压缩弹簧、心轴、推杆、螺母和齿轮，外加紧急缓解装置。

钳杆、闸片间隙调整模块以及闸片间隙调整传动机构的设计和配置与无弹簧执行器的制动夹钳单元的相应组件相同。

在紧急情况下，弹簧执行器可以由遥控装置通过一条连接至紧急缓解装置的线缆进行缓解，也可以由直接插入到执行器中的辅助缓解键进行缓解。

（3）制动闸片

如图 6-24 所示，制动闸片与制动闸片支座的接口为楔形榫头，由上下两半组成，上下两半对称设计。一对制动闸片的两半的编号相同。编号标记在闸片的背后。左半个闸片标有"L",右半个标有"R"。

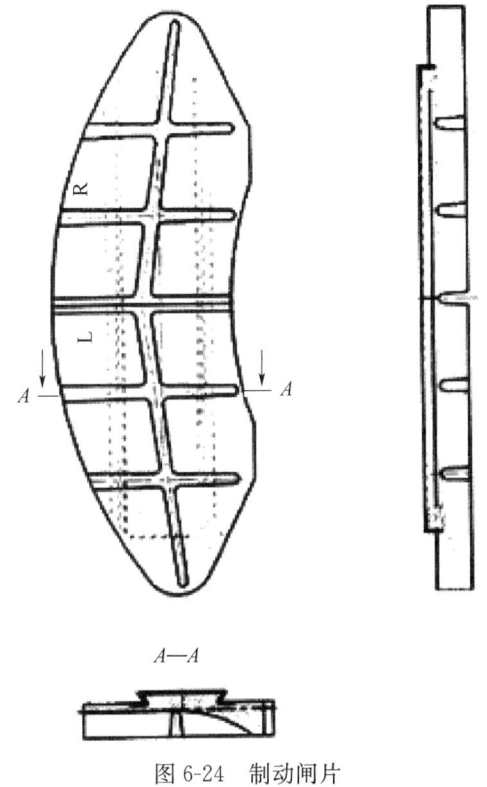

图 6-24 制动闸片

制动闸片上的沟槽除了用于减少摩擦副上水分的影响，还有排污功能，制动过程中摩擦产生的脱落物可通过沟槽快速排出，使摩擦副的制动特性更加稳定。

三、盘形制动工作原理

1. 施加常用制动

（1）制动闸片间隙大于设定值

常用制动供风口处的制动压力可以通入隔膜内。活塞进行特定的周期运动，并转动杆上的偏心轴。安装在偏心枢轴上的钳杆转至制动位置。而连接至推杆调节器上与之相对的钳杆也转至制动位置。

当活塞行程超过制动闸片间隙设定值时，用以启动杆的拉杆将立即开始对滚子施加压力。在活塞行程中，推杆由滚子和相连的叉杆推动。

推杆与推杆调节器的套筒飞轮接合，使心轴转动。螺纹螺母会沿心轴轴向运动，使推杆调节器加长，随着推杆调节器的长度增加，制动闸片与制动盘之间的间隙减小。

推杆调节器是一个以作用力函数控制的单动作单元，这意味着只能在一个方向上提供自动间隙调整，因此为单动作（增加调节器长度表示减小闸片间隙）；闸片间隙由活塞作用力调整，即使在变化夹紧力作用下制动夹钳组件发生大小不等的弹性屈服时，也保持恒定，因此为力控制的间隙调节器。

（2）制动片间隙等于设定值

常用制动供风口处的制动压力可以通入隔膜内。活塞进行特定的周期运动，并转动杆上的偏心轴，安装在偏心枢轴上的钳杆转至制动位置。而连接至推杆调节器上与之相对的钳杆也转至制动位置，制动闸片接触制动盘，产生制动力。

在杆上转动的拉杆开始对滚子施加压力。然而推杆和包括叉杆及滚子的装置却不能再进行任何运动，因为制动闸片被施用，并由心轴阻止任何运动。推杆调节器不提供闸片间隙调整。

推杆调节器内的扭力弹簧会抑制相反方向的任何运动，从而阻止推杆调节器缩短。当制动器从正确的闸片间隙进行施用时，这一特定型号中的推杆调节器的作用类似刚性杆，不需要额外的活塞行程（通常在其他类型的间隙调节器中需要，以便在调整机构中进行联轴节切换），以此方式保存压缩空气。

（3）闸片间隙调整（制动）

因制动引起的闸片和盘的磨损由活塞的伸长行程来矫正。偏心轴先行转动，由滚子支撑的拉杆在压缩弹簧的作用力下运动。压缩弹簧内的压力增大。推杆调节器不能矫正间隙，因为制动闸片被施用，制动力有效。

当制动被缓解时，偏心轴随活塞的缩回而转回。在此过程中压缩弹簧伸展，经拉杆及滚子和叉杆的装置对推杆施以作用力。随着制动力的减小，心轴在推杆调节器内继续转动，直至钳杆通过延长而被调整，间隙得到矫正。

制动过程结束时达到的制动闸片间隙再次等于所选择的设定值，常用制动再次做好施加准备。

2. 停放制动

（1）停放制动正常施加

图 6-23 中，当停放制动供风口处的缓解压力被允许通入弹簧执行器时，停放制动被缓解，活塞位于缓解位置。由加载的压缩弹簧（1.325）施加的力受到压缩空气作用下的活塞（1.300）的限制。活塞（D2）由活塞复位弹簧（D3）保持在缓解位置。

对弹簧执行器排气可启动压缩弹簧（1.325）。此弹簧的作用力由活塞（1.300）经锥形联轴节传递到螺母（1.318），再传递到螺纹心轴（1.328）。螺纹心轴（1.328）通过活塞的推杆（1.38）将作用力传递给活塞（D2），推动活塞到达制动位置。

螺纹心轴（1.328）和螺母（1.318）的螺纹为非自锁型。螺纹心轴（1.328）由一个半圆键约束在齿轮（1.303）中，以使其在力传递过程中不会在螺母（1.318）内转动。

弹簧停放制动器的夹紧力不取决于常用制动力，且不受隔膜气缸大小的影响。

以最小缓解压力向弹簧执行器充气，将使活塞（1.300）外加螺纹心轴（1.328）及推杆（1.38）移动回缓解位置。随着推杆（1.38）回程，活塞（D2）由活塞复位弹簧（D3）移动回缓解位置，从而打开钳杆（1.85，1.86），缓解停放制动。弹簧执行器回到其起始点，做好再次施加停放制动的准备。

（2）手动缓解

在没有压缩空气的情况下（车辆已停车并停机），可以手动操作紧急释放装置（N）使停放制动缓解。只要停放制动被施加，压缩弹簧的作用力即通过活塞、螺母和螺纹心轴传递到活塞。螺纹心轴和螺母采用多条大间距螺纹，这使得它们成为非自锁型。因此在制动力作用下，力矩被施加在螺母和螺纹心轴上。螺纹心轴上的力矩由机壳通过被紧急缓解装置的棘爪锁定的端盖和齿轮进行限制。螺母上的力矩也被机壳通过锥形联轴节、活塞和压缩弹簧加以限制。螺母和螺纹心轴不能转动。只要拉动紧急缓解装置即可实现机械缓解。此操作将棘爪从齿轮上抬起，中断齿轮与机壳之间的力矩流。棘爪由锁定销钉保持在缓解位置，齿轮脱离啮合，这样可以防止在弹簧执行器仅部分缓解时棘爪提前啮合。在非自锁型螺纹上力矩的驱动下，心轴开始与齿轮一起转动，使不转动的螺母轴向旋转。压缩弹簧放松，将活塞推回机壳底部。螺纹心轴以相反方向向轴向行进至缓解位置，并推送推杆。推杆与螺纹心轴的不同之处在于，它在轴向运动中不会转动。螺纹心轴和推杆在一个球轴承上自由转动。当达到缓解位置时，压缩弹簧被约束在机壳中，不能提供更大的作用力。随着推杆移回，活塞由活塞复位弹簧和压缩弹簧移动至缓解位置。

空气制动系统中的制动执行装置，通常被称为基础制动装置。闸瓦制动的结构虽然简单可靠，但其制动功率不大。特别是高速列车在电制动故障时，必须完全依靠空气摩擦制动使车辆停下来，这样大的制动功率会使闸瓦融化，车轮踏面过热剥离或热裂，这些都会危及行车安全。盘形制动这种有大制动功率的制动方式应运而生了。而停放制动纯粹是针对地铁车辆运行的特点而从制动机的作用中独立出来的一块。

课后习题

1. 简述盘形制动装置的结构和分类。
2. PC7Y型制动器和PC7YF型制动器的结构和作用原理是什么？
3. 简述PC7YF型单元制动停放制动器的手动缓解过程。
4. 合成闸瓦有哪些优点？
5. 盘型制动的主要优点是什么？
6. 合成闸瓦如何拆装？更换合成闸瓦的条件是什么？
7. TFD型制动器的组成有哪些？
8. 简述TFD型单元制动器闸瓦间隙调整器的工作原理。
9. 盘形制动单元有哪些故障？如何进行处理？

项目七 KBGM 型制动控制系统

任务一 KBGM 型制动控制系统概述

KBGM 型制动控制系统是由德国克诺尔公司（Knorr）研发的一种控制系统。该系统用一条列车线贯通整列车，形成连续回路，其电气指令采用脉冲宽度调制（PWM），能进行无级控制。该系统的制动方式有 3 种，即再生制动、电阻制动和空气制动，分别为第一、第二和第三优先制动。其电空制动控制系统如图 7-1 所示。

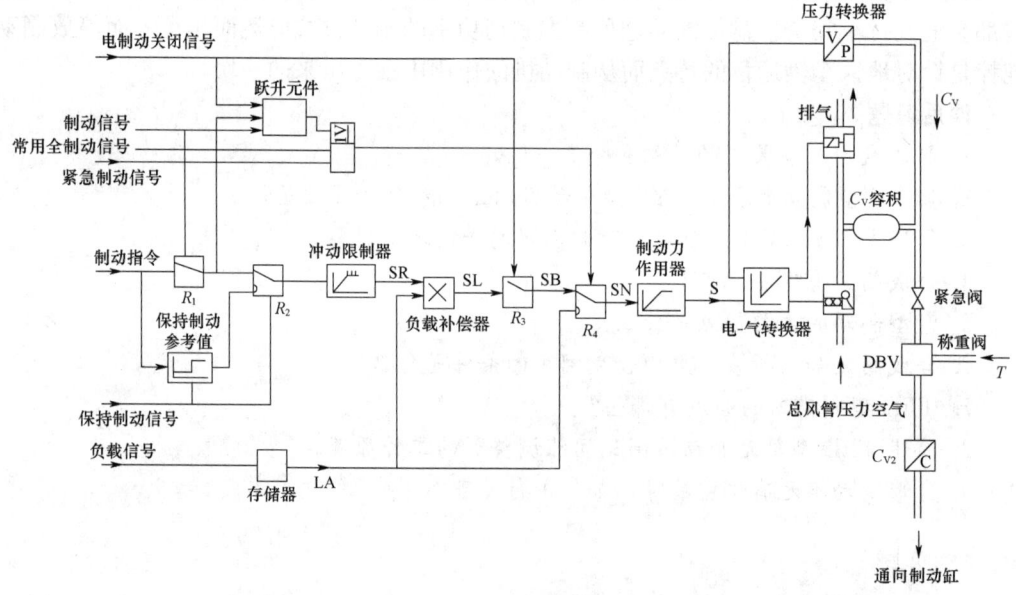

图 7-1 KBGM 型电空制动控制系统

图中输入信号的功能如下：
（1）制动指令

制动指令是微机根据变速制动要求，即司机施加制动的百分比（常用制动为 100%）所下达的指令。

（2）制动信号

制动信号是制动指令的一个辅助信号，它表示运行的列车即将要制动。

（3）负载信号

负载信号来自于空气弹簧。

(4) 电制动关闭信号

电制动关闭信号为信息信号，它的出现意味着空气制动要立即替补即将消失的电制动。

(5) 紧急制动信号

紧急制动信号是一个安全保护信号，它可以跳过电子制动控制系统，直接驱动制动控制单元（BCU）中的紧急阀动作，从而实施紧急制动。

(6) 保持制动（停车制动）信号

保持制动（停车制动）信号能防止车辆在停车前的冲动，能使车辆平稳地停止。

当列车开始制动时，首先是动力制动，即再生制动和电阻制动。每台动车的电制动为主制动，且优先于空气制动，由于在电制动时不存在制动闸片或制动盘的磨损，因此这种方式更经济。电制动对于特定速度和负载条件，可以满足列车单元（M_c+T_c）在没有摩擦制动系统支持条件下的减速。电阻制动用于承担不能再生的那部分制动电流。如果再生制动失败，则由电阻制动承担全部动力制动。一旦电制动不能提供司机主控制器所要求的制动力，那么不能提供的部分制动力将由空气制动补充。当列车速度降低到 6km/h 以下时，电制动将被全部切除，所有给定的制动力全由空气制动提供。

在一般常用制动模式中，每个动车的电制动都能使自己的动车和拖车减速到特定的速度和负载条件相对应的制动参考值。如果相对应的参考值和负载的制动力设定值超过最大可用的电制动力，那么剩余的制动力最先由相应的拖车的电空制动补充，其余的由动车空气制动补充。

目前，许多城市轨道交通车辆由四节编组改为六节编组，即 A-B-C-C-B-A，其中 A 车为无动力的拖车，B 车为动车，C 为带制动空气压缩机的动车；此后还会有八节编组，即 A-B-C-B-C-B-C-A。城市轨道交通车辆的设计速度大多为 80km/h，平均旅行速度为 40km/h。

任务二　KBGM 型制动控制系统的组成

如图 7-1 所示为 KBGM 型电空制动控制系统，KBGM 制动系统是由供气单元、空气制动控制单元（ABCU）、微机制动控制单元（BCE）、辅助控制系统（防滑系统和单元制动机等）4 个部分组成。

一、供气单元

该系统的供气单元主要由 VV120 型活塞式空气压缩机组、空气干燥器和多个风缸组成。空气压缩机组和空气干燥器只在 C 车上安装，即一个六节编组列车有两套供气机组，而一个八节编组列车有三套供气机组。空气压缩机组为每个车组提供足够所需的干燥压缩空气，在供气过程中由安全阀和压力继电器对空气压力进行监控。

二、微机制动控制单元

每节车厢都装有一套微机制动控制单元（BCE）用于制动控制，它是双列车线需求信号、空气制动控制单元（ABCU）和牵引系统之间的界面和桥梁。BCE 控制所有空气制动的常用制动,包括随需求信号和车辆载荷变化而变化的压力值。如果使用电制动,BCE 为电制动和空气制动的混合控制提供了界面划分,以形成一个完整的制动系统。

BCE 还提供正常运行管理和故障检测功能,这些信息通过 FIP 数据线传给列车信息管理系统(TIMS)。

常用制动时,BCE 接受所有车辆的空气弹簧平均压力信号,根据该信号计算出该车辆制动所需要的制动力,同时将反映车辆质量的载荷信号传送给 FIP 网络系统。拖车的载荷信号通过 FIP 网络传送到动车的 BCE 和牵引控制装置;动车的载荷信号也通过 PWM 线传送到相应的牵引控制电子装置,牵引控制电子装置经过综合计算后决定制动力的分配。对于动车,电制动系统和空气制动系统是同时存在的,这两种制动系统都是由司机控制器或 ATO 自动司机装置控制的。无论采用哪种控制,动车都能得到连续的电制动和空气制动。如果制动需求值超过电制动能力,这时空气制动会根据总的制动力要求补充电制动不足的部分。混合制动要求的制动缸的压力可以不一样,只需要电制动和空气制动的和达到制动所需求的值即可。

三、空气制动控制单元

空气制动控制单元(ABCU)是电控制动的核心,主要由模拟转换阀(EP 阀)、紧急阀、称重阀和中继阀等组成。所有零部件均安装在铝合金集气板上。另外,在集气板上还装置了一些测试口,用于测量各个控制压力和制动缸压力。采用这种设计的主要目的是便于集气板的拆卸及更换,这样,在不影响车辆使用性能的情况下即可完成维护、检查及大修。空气制动控制单元(ABCU)的气路示意如图 7-2 所示。

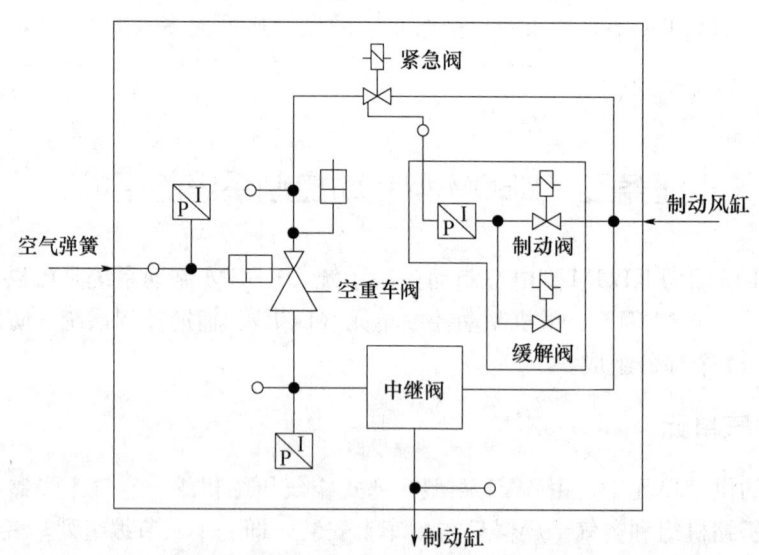

图 7-2 空气制动控制单元 ABCU 气路示意图

1. 模拟转换阀

(1)结构

模拟转换阀又称为电-气转换阀或 EP 阀,由一个充气电磁阀、一个排气电磁阀及一个压力传感器组成,如图 7-3 所示。

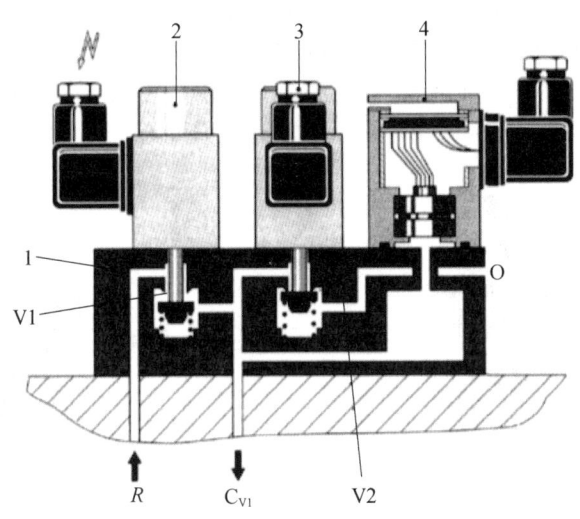

1—阀架;2—电磁进气阀;3—电磁排气阀;4—气-电转换器;V1、V2—阀座;
R—由制动储风缸引入压力空气;C_{v1}—预控制压力空气引出;O—排气口。

图 7-3 模拟转换阀结构示意图

(2) 工作原理

当微机处理器发出制动指令时,电磁进气阀的励磁线圈接收到要求提供摩擦制动的电指令时,吸开阀芯,使 R 口引入的制动储风缸的压力空气通过该进气阀转变成与电指令要求相符的压力,即预控制压力 C_{v1},并送往紧急阀(通过它的旁路)。与此同时,具有 C_{v1} 的压力空气也送往气-电转换器和电磁排气阀。气-电磁阀器将压力信号转换成相对应的电信号,马上反馈送回微处理器,让微处理器将此信号与制动指令比较。如果信号大于制动指令,则关小进气阀并开启排气阀;如果信号小于制动指令,则继续开大进气阀,直到预控制压力 C_{v1} 与制动电指令的要求相符为止。从 EP 阀出来的 C_{v1} 压力空气通过气路板内的气路进入紧急阀的 A2 口(图 7-4)。

2. 紧急阀

(1) 结构

如图 7-4 所示,紧急阀是一个电磁阀控制的二位三阀,它的三个阀口分别通制风缸、EP 阀输出口、称重阀输入口。它主要由空气阀、阀座、弹簧、活塞和电磁阀组成,其中空心阀还起到阀口的作用,而活塞杆顶部做成阀口结构。

(2) 工作原理

在常用制动时,紧急电磁阀得电励磁,阀芯吸起,打开下阀口,由 A4 输入的控制压力空气送入活塞右侧,推动活塞、活塞杆和空心阀左移,一方面关闭制动储风缸的通路(A1),另一方面连通 EP 阀通路(A2)与称重阀通路(A3)的气路。这时,由 EP 阀输出的预控制压力 C_{v1} 便可通过紧急电磁阀输出到称重阀 C(图 7-7)。当预控制压力 C_{v1} 经过紧急电磁阀时,阀的通道阻力使预控制压力略有下降,这个从紧急阀输出的预控制压力称为 C_{v2}。

在紧急制动时,紧急阀失电,其电磁阀不励磁,电磁阀阀芯在反力弹簧的作用下,关闭下阀口,切断控制空气的通路(A4),活塞右方气室压力空气经电磁阀上阀口排入大气。于是,空心阀在阀弹簧作用下右移,关闭EP阀的通路(A2),而活塞杆在活塞杆弹簧作用下同时右移,顶部离开空心阀,打开制动风缸通路(A1)与称重阀(A3)的通路,制动风缸压力空气越过EP阀而直接进入称重阀。

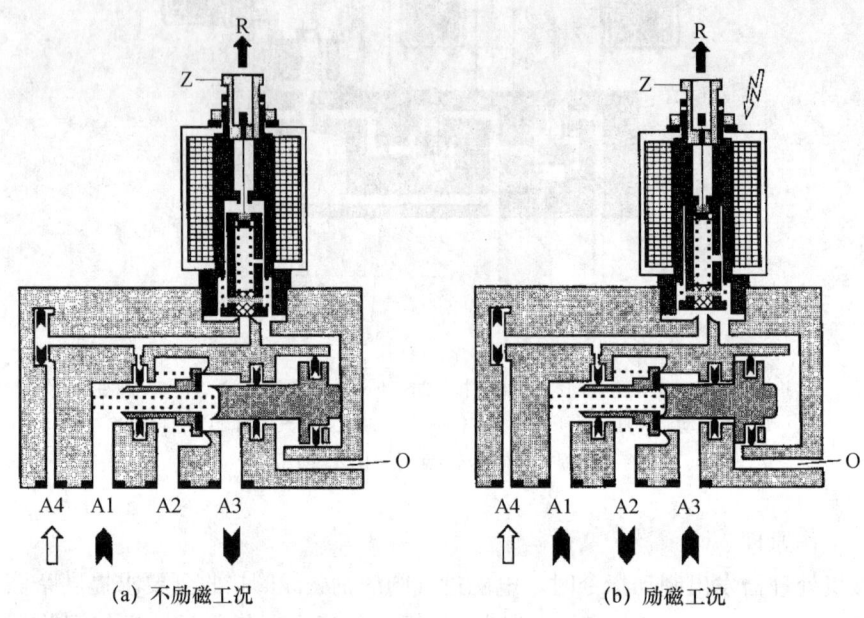

(a) 不励磁工况　　　　　　　　(b) 励磁工况

A1—通制动储风缸；A2—通EP阀；A3—通称重阀；A4—控制空气的通路；O—排气口

图7-4　紧急阀的结构示意图

3. 称重阀

(1) 结构

称重阀的结构如图7-5所示。称重阀由左侧的负载指令部、右侧的压力调整部和下方的杠杆部组成。

① 负载指令部：由主动活塞、主动活塞膜板、从动活塞、克诺尔K形密封圈及调整弹簧、调整螺钉等部分组成。

② 压力调整部：由橡胶夹心阀、均衡活塞、空心阀杆、排气阀座、调整弹簧和调整螺钉等组成。

③ 杠杆部：由杠杆、支点滚轮和调整螺钉组成。

(2) 工作原理

与负载质量成比例的空气压力信号(空气弹簧压力)T输入到主动活塞的上部,将主动活塞向下推；活塞杆顶在杠杆上,使杠杆左端下降而右端上升,绕支点转动；同时,右侧压力调整弹簧向上的作用力推动杠杆右端上升,从而使空心阀杆向上运动,推出橡胶夹心阀,开放充气阀口；由紧急阀传来的预控制压力C_{v2}经充气阀座成为预控制压力C_{v3}并输出到中继阀；同时,该压力被送到均衡活塞上方。当均衡活塞上方空气压力和下方空心顶杆压力平衡时,橡胶夹心阀在夹心阀弹簧的作用下关闭,停止向中继阀供风。

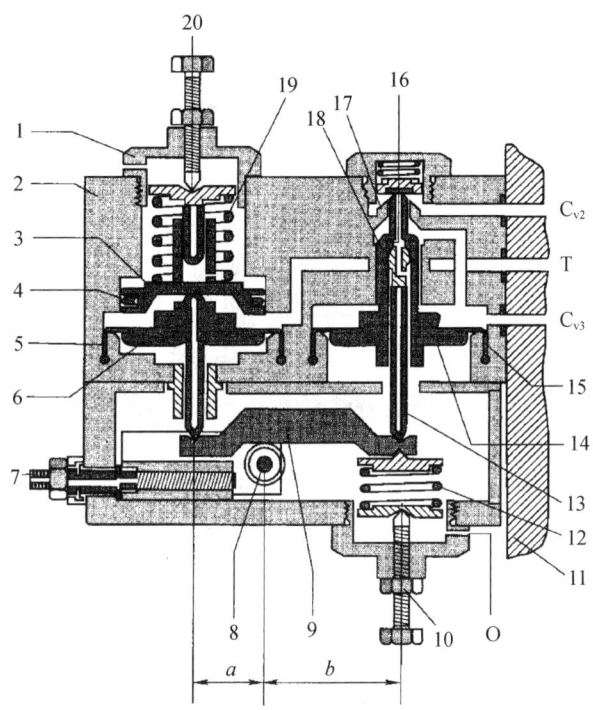

1—螺盖；2—阀体；3—从动活塞；4—克诺尔 K 形密封圈；5—主动活塞膜板；6—主动活塞；7—调整螺钉；8—支点滚轮；9—杠杆；10—调整螺钉；11—管路；12—调整弹簧；13—空心阀杆；14—均衡活塞；15—膜板；16—橡胶夹心阀；17—充气阀；18—排气阀座；19—调整弹簧；20—调整螺钉；O—排气口。

图 7-5 称重阀的结构示意图

当乘客减少时，空气弹簧压力 T 下降，均衡活塞上方的空气压力大于下方顶杆的推力，于是均衡活塞下移，空心阀杆离开夹心阀，C_{v3} 压力空气经空心阀杆阀口排向大气，直到均衡活塞上下方压力重新平衡，均衡活塞重新上移，关闭排气阀口为止。

当空气弹簧压力很低，甚至因破损而无压力时，从动活塞向上的作用力不足以平衡调整弹簧的力，则由调整弹簧的作用力使称重阀输出压力保持一定的值。

由于克诺尔模拟制动机的 EP 阀输出的预控制压力是受微处理机控制的，而微处理机的制动指令本身就是根据车辆的负载、车速和制动要求决定的，因此，在常用制动中，称重阀几乎不起作用，仅起预防作用，以防 EP 阀控制失灵。称重阀主要作用是在发生紧急制动时，由于预控制压力是从制动风缸直接经紧急阀到达称重阀的，中间没有经过 EP 阀的控制，而紧急阀也仅仅作为通路的选择，不起控制空气压力大小的作用。所以，在紧急制动时，预控制压力只受到称重阀的限制，即制动风缸空气压力经称重阀限制后作为最大的预控制压力输出。

同样，预控制压力 C_{v2} 流经称重阀时，也受到阀的通道阻力，压力有所下降，成为预控制压力 C_{v3} 并通过集气板进入中继阀。

4．中继阀

（1）结构

如图 7-6 所示，中继阀由带橡胶阀面的空心导向杆、均衡活塞、进（排）气阀座、弹簧等部分组成。

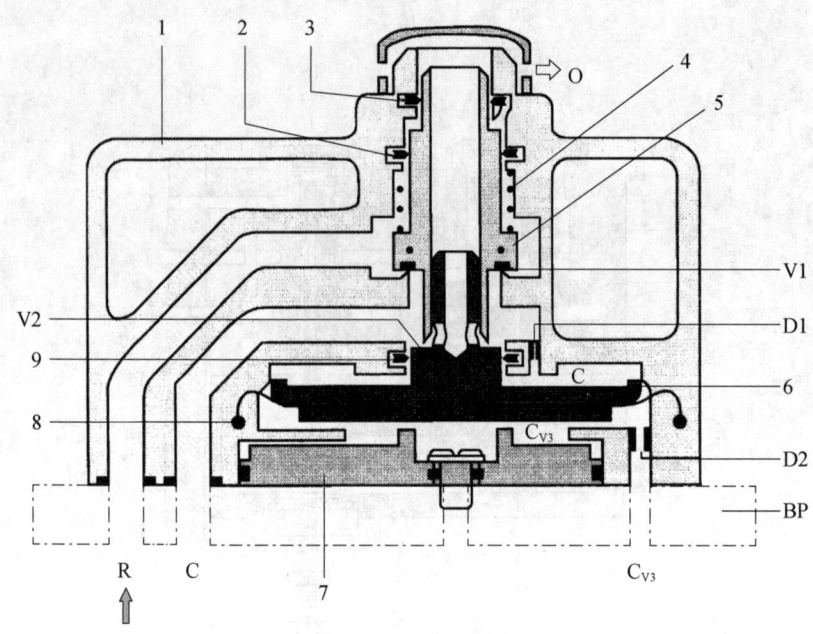

1—阀体；2、3、9—克诺尔 K 形密封圈；4—弹簧；5—空心导向杆；6—均衡活塞；7—阀底座；8—膜板；BP—安装座；C—接口（通向各个单元制动缸）；C_{v3}—来自称重阀的预控制压力（空气）；D1、D2—节流孔；O—排气口；R—接口（通向制动储风缸）；V1、V2—橡胶阀面。

图 7-6　中继阀的结构示意图

（2）工作原理

从称重阀经节流孔进入中继阀的 C_{v3} 压力空气，推动具有膜板的活塞上移，首先关闭了通向制动缸的排气阀口，然后进一步打开吸气阀，使制动储风缸经接口进入中继阀的压力空气通过该开启的吸气阀口，经接口充入各单元制动缸，产生制动作用。从上述介绍中可以看出，中继阀能迅速进行大流量的充、排气。大流量压力空气的压力变化是随预控制压力 C_{v3} 的变化而变化的，并且相互间的压力传递比为 1∶1，即制动缸压力与 C_{v3} 相等。因此，可以把中继阀看作是一个气流放大器，相当于电子电路中的一个电流放大器。当经过节流孔反馈到膜板活塞上腔的制动缸压力与模板活塞下腔的 C_{v3} 压力相等时，吸气阀口关闭。

如果 C_{v3} 压力空气消失，中继阀活塞在其上方的制动缸压力空气作用下向下移动，于是空心导向杆的下橡胶阀面离开排气阀座，排气阀口开启，使各单元制动缸中的压力空气经开启的排气阀口、空心导向杆中空通路及排气口排入大气，列车得到缓解。

5. 制动控制单元（BCU）的工作原理

制动控制单元（BCU）的气路如图 7-7 所示。

（1）常用制动

当 EP 阀的电磁进气阀的励磁线圈接收到摩擦制动的电指令时，吸开阀芯，使压力空气从制动储风缸接口 R 进入 EP 阀，并通过该进气阀转变成与电指令要求相符的压力，即预控制压力 C_{v1}。由于是常用制动，这时紧急阀处于励磁工况（图 7-4b），滑动阀在左侧，接口 A2 和 A3 导通，C_{v1} 经紧急阀成为 C_{v2} 由 A3 进入称重阀。称重阀根据车辆

负载对 C_{v2} 再次进行调整,输出预控制压力 C_{v3}。C_{v3} 进入中继阀后推动具有模板的活塞上移,打开进气阀,使制动储风缸经接口 R 进入中继阀的压力空气通过该开启的进气阀口,经输出口充入各单元制动机的制动缸,产生制动作用。

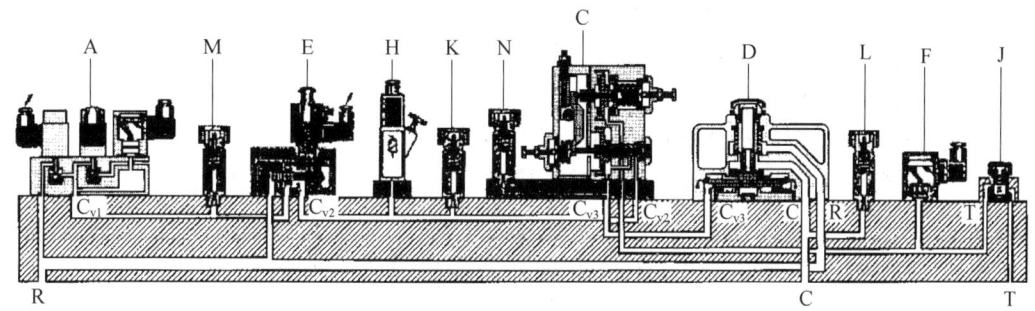

A—EP 阀;C—称重阀;D—中继阀;E—紧急电磁阀;F—压力传感器;
H—C_v 压力开关;J、K、L、M、N—测试接头;T—空心导管。

图 7-7 制动控制单元(BCU)的气路图

同样,制动缓解指令也由微处理机发出,EP 阀接到缓解指令后,将其电磁排气阀打开,使预控制压力 C_{v1} 通过此阀向大气排出。C_{v2}、C_{v3} 压力空气也都在紧急阀和称重阀输出口消失,中继阀活塞向下移动,排气阀口开启,使各单元制动缸中的压力空气经开启的排气阀口和空心导向杆中空通路及排气口排入大气,列车得到缓解。

(2) 紧急制动

紧急制动时,紧急阀处于不励磁工况(图 7-4a),滑动阀在右侧,接口 A1 和 A3 导通,从制动储风缸接口 R 传来的压力空气绕过 EP 阀直接进入称重阀。称重阀根据车辆负载输出最大预控制压力,进入中继阀后使制动储风缸的压力空气通过该开启的进气阀口和输出口 C 充入各单元制动机的制动缸,产生紧急制动作用。

四、辅助控制单元

辅助控制单元是一些阀类元件的集中安装屏,这些元件都安装在一块铝合金的气路板上,如同电子分立元件安装在印刷线路板上一样,便于安装、调试与维修。

辅助控制单元的主要组成元件及其功能如图 7-8 所示。

图中字母解释如下。

a——截断塞门:可用来切除控制系统管路与主风管的通路,便于测试与检修。

b——止回阀:来自主风缸管路的压缩空气经过止回阀进入指定储风缸,防止主风缸压力下降时压缩空气倒流回主风缸。

c——压力测试点:从此处可以测得主风管压力。

d——压力开关:通过检测列车总风缸 MR(Main Reservoir)压力来确保列车在 MR 的压力低于 6bar 时能自动安全运行。如果 MR 压力低于 6bar,而车辆正在运行,那么车辆将在下一站停车,启动连锁作用阻止车辆的运行;如果车辆静止时 MR 的压力低于 6bar,则启动连锁作用立即阻止车辆运行;当 MR 的压力高于 7bar 时,启动连锁自动撤销。

e——脉冲电磁阀：一个二位三通阀，用于控制停放制动的施加与缓解。

f——双向阀：防止常用制动与停放制动同时施加时造成制动力过大。

g——压力开关：用于监控停放制动的状态。当压力低于3.5bar时，停放制动指示灯（蓝灯）亮，表示停放制动已施加；当压力高于4.5bar时，停放制动指示灯（蓝灯）灭，表示停放制动已缓解。

h——压力测试点：从此处可以测得停放制动的压力。

i——截断塞门：可用来切除空气弹簧控制系统管路与主风管的通路，便于测试与检修。

j——截断塞门：可用来切除车间外接供气管路与主风管的通路。

k——车间外接供气快速接头：用于车间供气。

l——压力开关：用于监控转向架Ⅱ常用制动的状态，当压力低于0.8bar时，常用制动已缓解；当压力高于1.2bar时，常用制动已施加。

m——压力测试点：从此处可以测得转向架Ⅱ制动缸的压力。

n——压力开关：用于监控转向架Ⅰ常用制动的状态，当压力低于0.8 bar时，常用制动已缓解；当压力高于1.2bar时，常用制动已施加。

o——压力测试点：从此处可以测得转向架Ⅰ制动缸的压力。

辅助控制单元与外接设备的接口方式：接口1与主风管相连，接口2与一位端转向架的单元制动器的制动缸相连，接口3与制动储风缸相连，接口4与二位端转向架的单元制动器的制动缸相连，接口5与单元制动器的弹簧制动缸相连，接口6通往空气弹簧。

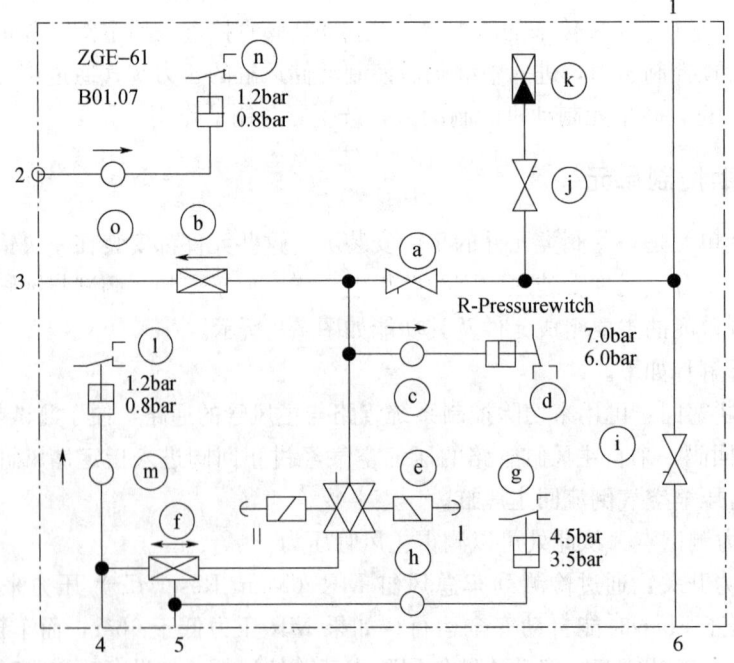

图7-8 辅助控制单元气路图

任务三　KBGM 制动控制系统控制原理

一、电空联合制动及其转换的原理

在常用制动模式下，电制动和空气制动一般都处于激活状态。主控制器产生的制动指令参考值信号 SD，通过脉宽调制转换器，转换成 PWM 信号传送给各车的牵引控制单元（DCU）和电子制动控制单元 EBCU。DCU 首先产生电制动，同时向本车及 A 车的 EBCU 发出 3 个信号，各车 EBCU 根据此信号及 PWM 信号，判断电制动能否满足车辆制动要求。如果电制动力不足，则同时计算需要补充的空气制动力，并向 ABCU 中的 EP 阀发出空气制动指令值信号，EP 阀据此产生相应的制动缸压力。一般情况下，电制动能完全满足车辆制动要求。

二、常用制动作用原理

当司机操纵主控制器手柄实施常用制动，或由 ATC 系统实施常用制动时，常用制动的指令信号通过列车总线送给每辆车的 ECU（EBCU）单元，ECU 单元对列车总线送来的常用制动指令信号、牵引系统的电制动力大小信号及通过检查空气弹簧压力所得到的代表载荷大小的信号等，进行综合计算后，得到一个需要补充空气制动电指令信号。此电指令信号送入 ABCU 单元的 EP 阀 AW4，并由 AW4 将电指令信号转变成相应的空气指令信号 C_{v1}，C_{v1} 空气指令信号又通过紧急制动电磁阀变成 C_{v2}，通过称重阀后变成 C_{v3}，最后去控制中继阀动作，并经中继阀控制开通，其过程如下：

制动风缸→中继阀→截断塞门→防滑电磁阀→制动软管→制动缸→常用空气制动作用

快速制动时与上述过程相同。

在常用制动时，对于动车，在电制动力能满足列车制动的要求时，整列车优先采用电制动，而此时动车不但要承担本车的制动力，还要以电制动力的形式承担拖车所需的制动力；当电制动力不能满足列车制动的要求时，则由拖车和动车补充空气制动力，但电制动力与空气制动力之和（列车要求的总制动力）应等于 EBCU 电指令信号所要求的制动力。

三、紧急制动作用原理

当司机操纵或 ATC 实施紧急制动时，紧急电磁阀失电，产生以下一系列紧急制动过程：直接开通制动风缸→紧急电磁阀→称重阀→中继阀的气路，并由中继阀动作，直接开通制动储风缸→截断塞门→防滑电磁阀→软管→制动缸的气路，从而实施紧急制动作用。停车后紧急制动的缓解通路为制动缸→制动软管→防滑电磁阀→截断塞门→中继阀→大气。

为了安全，紧急制动回路采用失电制动的形式，即一旦失电，立即产生一个紧急制动过程。

当列车出现下列情况之一时,列车将实施紧急制动:
(1) 人工驾驶时松开警惕按钮超过 5s;
(2) 按下紧急制动按钮;
(3) 列车脱钩;
(4) 紧急电气列车线环路中断电或失电;
(5) 制动系统失去控制电源;
(6) ATC 系统发出紧急制动指令(如超速)。

四、停放制动动作原理

当司机按压停放制动施加按钮时,停放制动电磁阀动作,产生以下停放制动过程:开通停放制动缸→软管→双向阀→停放制动电磁阀→大气的通路,从而停放制动得以施加。当司机按压停放制动缓解按钮时,停放制动电磁阀动作,产生以下缓解过程:开通主风缸→停放制动电磁阀→双向阀→软管→停放制动缸充气通路,从而停放制动得以缓解。

课后习题

1. KBGM 模拟式电气指令制动系统的主要组成有哪些?
2. KBGM 模拟式电气指令制动系统中制动控制单元由哪些部分组成?
3. 简述 EP 阀的工作原理。
4. 简述紧急电磁阀的工作原理。
5. 简述称重阀的工作原理。
6. 简述中继阀的工作原理。
7. 叙述 KBGM 模拟式电气指令制动系统常用制动的作用原理。

项目八 EP2002 制动控制系统

任务一 EP2002 制动控制系统概述

EP2002 制动控制系统是由德国克诺尔公司（Knorr）研制生产的，为电气模拟指令式制动控制系统，其核心部件是 EP2002 阀，负责空气制动系统的控制、监控及与车辆控制系统的通信。

一、制动系统结构

整个 EP2002 制动控制系统包括 EP2002 阀、列车控制系统、风源系统、基础制动装置以及动力制动装置，如图 8-1 所示。系统各部件集成化程度高、节省了安装空间，同时也便于安装、使用和维护。

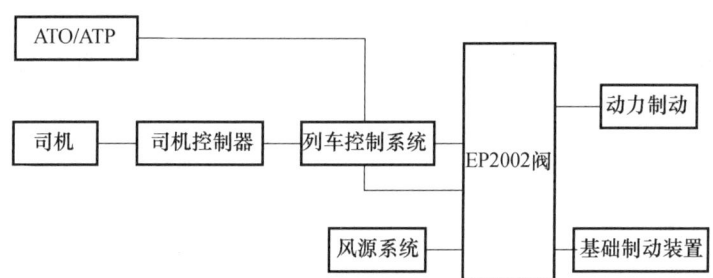

图 8-1 EP2002 制动系统构成图

二、分散式制动控制

传统的集中式制动控制系统是以每辆车为单位设置单个制动控制单元的制动控制方式（俗称车控式），主要由微处理制动控制单元（EBCU）、车轮滑行控制电子单元（WPS）、制动控制单元（BCU）以及制动器管理组成，如图 8-2 所示。

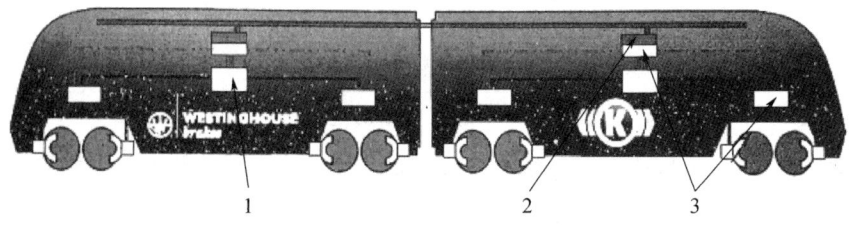

1—制动控制单元；2—制动器管理；3—车轮滑行控制电子单元。

图 8-2 传统的制动控制方法

分散式制动控制是以每个转向架为单位设置单个制动控制单元的制动控制方式（俗称架控式），是一种更为灵活的控制系统。EP2002系统引入分散式制动控制概念，将制动控制、制动管理电子设备以及常用制动（SB）气动阀、紧急（EB）制动阀和车轮防滑保护装置气动阀等多个模块集成到一个阀体中，分别组成智能阀、RIO阀或网关阀，并安装在其所控制的转向架上（每个转向架1个阀门），如图8-3所示。

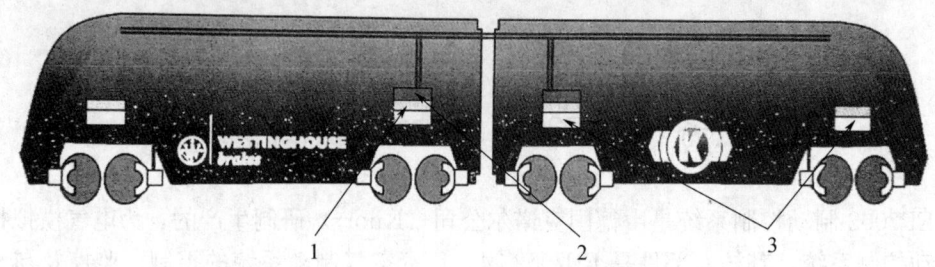

1—制动控制单元；2—制动器管理；3—车轮滑行控制电子单元。

图8-3　EP2002分散式控制

三、制动控制策略

制动控制系统对制动力的分配必须考虑两个原则，即空气制动的磨耗最优化和黏着系数的利用最优化。制动管理器首先根据制动指令及车辆载荷大小连续循环计算车辆所需制动力的大小，再根据网压、电制动和空气制动的分配特性将总制动力合理地分配给电制动控制单元和空气制动控制单元。如果电制动故障，所损失的电制动力优先由其他动车的电制动力补充，如果电制动不足，再考虑空气制动的补充；但无论是补充电制动还是空气制动，应注意黏着系数的利用不能超过规定的最大值要求。为了使空气制动系统的磨耗均匀，制动控制系统应将空气制动力等值地给各个车辆。如果车辆滑行，制动控制系统将减少黏着系数的利用，并重新进行电制动和空气制动的分配。制动力重新分配后，如果滑行不再发生，则车辆将保持这种制动力的分配，直至制动命令撤除。

四、与EP2002制动控制系统有关的英文缩写词

与EP2002制动控制系统有关的首字母缩写和缩写词见表8-1。

表8-1　EP2002制动控制系统部分缩写的含义

缩写	含义
ASP	Air Suspension Pressure（空气悬挂系统压力）
BCP	Brake Cylinder Pressure（制动气缸压力）
BCU	Brake Control Unit（制动控制单元）
BSR	Brake Supply Reservoir（制动供风缸）
CAN	Controlled Area Network（受控区域网）

续表

缩写	含义
FIP	Factory Instrument Protocol（工厂仪器记录）
LON	Local Operating Network（本地运行网络）
MVB	Multi Function Vehicle Bus（多功能车辆总线）
PVU	Pneumatic Valve Unit（气动阀单元）
PWM	Pulse Width Modulated（脉宽调制）
RIO	Remote Input and Output（远程输入/输出）
TMS	Train Management System（列车管理系统）
VLCP	Variable Load Control Pressure（可变载荷控制压力）
WSP	Wheel Slide Protection（车轮防滑装置）
SB	Service Braking（常用制动）
EB	Emergency Braking（紧急制动）

任务二　EP2002 阀的结构与特点

EP2002 空气制动控制系统的核心产品分别是 EP2002 智能阀（Smart-valve）、EP2002 输入/输出阀（RIO）、EP2002 网关阀或先导阀（Gateway-valve）3 个阀，每节车设有两个 EP2002 阀，每个 EP2002 阀都安装在其控制的转向架附近的车体底架上，所有的 EP2002 阀上都提供了多个压力测试接口，可以方便地测量制动风缸压力、制动缸压力、载荷压力、停放制动缸压力等。三种阀通过一个专用的 CAN 总线连接在一起。

一、智能阀

EP2002 智能阀（图 8-4）是一个"机电"装置，其中包括一个电子控制段，该电子控制段直接装在一个称为气动阀单元（PVU）的气动伺服阀上。起控制作用的 EP2002 先导阀通过 CAN 制动总线传达制动要求，每个阀门据此控制着各自转向架上制动调节器内的制动缸压力（BCP）。本设备通过转向架进行常用制动和紧急制动，同时通过车轴进行车轮防滑保护控制。阀门受软件和硬件的联合控制和监控，并可以检测潜在的危险故障。结合使用各车轴产生的车轴速度数据和其他阀门通过专用 CAN 制动总线传来的速度数据即可进行车轮防滑保护。图 8-5 展示了智能阀的 I/O 状况。

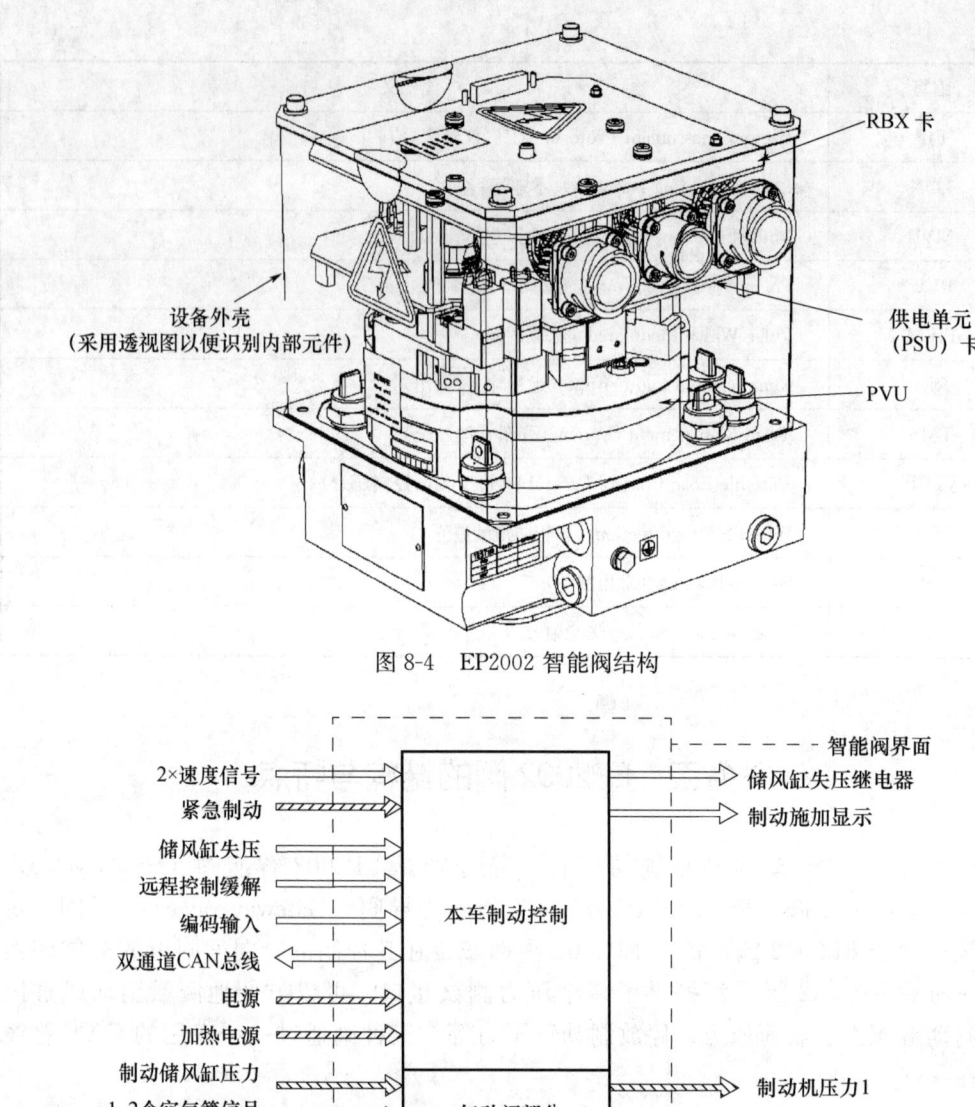

图 8-4 EP2002 智能阀结构

图 8-5 智能阀的 I/O 状态

二、RIO 阀

RIO（远程输入/输出）阀结构如图 8-6 所示。

RIO 阀除了具有智能阀的所有功能外，还可以通过硬连线与其控制的转向架上的牵引控制单元进行通信，使电制动和空气制动协调工作。

RIO 阀与网关阀有着相同的 I/O 口，但它不进行制动控制运算，也没有安装网络接口卡。

项目八　EP2002制动控制系统

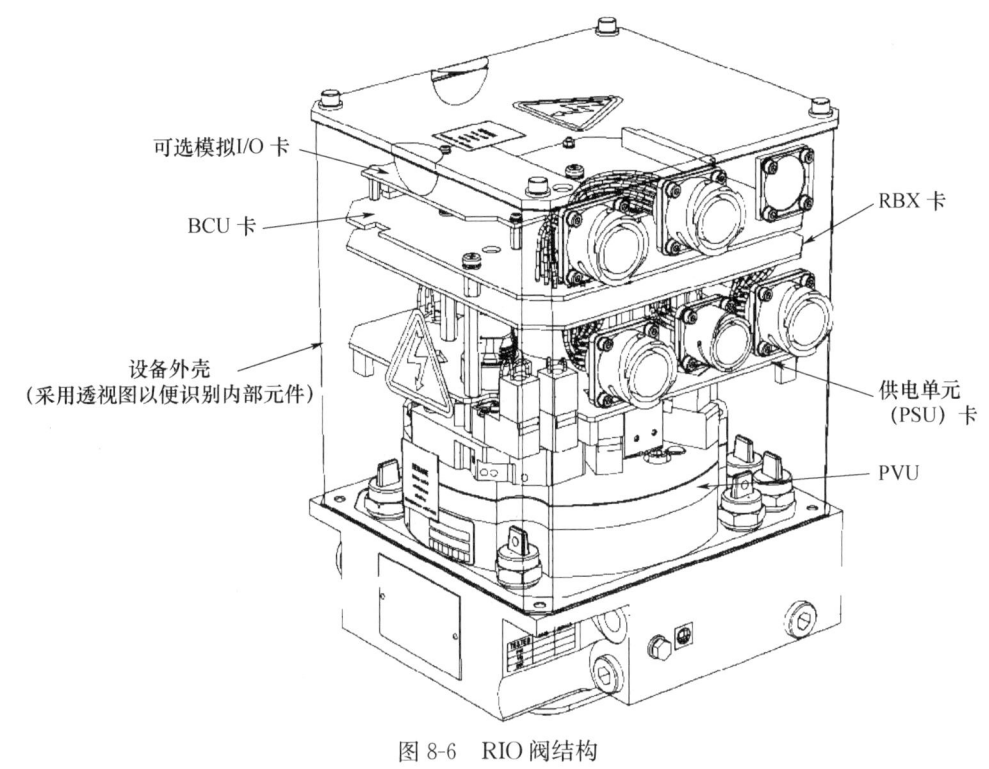

图 8-6　RIO 阀结构

可编程的输入被 RIO 阀读取并通过 EP2002 双通道 CAN 总线传至主网关阀。RIO 阀的可编程输出状态由网关阀控制。RIO 阀的输入/输出状态如图 8-7 所示。

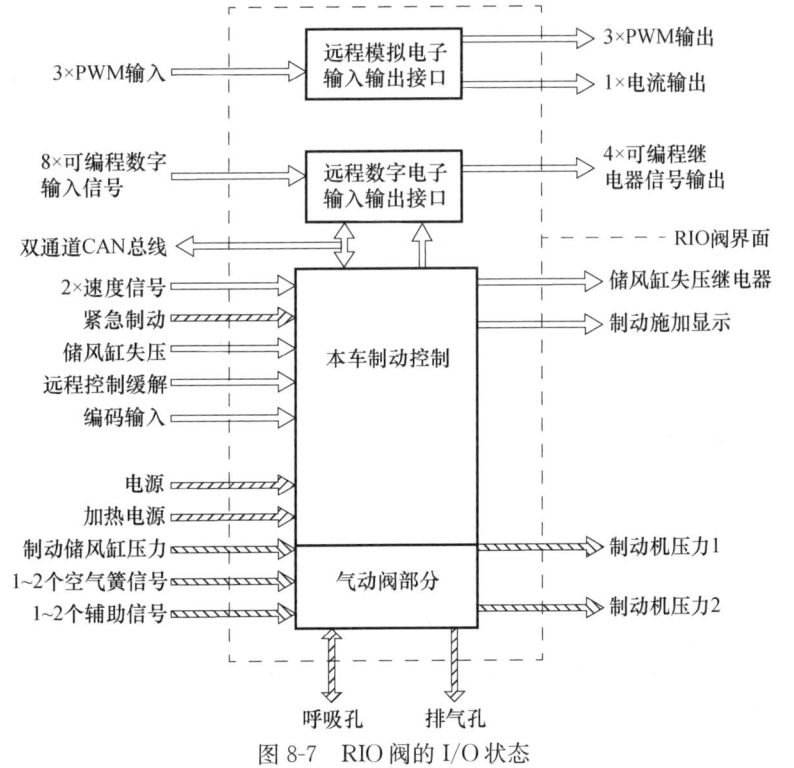

图 8-7　RIO 阀的 I/O 状态

153

三、网关阀

网关阀的结构如图 8-8 所示。

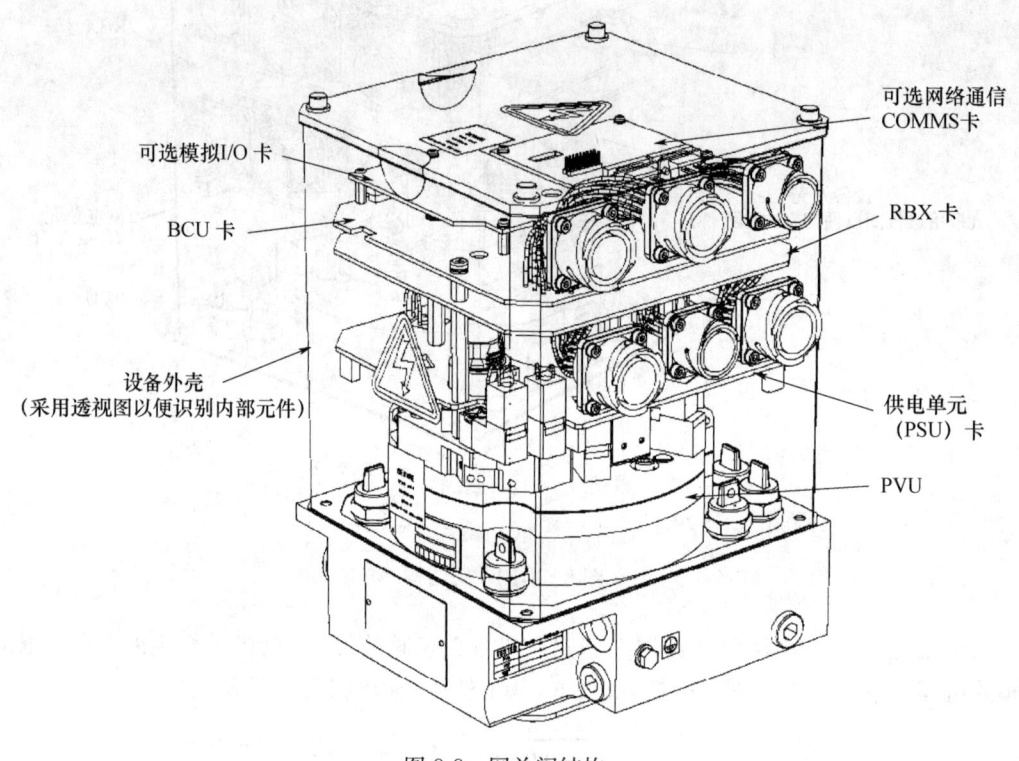

图 8-8 网关阀结构

EP2002 网关阀执行 EP2002 RIO 阀的所有功能,并将常用制动压力按要求分配至所有装在本地 CAN 网络中的 EP2002 阀门。网关阀也可以提供 EP2002 控制系统与列车控制系统的连接。EP2002 网关阀可以按要求定制,以连接 MVB、LON、FIP 和 RS485 通信网络以及(或者)传统列车线缆和模拟信号系统。

在 EP2002 系统中,一个 EP2002 网关阀中的制动要求分配功能可以将 SB 制动力要求分配至列车装有的所有制动系统,以达到司机(ATO)要求的制动力。

图 8-9 展示了网关阀的 I/O 状态。

四、EP2002 阀设备组成及作用

1. 设备外壳

外壳为阳极氧化铝重载挤出成型。外壳保护内部电子部件与外部工作环境隔离并为设备提供 IP66 级密封。

2. 气动阀单元(PVU)

此气动伺服单元由本地制动控制卡发出指令,用来控制进行常用制动、紧急制动和车轮防滑保护的各车轴上的 BCP 压力。

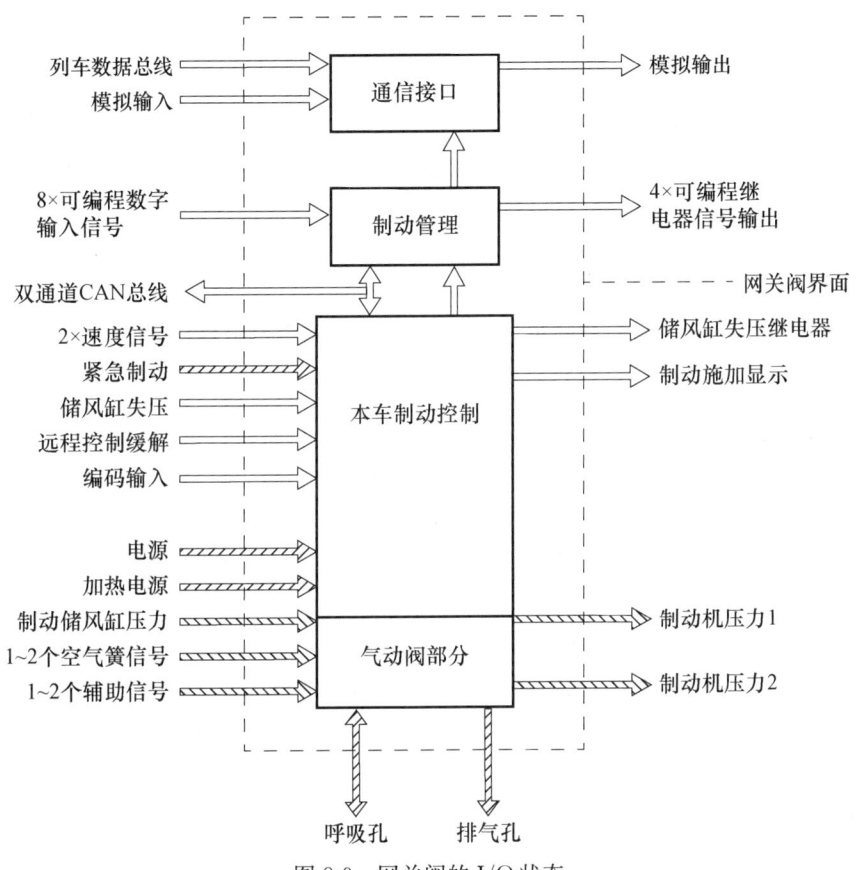

图 8-9 网关阀的 I/O 状态

3. 供电单元（PSU）卡

供电单元（PSU）卡接收输入的电池供电和加热器供电。主供电经调控后在内部被传送至设备内的其他电子元件卡上。加热器供电则被传输至加热器单元，使其可以在极低温度下进行工作（如果已在原装设备制造商处安装）。

4. 本地制动控制（RBX）卡

本地制动控制（RBX）卡根据主先导单元通过专用 CAN 总线传达的制动要求来控制 PVU 以进行常用制动、紧急制动和车轮防滑保护。

5. 制动管理（BCU）卡

制动管理（BCU）卡仅装在 EP2002 网关阀中，包括对整列列车进行制动管理的所需功能，而且还可以支持可配置的 I/O 端口。如果使用主网关阀，则制动管理功能激活并且与所有其他的智能阀和网关阀通过 CAN 总线建立通信。如果未使用主网关阀而仍使用一个普通网关阀，则 BCU 卡将作为一个远程输入/输出（RIO）工作，可以允许直接进入制动 CAN 总线而无需直接发送线缆信号至主网关阀。

6. 可选网络通信 COMMS 卡

可选择的网络通信卡仅安装在 EP2002 网关阀中。此卡可以符合 MVP、FIP、LON 和 RS485 接口标准（一个通信卡对应一种协议标准）。通信连接可以用于控制和诊断数据传输。

7. 可选模拟 I/O 卡

可选择的模拟 I/O 卡可以安装到各种型号的网关阀和 RIO 阀上以提供进行常用制动控制所需的模拟信号。

任务三　EP2002 制动控制系统作用原理

一、EP2002 阀的气动结构

位于各种型号的智能阀、RIO 阀和网关阀中的 EP2002 阀气动段均相同，并且被视作气动阀单元（PVU）。其功能区域可分为下列组别，其内部气动示意如图 8-10 所示。

1. 主调节器

主调节器继动阀负责调节装置的供风压力并将其降低至一个按负荷增减的紧急制动压力的水平。同时还负责在电子负荷系统出现故障时提供机械系统产生的最小紧急制动压力。

2. 次级调节器

次级调节器位于主调节器上部，负责将供给制动缸的压力限定在最大紧急制动压力范围内。

3. 负荷单元

负荷单元用于向主调节器继动阀提供一个按负荷增减的紧急制动控制压力。此控制功能一直保持激活状态并与空气悬挂系统压力成一定比例。

4. 制动气缸压力（BCP）调节

制动气缸压力（BCP）调节功能负责从主调节器处接收输出压力并进一步将其调节至常用制动要求的 BCP 等级。在进行车轮防滑保护时，BCP 调节段同样负责对制动缸压力进行气动控制。

5. 连接阀

连接阀可以使制动气缸压力（BCP）输出以气动方式汇合或分开。在常用制动或紧急制动时，两个 BCP 输出汇合以通过转向架进行控制。在经车轴进行车轮防滑保护的系统上，当车轮防滑装置（WSP）动作时，两车轴互相被气动孤立，每个车轴上的 BCP 都通过 BCP 调节段得到独立控制。

项目八 EP2002 制动控制系统

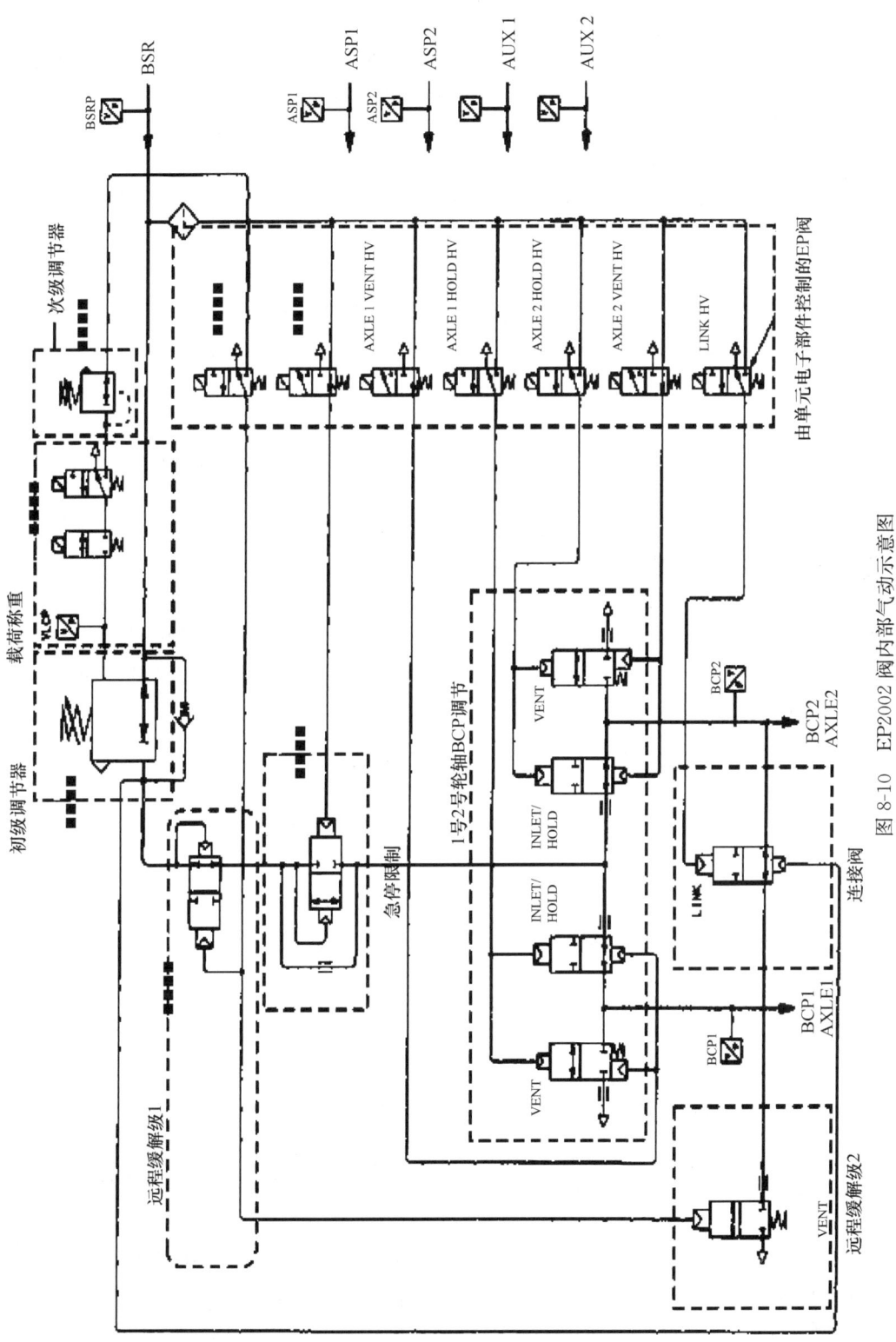

图 8-10 EP2002 阀内部气动示意图

二、EP2002 制动控制系统网络结构

EP2002 制动控制系统的网络结构关系到列车制动控制以及制动力分配等关键问题，所以非常重要。EP2002 制动控制系统具有很高的可用性和灵活性，可以与多种总线结构兼容，如 MVB 总线、CAN 总线、LON 总线、FIP 总线和 RS485 总线等。制动控制系统网络结构的设置主要应从安全性、可靠性、经济性等方面考虑，下面以常见的六节编组地铁车辆为例，对目前应用较多的两种 EP2002 制动控制系统网络结构进行说明。

1. 半列车 CAN 总线网络结构

半列车 CAN 总线网络结构是将半列车所有的 EP2002 阀用 CAN 总线相连，并由 B 车和 C 车上的两个网关阀通过 MVB 总线（或其他总线）与列车控制系统进行通信，如图 8-11 所示。每半列车上 B 车和 C 车中的一个网关阀将被定义为主网关阀，而另一个被定义为从网关阀。当主网关阀出现故障时，从网关阀能够自动接替主网关阀的工作，保证了系统的冗余性。如果 MVB 总线（或其他总线）出现故障，则网关阀将按照默认状态工作，另外，CAN 总线由两对双绞线组成，具有较好的冗余性。

在 B 车和 C 车上各设置一个 RIO 阀的目的是 RIO 阀可以通过硬连线与其控制的转向架上的牵引控制单元进行通信，使电制动和空气制动协调动作。根据每个项目的实际情况，在充分研究网关阀与车辆总线信息传输量的情况下，可以考虑用网关阀与 MVB 总线（或其他总线）之间的通信来替代 RIO 阀与其控制的转向架牵引控制单元的通信工作，这样 B 车和 C 车上的 RIO 阀就可以用智能阀来代替，增强了部件的互换性，同时也减少了备品备件的种类，经济性更好。

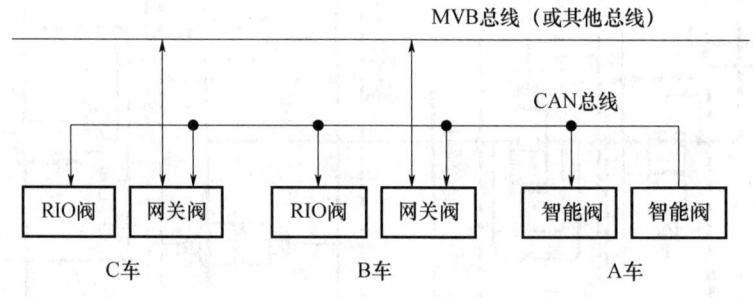

图 8-11 半列车 CAN 总线网络结构图

2. 单节车 CAN 总线网络

单节车 CAN 总线网络结构是将每节车上的两个 EP2002 阀用 CAN 总线相连，并由每节车上的网关阀通过 MVB 总线（或其他总线）与列车控制系统进行通信。如果 MVB 总线出现故障，则网关阀将按照默认状态工作。单车 CAN 总线网络结构如图 8-12所示。

从安全性和可靠性角度进行分析，半列车 CAN 总线网络结构中的从网关阀作为主网关阀的备份，具有较好的冗余性，如果 CAN 总线在 A、B 车之间断开，将导致 A 车的空气制动失效，但发生这种故障的概率是比较低的；而在单节车 CAN 总线网络结构中如果某节车上的网关阀出现故障则本节车空气制动失效，如果某节车上的 CAN 总线

断开则一个转向架上的空气制动失效。经过上述对比可见半列车 CAN 总线网络结构的安全性和可靠性略高于单节车 CAN 总线结构。

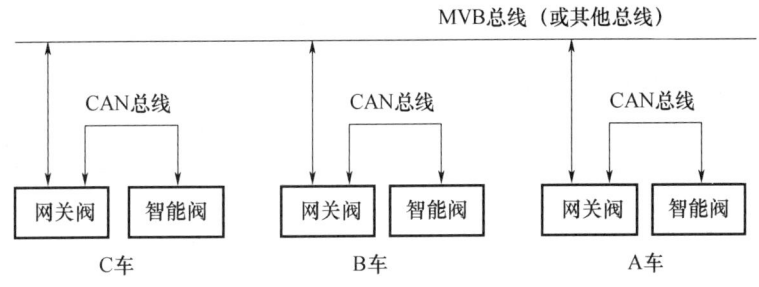

图 8-12 单节车 CAN 总线网络结构图

从经济性角度进行分析，半列车 CAN 总线网络结构比单节车 CAN 总线网络结构少使用一个网关阀，多使用了一个 RIO 阀或智能阀。如单纯从 EP2002 阀的总价格来考虑，半列车 CAN 总线网络结构的价格低于单节车 CAN 总线网络结构；但是由于半列车 CAN 总线网络结构比单节车 CAN 总线网络结构所使用的 CAN 总线更长，从综合成本考虑，两者的经济成本基本相同。

三、EP2002 制动控制系统的制动管理及工作逻辑

在单节车 CAN 总线网络结构的 EP2002 制动控制系统中，一般选择由列车上的主车辆控制单元（VCU）负责列车的制动管理。除紧急制动外，主车辆控制单元（VCU）控制列车电制动力与空气制动力的分配。制动力指令由列车线传输给 VCU 和网关阀，主 VCU 连续循环计算车辆系统所需制动力的大小，实际总制动力值由车辆的载荷所决定。主 VCU 再根据网压、电制动和空气制动分配特性将总制动力合理地分配给电制动控制单元和空气制动控制单元。另外，为了使列车具有载荷补偿功能和制动故障时车辆内部制动力的合理分配，主 VCU 和网关阀之间通过列车和车辆总线进行实际制动力施加值的数据交换。

在半列车 CAN 总线网络结构的 EP2002 制动控制系统中，可以选择由列车上的主车辆控制单元（VCU）负责列车的制动管理，也可以设置两个半列车 CAN 总线网络结构中的任何一个主网关阀作为整列车的主网关阀，负责列车的制动管理，另一个半列车 CAN 总线网络结构中的主网关阀作为备份。

四、制动控制

1. 常用制动

在常用制动模式下，电制动和空气制动一般都处于激活模式，以便电制动和空气制动之间的及时转换。常用制动优先采用电制动，当电制动故障或电制动力不足时由空气制动补充以达到常用制动要求的减速度。常用制动具有防滑控制功能并且受到冲击极限的限制。

每个 EP2002 阀测量其控制的转向架的载荷，并通过局部制动控制卡传输数据到 CAN 总线。CAN 总线内的主网关阀通过 MVB 总线（或其他总线）与列车控制系统进

行通信，根据列车控制数据和转向架载荷为本节车的每个转向架产生单独的、与载荷信号相关的空气制动力指令，并通过 CAN 总线将指令发给各个 EP2002 阀。上述过程考虑到了每个转向架的摩擦制动控制。

2. 快速制动

当司机操作主控制器手柄到快速制动位时，快速制动被触发。快速制动是一种特殊的制动模式，快速制动与紧急制动的制动率相同。快速制动优先使用电制动，当电制动故障或电制动力不足时由空气制动补充，快速制动命令是可以恢复的，快速制动时具有防滑控制功能并且受到冲击极限的限制。快速制动时 EP2002 制动控制系统的工作原理基本与常用制动时相同。

3. 紧急制动

紧急制动是列车在紧急情况下采取的制动方式，紧急制动是通过列车安全回路来控制的，一般情况下紧急制动可以由以下系统或元件触发：紧急按钮、列车超速、警惕按钮、车钩断钩、ATP 系统等。紧急制动一经触发，列车安全回路中断，触发信号传输给列车控制单元和牵引控制单元，牵引控制单元中断牵引系统工作。紧急制动是按照比常用制动更高的制动率而设计的。紧急制动仅仅由空气制动提供。且制动命令在停车之前是不可恢复的，紧急制动时具有防滑控制功能但不受冲击极限的限制。

4. 停放制动

为了满足列车较长时间停放的要求，停放制动采用弹簧施加、压缩空气缓解方式，另外还具有手动缓解功能。EP2002 阀将实时监控停放制动缸的空气压力。司机通过按压停放制动施加按钮和停放制动缓解按钮来实现制动力的施加和缓解。在停放制动装置与基础制动缸之间设有变向阀，以防止停放制动力与基础制动力的叠加。

5. 保压制动

（1）激活保压制动的条件

地铁列车施加制动后，当检测到列车停车（列车速度为零速，可以根据不同的项目进行调整）后，由 EP2002 阀激活保压制动，以防止列车溜动，保压制动力的大小将保证 AW3 载荷的列车停在最大坡度线路上而不会产生溜动。

（2）缓解保压制动的条件

① 司机将主控制器手柄置牵引位，每个牵引系统将牵引力的实际值发送给列车的主车辆控制单元（VCU）。

② 主 VCU 计算列车牵引力实际值的总和。

③ 牵引力实际值的总和足以启动列车（不会引起列车后溜）。

④ 主 VCU 向 EP2002 阀发出"缓解保压制动"信号。

空气制动的状态信号将反馈给 VCU，VCU 通过该信号确认制动是否缓解，如果空气制动在某一时间段内没有完全缓解，则主 VCU 将向各牵引系统发出中断牵引的指令，并再次施加保压制动。

6. 车轮防滑保护功能

车轮防滑保护系统采用轴控防滑方式，包括防滑阀、测速齿轮、速度传感器、防滑电子控制单元、防滑电子控制单元和防滑阀都集成在 EP2002 阀内。

车轮防滑保护控制集成在 EP2002 控制系统内。系统通过控制制动力来检测和校正车轮滑行。安装于每根轴上的速度传感器用来监控轴速，此信息共享于 CAN 总线区域内的 EP2002 阀。

如果 EP2002 阀检测到滑行，它将控制制动缸压力来校正该轴上的车轮滑行。当列车制动时并且检测到滑行存在时，车轮防滑保护控制能独立控制每根轴的制动力。两种检测车轮滑行的方法用于确定低黏着情况的存在：

① 单个轴过大的减速度。

② 每根轴和旋转速度最高的轴的速度偏差。

当由上述任意一条件检测到车轮滑行，则负责其控制的转向架的 EP2002 阀将快速沟通该轴制动缸与大气之间的通路，通过减小制动缸的压力来消除滑行现象；同时控制系统将定期执行地面速度检测，以便更新计算真实的列车速度。系统能根据轨道条件精确地控制滑行深度，这将改进后面车轮的黏着条件，在低黏着情况下使用最大制动力，同时确保没有车轮擦伤。当车轮防滑保护装置计算确定黏着条件回到正常状态，系统将返回到最初的状态，地面速度检测将结束。

除此之外，EP2002 制动控制系统还具有空气制动和停放制动状态检测功能、制动风缸压力过低检测功能、自测功能、故障记录功能等。

任务四　EP2002 制动控制系统的优缺点

一、EP2002 制动控制系统的优点

1. 减小了故障情况下对列车的影响

如果一个 EP2002 阀出现故障，则只有一个转向架的制动失效，地铁列车只需要对此转向架损失的制动力进行补偿；而如果常规制动控制系统中的制动电子控制单元（BECU）出现故障，地铁列车需要对此本节损失的制动力进行补偿。所以使用架控方式的 EP2002 制动控制系统尤其适合于短编组的地铁列车。

2. 缩短了制动响应时间

根据克诺尔的试验数据，EP2002 制动控制系统的响应时间比常规制动控制系统的响应时间缩短约 0.2s。

3. 提高了制动精确度

常规制动控制系统的精确度约为 ±0.02MPa，而 EP2002 制动控制系统提供给制动缸制动力的精确度可以达到 ±0.015MPa。

4. 空气消耗量减少

由于 EP2002 阀靠近转向架安装，从 EP2002 阀到制动缸的管路长度减小，所以在制动时的空气消耗量将减小，同时空气泄漏量也将减小。

5. 节省安装空间、减轻重量、减少布管和布线数量

6. 提高了可靠性和可用性，减小了故障率

根据克诺尔的计算，EP2002 制动控制系统的故障率比常规制动控制系统的故障率减少了约 50%。

7. 维护工作量小

EP2002 制动控制系统部件集成化程度较高，需要维护的部件较少，大修期从常规制动控制系统规定的 6 年提高到 9 年。

8. 缩短了安装和调试时间

9. 降低总体成本

EP2002 制动控制系统的产品价格基本与常规制动控制系统价格相同；但是由于缩短了安装和调试时间以及后期维护费用降低等原因，EP2002 制动控制系统的总体成本将低于常规制动控制系统。

10. 优化制动控制力

可以根据每个转向架的载荷压力调整施加在其控制的转向架上的制动力，比常规制动控制单元以每节车载荷压力进行制动力控制更加精确。

二、EP2002 制动控制系统的缺点

1. 关键部件维护难度增大

由于 EP2002 阀的技术含量和集成化程度很高，如果 EP2002 阀出现故障，需要将整个阀送回制造厂家进行维修，维修周期长；如果常规制动控制系统出现故障，有经验的工作人员可以直接查找并更换故障部件（如压力传感器、防滑阀、印制电路板等），缩短了维护周期，减少了对车辆产生的影响。

2. 互换性差

在 EP2002 制动控制系统中，如果一个 EP2002 阀出现故障，只能用相同类型的阀进行更换；而常规制动控制系统中的制动电子控制单元（BECU），甚至 BECU 中单独的印制电路板在所有车上都可以互换。

3. 无直观的故障显示代码

常规制动控制系统中的制动电子控制单元（BECU）安装在车上的电器柜内，可以提供 4 位数字的故障代码显示，有利于工作人员查找故障；而 EP2002 制动控制系统没有直观的数字故障代码显示功能，工作人员只能通过专用软件才能查找故障。

课后习题

1. EP2002 制动控制系统主要由哪些部件组成？
2. 智能阀与 RIO 阀的主要区别是什么？
3. 简述 EP2002 制动系统常用制动的工作原理。
4. 简述 EP2002 制动系统快速制动的工作原理。
5. 简述 EP2002 制动系统紧急制动的工作原理。
6. 比较半列车 CAN 总线网络结构与单节车 CAN 总线网络结构的主要不同。
7. 分析 EP2002 制动系统的优缺点。

项目九　HRDA 数字式指令制动系统

HRDA 数字式指令制动系统是日本 NABCO 公司（后更名为 NABTESCO）生产的电空制动系统，该系统采用数字指令信号，以多线组合开关量代表司机制动手柄的位置信息，具有反应迅速、性能良好等特点，并可与 ATP、ATO 及牵引电制动等系统相互配合、协调工作。HRDA 数字式指令制动系统内设监控终端，具有自诊断和故障记录功能。

任务一　HRDA 数字式指令制动系统的构成

一、HRDA 数字式指令制动系统的构成

HRDA 数字式指令制动系统主要由风源系统、制动控制系统、防滑控制系统、基础制动装置和辅助系统供风设备组成，图 9-1 和图 9-2 分别为 M 车和 T 车空气管路图，图中的各代码和名称见表 9-1。其中制动控制系统包括制动电子控制单元（EBCU）和制动控制单元（BCU）。

1. 风源系统

风源系统由电动空气压缩机组 F1、二次冷却器 F2、空气干燥器 F3、总风缸 F4 和空气压缩机启动装置 F6 安全阀 F7 组成。

2. 制动控制系统

制动控制系统包括常用制动控制系统和紧急制动控制系统，由空气过滤器 C3、制动风缸 C1、制动控制装置 B2 及停放制动控制箱等组成。

3. 防滑控制系统

防滑控制系统由制动控制箱 B2 内的防滑控制单元、测速齿盘、HIS 速度传感器 J1、防滑电磁阀 J5 等组成。

4. 基础制动装置

基础制动装置由不带停放的单元制动缸 E1 和带停放的单元制动缸 E2 组成。

5. 辅助系统供风设备

辅助系统供风设备由减压阀 G2、辅助风缸、高度阀（H2、H3）和压差阀 H4 等组成。

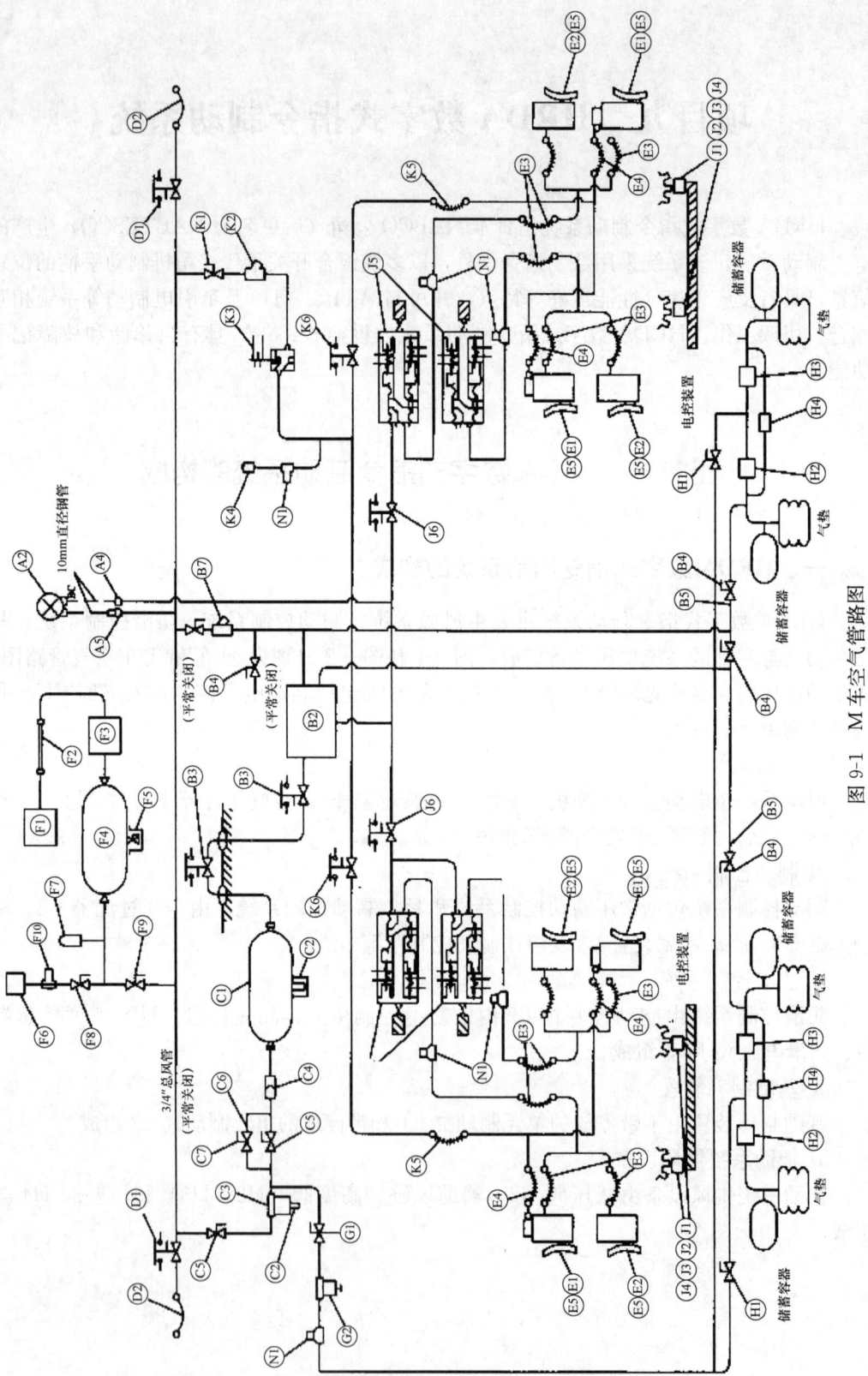

图 9-1 M 车空气管路图

项目九 HRDA 数字式指令制动系统

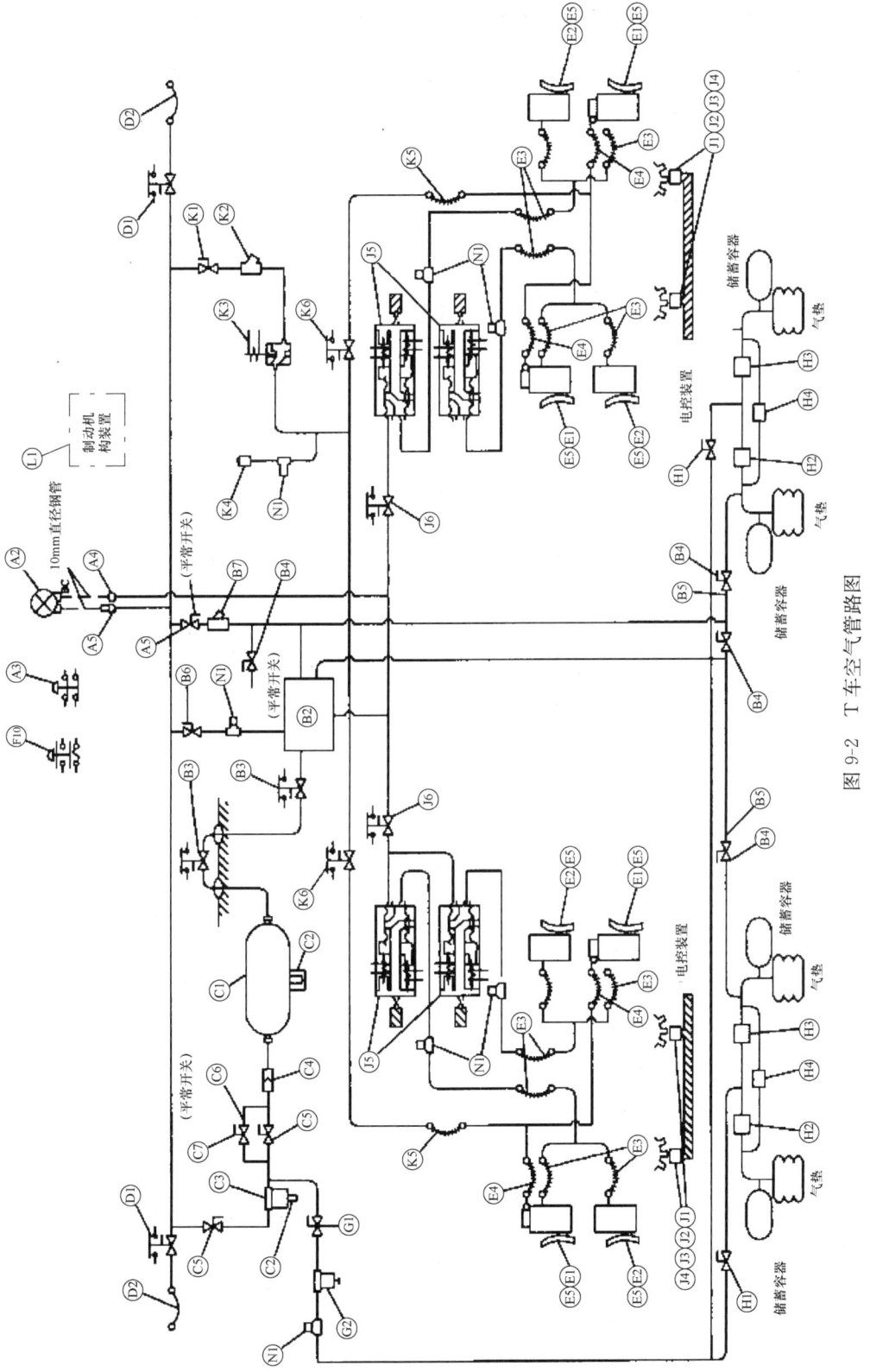

图 9-2 T 车空气管路图

表 9-1　HRDA 制动系统空气管路图中各代号及名称

代号	名称	代号	名称
A	司机台组成	F2	特氟隆制动软管
A1	夜光双针压力表	F3	PD-10DF 干燥剂（附带 A-20 二次冷却器）
A2	双针压力表	F4	主风缸
A3	紧急制动开关（2b 接点）	F5	排水塞门
A4	连接管螺柱（BC）	F6	空压机启动装置
A5	连接管螺柱附带阻气门（BC）	F7	E-1-L 安全阀
B	制动控制单元组成	F8	截断塞门（附有侧排气）
B1	CF 型制动控制单元（T_c 车）	F9	截断塞门
B2	CF 型制动控制单元（M 车）	F10	ABN220-R 按钮开关（2a 接点）
B3	截断塞门（附有侧排气及电触点）	G	空气控制组成
B4	截断塞门	G1	截断塞门
B5	带过滤器的缩孔	G2	NF-3B 调压阀
B6	截断塞门（附有侧排气）	H	空气弹簧组成
B7	过滤器	H1	截断塞门
C	供给用储风缸组成	H2	LV-3 高度调整阀
C1	供给用储风缸	H3	LV-3 高度调整阀
C2	储风缸用排水塞门	H4	DP-5 压差阀
C3	过滤器	J	防滑控制装置组成
C4	止回阀	J1	HIS 速度传感器
C5	截断塞门	J2	速度传感器用调整垫（0.1mm）
C6	缩孔	J3	速度传感器用调整垫（0.3mm）
C7	截断塞门	J4	速度传感器用调整垫（0.5mm）
D	主风缸管路组成	J5	PC12 防滑阀（附带管座）
D1	截断塞门（附有侧排气及电触点）	J6	截断塞门（附有侧排气及电触点）
D2	供气软管（附带接头）	K	停放制动系统组成
E	制动缸系统组成	K1	截断塞门（附有侧排气）
E1	TG180-3-P 踏面制动单元（带停放制动）	K2	过滤器
E2	TG180-3 踏面制动单元	K3	C14-9HC 电磁阀（附带硅变阻器）
E3	软管（附带接头）	K4	SPS-8WP 压力开关
E4	软管（附带接头）	K5	软管（附带接头）
E5	闸瓦	K6	截断塞门（附有侧排气及电触点）
F	气源设备组成	N1	实验用接头
F1	A6538-HS10-3 电动空气压缩机		

二、HRDA 数字式指令制动系统中主要部分的构成及功能

HRDA 数字式指令制动系统的主要单元有制动电子控制单元（EBCU）、制动控制单元（BCU）、风源系统等。

1. 制动电子控制单元（EBCU）

制动电子控制单元（EBCU）整体安装在制动控制装置中，每节车均设有 1 套。KBCD3 制动电子控制单元装在 M 车制动控制装置内，KBCD4 制动电子控制单元装在 T 车制动控制装置内。制动控制单元的内部组成如图 9-3 所示。

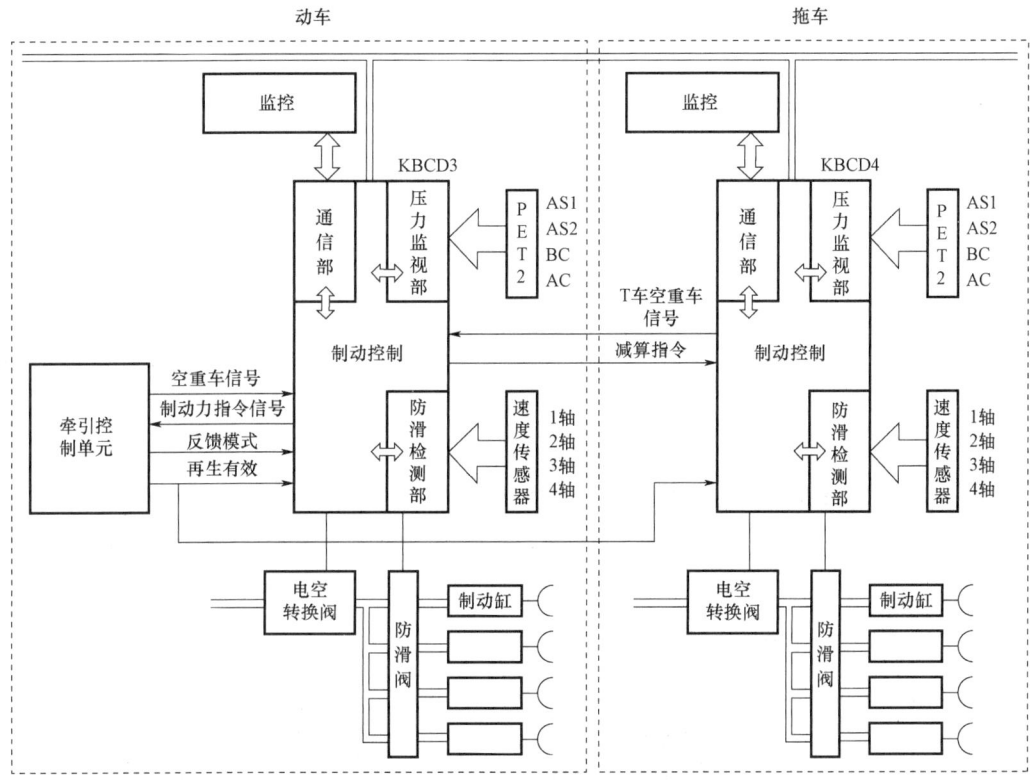

图 9-3 制动电子控制单元的内部组成

制动电子控制单元（EBCU）是采用微机进行数字运算的系统，装有控制系统和监视系统两种 CPU，由 16 位单片微处理器组成，采用数字计算处理方式。

制动电子控制单元的主要功能：

（1）如图 9-3 所示，在制动电子控制单元控制过程中，常用制动指令线接收常用制动指令，检测 2 个空气弹簧的压力，和主回路控制装置之间进行信号交换，M 车的制动电子控制单元 KBCD3 和 T 车的制动电子控制单元 KBCD4 之间进行信号交换，通过计算产生本车的制动模式。

（2）接收从主回路控制装置传来的再生制动有效信号。

（3）紧急制动时，制动电子控制单元（EBCU）具有后援功能。

（4）具有检测各车轴的速度的功能。当检测到车轮滑行时，控制防滑电磁阀降低制

动缸内的压力，使滑行车轮恢复转动。

（5）具有监视制动工况时制动缸内的压力，如果不能达到规定压力，每辆车均可进行控制转入后援制动。

2. 制动控制单元（BCU）

制动控制单元（BCU）由气路集成板及安装在气路板上的相关气动部件组成。主要设备有电空转换中继阀、空重车调整阀、UM空气过滤器、压力传感器单元、总风欠压开关（仅 M_c 车安装）、箱体、消声器等。制动控制单元的工作原理如图9-4所示。

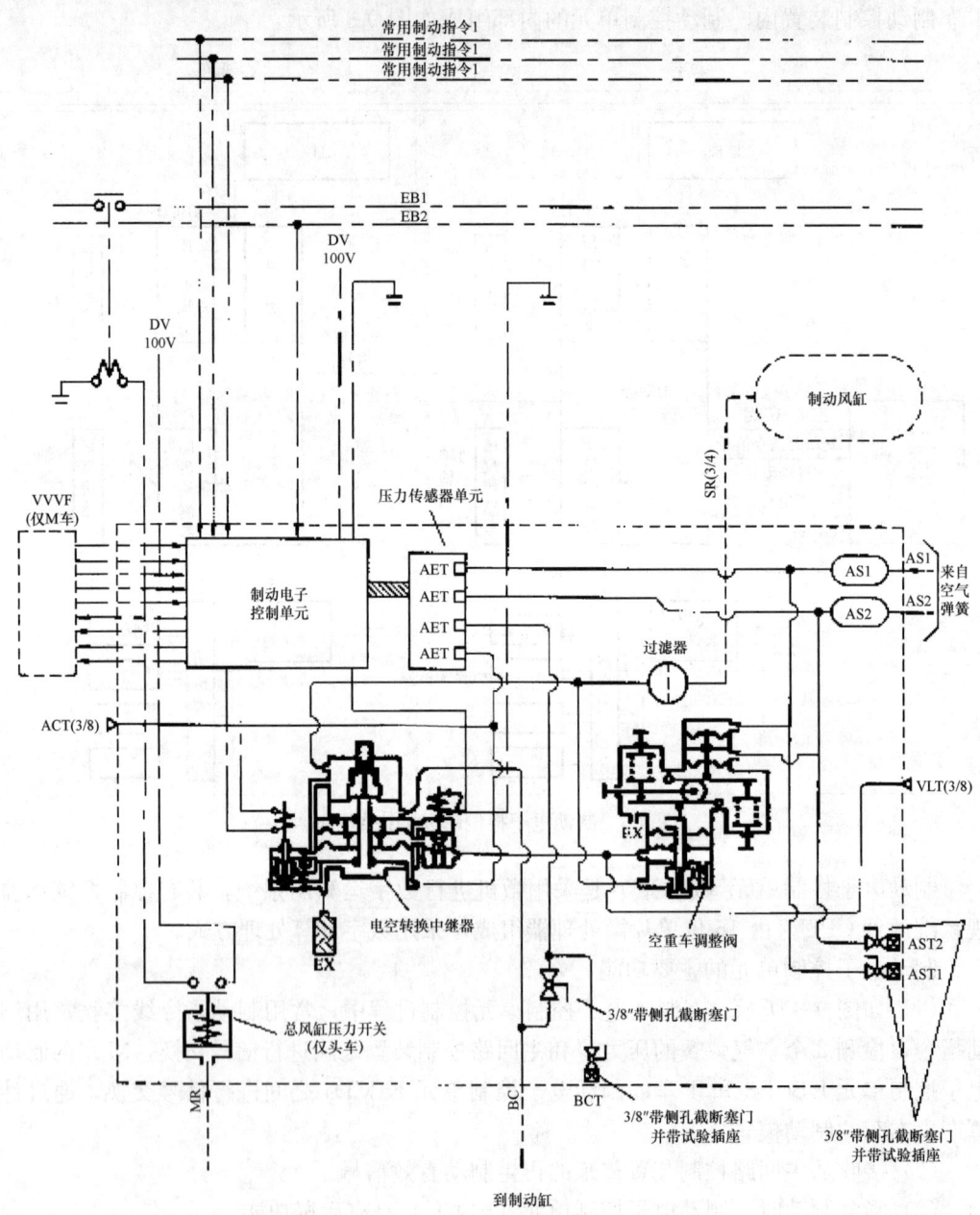

图9-4 制动控制单元的工作原理

电空转换中继阀是将电气指令变成空气压力，它由 EP 阀、紧急电磁阀和双活塞中继阀构成。EP 阀输出压力（AC 压力）由制动电子控制单元采用闭环反馈控制，AC 压力通过中继阀的控制室进行流量放大，最终将这个放大流量的压力空气送给制动缸产生常用制动力。

空重车调整阀输入 2 个空气弹簧的压力信号进行计算后，将代表车重的压力空气输送给电空转换中继阀。此压力空气在紧急制动时，通过紧急电磁阀，输送到中继阀进行流量放大，然后送给制动缸产生紧急制动作用。

压力传感器单元是向制动电子控制单元输入控制电空转换中继阀常用制动 AC 压力、代表车重信号的 AS1、AS2 压力及监视用的 BC 压力，把这些压力信号变成电信号，以便于计算机对其进行计算。

(1) 电空转换中继阀

在 HRDA 制动系统的空气制动控制装置中，使用了 EP 阀、紧急电磁阀、中继阀集成为一体的 EPR2D 型电空转换中继阀。该型号的电空转换中继阀是利用薄片膜板驱动的自动遮断式阀门，包括一个具有放大流量功能的中继阀和两个电磁阀。该阀的功能是向制动缸成比例地供/排压缩空气，压缩空气的压力由电磁流量阀和电磁阀控制。电磁流量阀内的工作压力由制动电子控制单元闭环反馈控制，其采用一个常闭型阀，主要由常用制动来控制；电磁阀采用一个常开型阀，主要由紧急制动来控制。

EPR2D 型电空转换中继阀的结构如图 9-5 所示。在阀座体（135）的供气阀部装有供风阀（113）、供气阀弹簧（110）、上盖（124），供风阀（113）在供气阀弹簧（110）的作用下被压在阀座体（135）的供气阀座（136）上。供/排气阀杆（126）由阀座体（135）、中间支撑（121）、底盖（122）和活塞（127）相接触的三个 O 型密封圈所支撑。在上部平膜板（112）的两面分别作用着工作压力（AC2）和通过供风阀（113）施加的二次压力（BC），在下部平膜板（112）的两面，其工作压力为 AC1、AC2，这两个平膜板的面积是一样的。

电磁流量阀（119）和电磁阀（120）安装在阀座体（135）的前部，与中继阀体成为一体，其电气接线布置在端子板（118）上。

电空转换中继阀的工作原理：

电空转换中继阀的工作原理主要是根据二次压力（BC）和工作压力 AC1 或 AC2 之差，引起供/排气阀杆（9）的滑动，也就是说，二次供风与排风是通过供风阀（3）的开、关来实现的。

电空转换中继阀的工作过程有如下 3 个位置。

① 供气位置：当电磁流量控制阀控制的工作压力 AC1 或电磁阀控制 AC2 进入到平膜板室内，供/排气阀杆向上移动，打开供气阀，一次压力空气（SR）通过供气阀和阀座体中的供气阀座的开口部变成二次压力空气（BC）流出，这个位置称为供气位置。

② 重叠位置：当 AC1 或 AC2 室的压力等于 BCF 室的压力时，供/排气阀杆在弹簧弹力的作用下被推向下方，供气阀被压在供气阀座上，一次压力空气（SR）的输出被停止。此时，由于供/排气阀杆和供气阀相接触，故二次压力空气（BC）不能被排出，这个状态称为重叠位置。

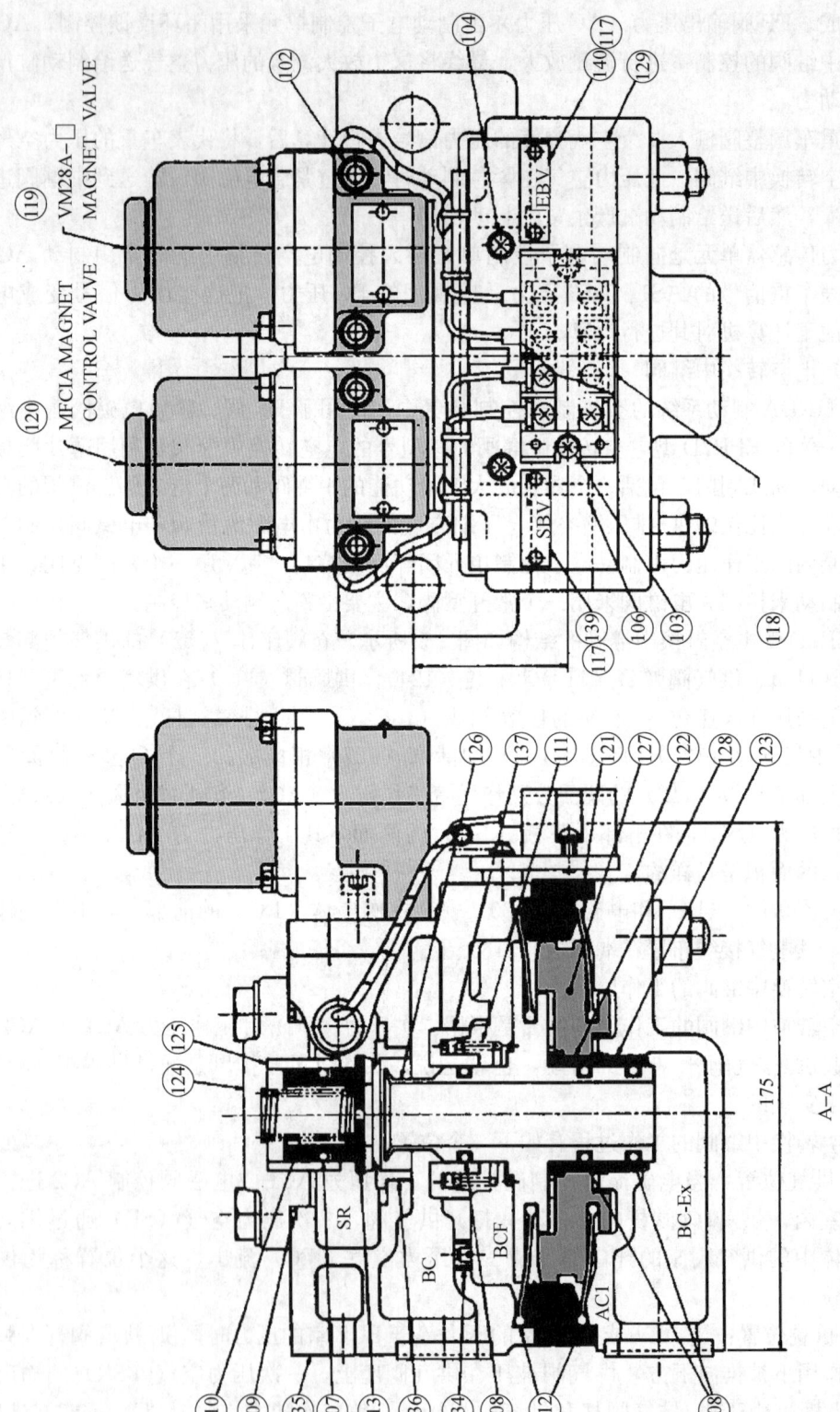

图 9-5 EPR2D 型电空转换中继阀的结构

③ 排气位置：当工作压力 AC1 或 AC2 的压力逐渐降低时，供/排气阀杆在 BCF 室压力空气的作用下，开始向下方移动，二次压力空气（BC）经供/排气阀杆内部通道被排往大气，这个状态称为排气位置。

当工作压力 AC1 或 AC2 停止降低时，且膜板上、下腔的 BCF 室内空气压力等于 AC1 或 AC2 室的空气压力时，中继阀处于重叠位置。

（2）空重车调整阀

空重车调整阀在全电气指令的制动装置中使用，它可根据车辆的载荷调整制动力，使空气制动压力根据车辆的质量进行变化；另一方面，在空气弹簧故障造成空气弹簧内气压丧失的情况下，空重车调整阀确保具有一定的制动缸压力（可调整），以达到安全的目的。空车状况下，空气弹簧压力可以从外部进行调整。

空重车调整阀的结构如图 9-6 所示，主要组成部分有作用压力给排阀、空气弹簧压力检测部、支点调整部、AS 调整弹簧部、VL 调整弹簧部组成。作用压力给排阀、气垫压力检测部在阀体的下侧，AS、VL 调整弹簧部在阀体的上侧，支点调整部在阀体的正面中央位置。

空重车调整阀的工作原理：

① 供给作用。当空气弹簧压力低于空车压力时，弹簧 AS（117）力通过平衡杠杆（141）把 AS 活塞（134）压下，弹簧 VL（116）的力通过平衡杠杆（141）把 VL 活塞（136）压下，供给相当于空车的压力。当空气弹簧压力高于空车压力时，压上膜板（123、124），AS 活塞（134）压上平衡杠杆（141）以抵抗弹簧 AS（117）的力，平衡杠杆（141）的作用力，通过从动辊（129）和滚筒（128）位置的杠杆率的变换传递给 VL 活塞（136）。

在关闭排风阀的状态下，由于输入压力空气，VL 活塞（136）压开供给阀（126），主风缸压力通过供给阀（126）使工作侧压力上升。

当工作压力下降到低于超载压力时，空气压力使空气弹簧的平衡阀（141）失去平衡，平衡阀（141）推下 VL 活塞（136），空气得以供给。

② 保压作用。供给操作时，主风缸空气压力流向工作侧，工作侧压力上升。此压力作用于膜板（123），并作为向上的力作用于平衡杠杆（141），该压力比反作用于滚筒活塞、推动空气弹簧侧平衡杠杆（141）的力稍微大一点，因此，可以推动膜板上升，供给阀压在供排风阀座套上。相应地，主风缸的供给压力被切断，阀处于保压位。

③ 排风作用。因工作压力从保压状态逐渐升高到调整压力值以上、空气弹簧压力减小或其他任何原因，压力推动空气弹簧压力侧的平衡杠杆（141），使其失去平衡时，膜板（123）将活塞（136）向上推，排风阀打开，工作压力缓解。排风的结果是工作侧的空气弹簧压力与工作压力相平衡，VL 活塞落下，排风阀关闭，排风作用终止，排风阀又处于保压位。

④ 逆流排风作用。保压状态下的 SR 初始压力处于缓解状态时，在止回阀部没有压力（该压力由 SR 供给），VL 压力向初始侧逆行排放，VL 阀（136）降低，供给阀（126）被止回阀的逆流排风压下，离开供排风阀衬套（130），VL 阀（136）也可以通过工作压力使供排风阀单元逆向排风。

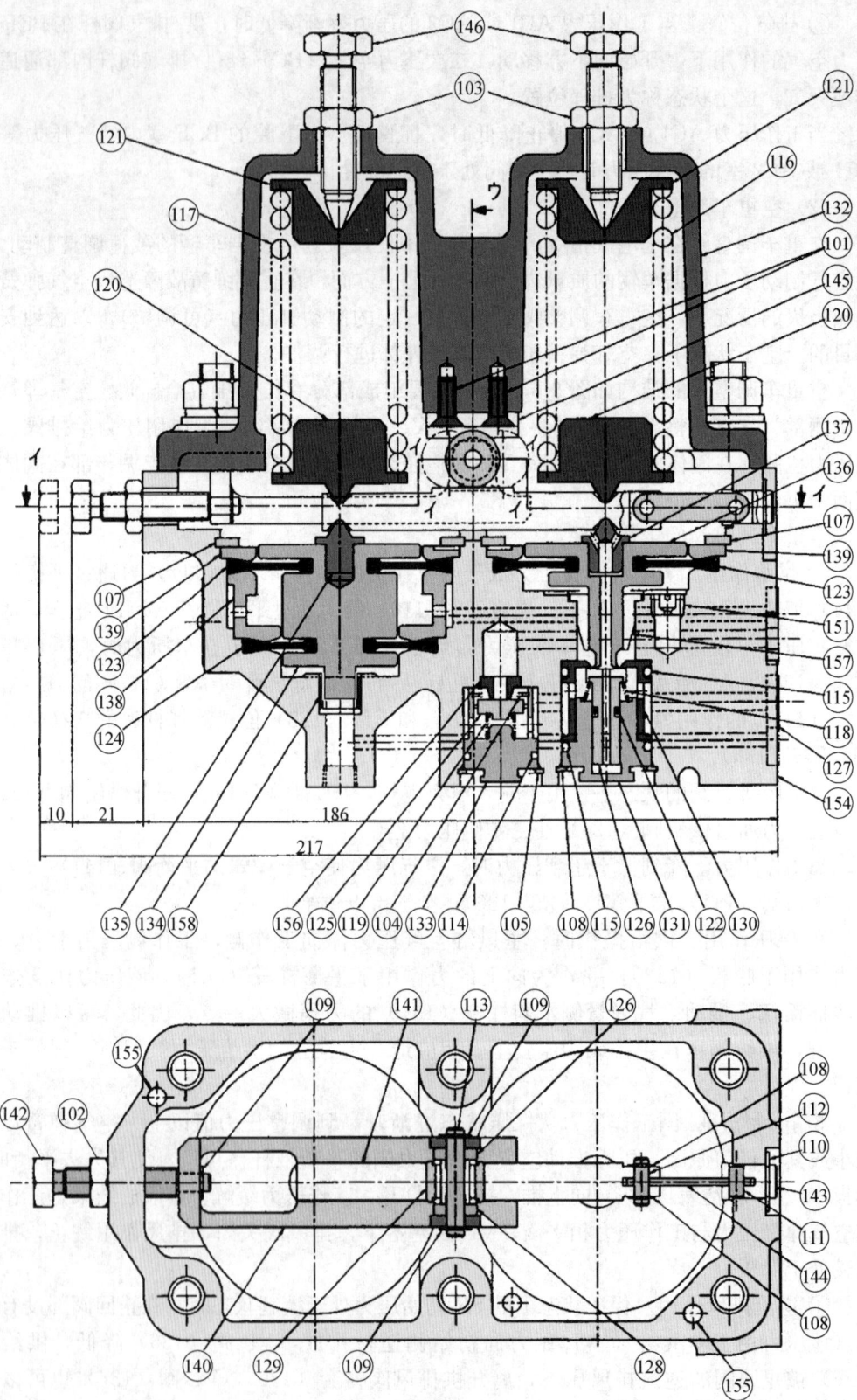

图 9-6 空重车调整阀结构

3. 风源系统

风源系统是列车压缩空气的来源，安装在首尾车厢上，包括电动空气压缩机组、二次冷却器、空气干燥器、总风缸、空气压缩机启动装置、安全阀等元件。

（1）电动空气压缩机组

电动空气压缩机组由空气压缩机和电机通过柔性联轴器直接连接组成。为保证列车的制动性，要求对于电动空气压缩机组，当一台空压机停止工作时，另外一台空压机能保证全程用风量。

（2）压缩机二次冷却器

从空压机输出的高温压缩空气通过冷却器后，空气中的水蒸气变成液态水，从冷却器上的自动排水阀适时排出（当冷却器内空气压力低于 1.5Pa，自动排水阀排水），从而减少进入制动系统空气的含水量。

（3）空气干燥器

空气压缩机工作时，空气干燥器的电磁阀得电，排气阀关闭。压缩空气通过干燥器时滤去其中的水、油成分，然后进入主风缸。当总风缸内空气压力达到预设值时，空气压缩机停止工作，电磁阀失电，排气阀打开。空气压缩机和干燥器间的空气迅速排向大气，同时排掉干燥器中的水、油，从而减少空压机再次启动的负载。

D20BD 干燥器是采用单塔无热再生式的除湿装置，它利用活性氧化铝吸收空气中的水分，提高压缩空气的干燥度，并利用处理后的干燥空气对干燥剂进行再生，使设备循环工作。

（4）安全阀

安全阀的工作过程是：当总风压力达到 950 ± 20 kPa 时，安全阀阀口打开进行排风；当总风压力下降到上限值 47kPa 时，安全阀阀口关闭，停止排风。

任务二　HRDA 数字式指令制动系统的工作原理

一、常用制动

常用制动是列车运行过程中正常使用的制动，在制动过程中，常用制动随时可以被缓解。HRDA 数字式指令制动系统的常用制动是由制动控制器（或 ATC）通过三根列车贯通线（二进制）送给制动控制装置内的制动电子控制单元（EBCD）的。常用制动指令传送系统由司机控制器和 ATO（列车自动驾驶系统）装置等构成，其制动指令采用三线二进制 8 信息编码及传输方式。司机制动控制器的操纵位置对应了三根列车贯通线的得电与失电状态，形成 7 级制动指令（图 9-7），常用制动指令按照系统要求的减速度输出 7 个级别的编码。

司机驾驶台上设有坡道启动开关，在坡道上起动列车时，按下坡道启动开关，制动系统送出相当于常用制动 3 级的制动指令，并与牵引力协调完成列车起动，防止溜车。

HRDA 制动系统常用制动的电空混合模式采用节能原则，其制动的工作原理如图 9-8 所示。

图 9-7 常用制动指令传输系统方框图

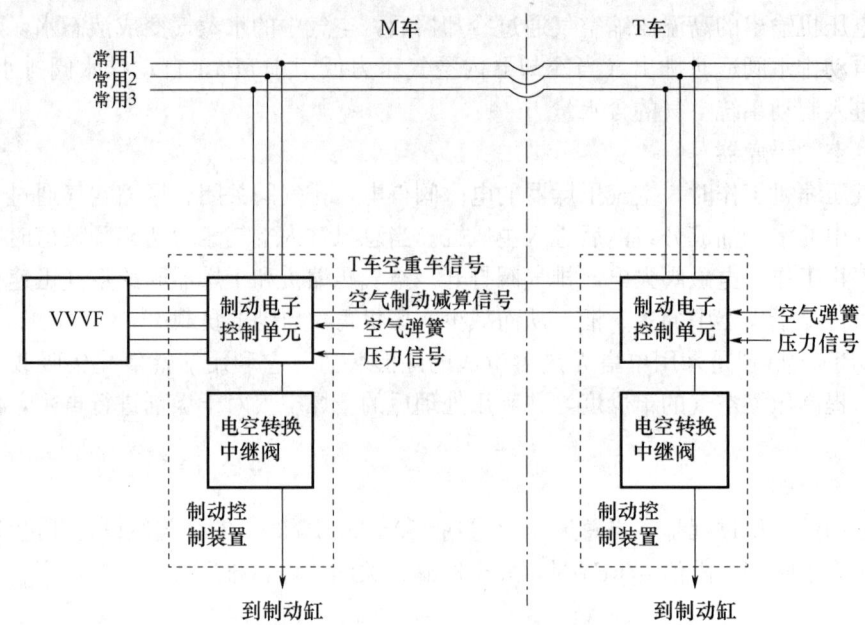

图 9-8 HRDA 制动系统的常用制动工作原理

制动电子控制单元（EBCD）采用微机进行运算及控制，其内部设有两个 CPU，一个是监视系统的，另一个是控制系统的。

对于 M 车的制动电子控制单元（EBCU），其通过常用制动指令线接收 7 级常用制动指令，接收从 T 车的 EBCU 传递过来的 T 车的载重信号，并通过检测本节车两个空气弹簧的压力，产生本节车的制动模式，产生 M-T 单元的制动模式信号，向主控制回路（VVVF）输出再生制动请求信号。当主控制回路（VVVF）进行反馈信号时，EBCU 接收反馈信号，开始实行电空协调配合控制。在电空协调配合控制工作过程中，首先进行 M-T 单元电空制动力的计算，计算时遵循电制动优先的原则，如果电制动满足制动要求时，全部使用电气制动；如果电制动不足时，不足部分按 T 车空气制动优先补足，最后由 M 车空气制动补足；计算完毕将 T 车补足模式作为减算指令传送给 T 车的 EBCU。

对于 T 车的制动电子控制单元（EBCU），其工作过程为：检测本节车的两个空气弹簧压力，向 M 车输送本节车的载重信号，当 M 车的 EBCU 反馈回空气制动减算指令时，接收减算指令，进行本节车的空气制动补足模式计算，最后将控制指令发送给电磁流量控制阀。由电磁流量控制阀控制的工作压力（AC1）（图 9-5）压缩空气进入腹板部,促使供/排气阀杆向上方移动,打开供气阀;制动风缸里的压缩空气(SR)通过供气阀向制动缸充气,当 AC1 室(图 9-5)的空气压力等于 BCF 室的空气压力时,则供/排气阀杆在弹簧弹力的作用下向下移动,供气阀关闭,空气制动施加,实现制动功能。另外,为了改善常用制动的舒适性,制动电子控制单元(EBCU)通过减少制动力的变化率而减少冲动。

二、紧急制动

紧急制动是列车在运行过程中遭遇突发状况而采取的一种紧急措施。列车的制动控制系统在触发紧急制动时,动力制动终止,只采用空气制动,并且空气制动力达到100%。紧急指令的发出可以是驾驶员按下紧急制动按钮或操控司机控制器,也可以是列车控制系统发出 ATP 防护指令。为列车运行的安全性和可靠性考虑,紧急制动采用列车贯通线(紧急列车线)贯穿列车的全部车厢,并且是低电平有效,即紧急列车线断电(失电)触发紧急制动。

除了驾驶员按下紧急制动按钮、操控司机控制器、ATP 防护能够发出紧急制动指令,在列车分离、总风缸压力显著降低、人工驾驶模式下警惕按钮被松开、紧急回路中断电或者失电、制动控制系统的 DC110V 电源断电等等情况下,都可以触发紧急制动,并产生紧急制动力。

紧急制动控制的工作原理如图 9-9 所示。

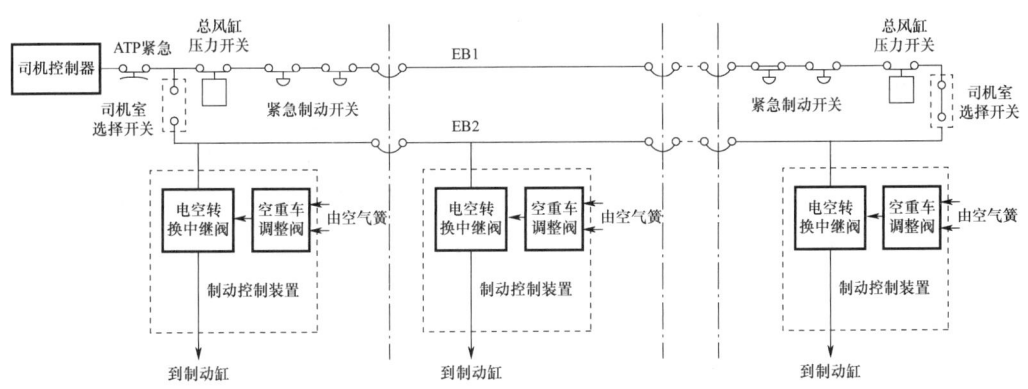

图 9-9 HRDA 系统紧急制动控制的工作原理

紧急制动由紧急制动电磁阀控制,接收空重车调整阀传输过来的信号,根据每节车辆的不同载荷产生不同的工作压力(AC2)(图 9-5),然后传送给 EP 转换中继阀。紧急电磁阀传送压力给中继阀后,该阀以与常用制动相同的制动方式,将来自紧急制动电磁阀的紧急制动信号的流量进行放大,放大的压力空气进入制动缸。在发生紧急制动时,所有车辆的牵引电源立即中断并锁住,此时,车辆只有空气制动,没有动力制动,并且空气制动力达到最大。

相比常用制动,紧急制动有以下特点:

(1)紧急制动一旦触发,中途不能进行缓解,直至列车停止,之后驾驶员可以解除紧急制动。

(2)无论是什么原因引起的紧急制动,所有车辆按紧急制动力进行制动。

(3) 在发生紧急制动时，所有车辆的牵引电源立即中断并锁住，直至列车完全停止。

三、快速制动

快速制动是在列车需要迅速停车时，由驾驶员操控司机控制器，通过列车线将制动信号送给制动控制装置，从而实现列车的快速制动。

快速制动是指制动力达到最大时的常用制动，其工作原理和常用制动工作原理相同。当司机控制器的控制手柄移到"快速制动"位时，将施加与紧急制动相同减速度（$1.2m/s^2$）的电空混合制动，优先使用电制动，不足时由空气制动进行补足。快速制动同一般的常用制动一样，只要司机将控制手柄离开快速制动，紧急制动随时被缓解。在快速制动的整个作用时间内，列车同时进行冲动控制，最大限度地保证乘客乘坐的舒适感。

四、停车制动

停车制动是列车在库内停车时为防止在非正常情况下的滑动而施加的一种机械制动。停车制动采用弹簧制动方式。在列车的每一个轮对上，均设有一个带停放制动的单元制动缸。对于停车制动，制动气缸充气缓解、排气施加。通过操纵司机室内的停放制动施加开关或缓解开关，可以控制停放制动施加电磁阀或缓解电磁阀，达到控制停放制动的施加与缓解的目的。列车通过检测停车制动气缸的空气压力来监测停车制动的状态。系统只有检测到所有车辆的停车制动全部缓解后，列车才能进行牵引。在停车制动缸上，设有手动的停放缓解装置，可通过人工操作缓解停放制动。

五、载荷调整功能

HRDA 制动系统载荷调整功能的工作原理如图 9-10 所示，载荷调整功能是指在电空转换电路中，将检测到的两个空气弹簧的压力信号转变为电信号，并以两个载荷信号的平均值作为车重。

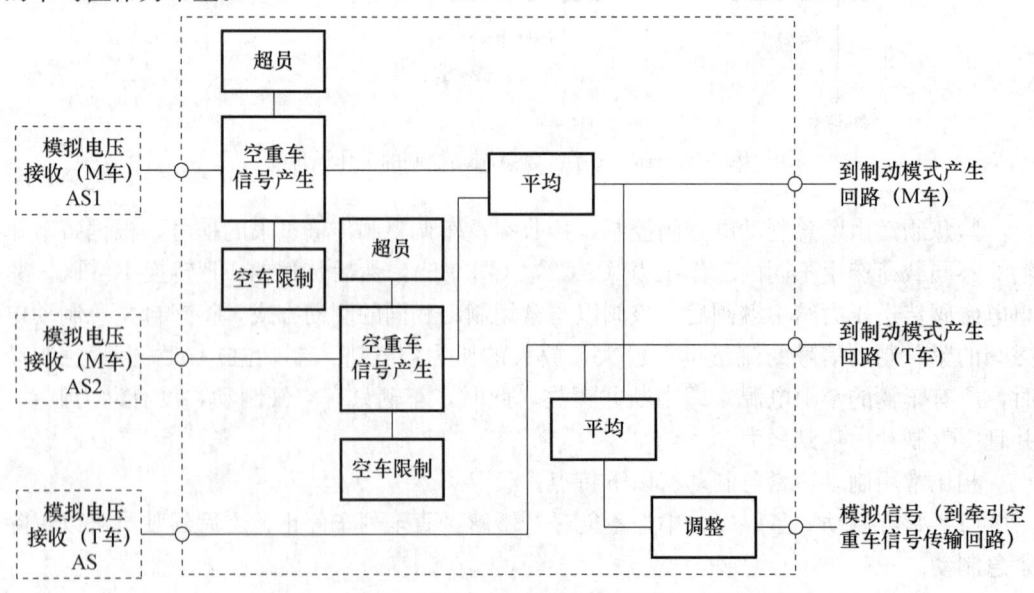

图 9-10 HRDA 制动系统载荷调整功能的工作原理

在空气弹簧遭受损坏或电空转换电路发生异常，输出低于空车压力时，载荷调整功能设置最低保证压力（空车压力的80%），以保证相当于80%的空气弹簧压力；在由于电空转换电路异常，输出超员压力时设置了最高限制压力（超员时压力的120%），以保证相当于120%的空气弹簧压力。

六、制动模式的产生和电空配合

在HRDA制动系统中，由M车和T车构一个制动单元，在单元内的M车和T车之间进行电空的复合控制。控制模式为电制动优先，电制动不足时由空气制动补足。

制动电子控制单元（EBCU）接收到由司机控制器或ATO传来的常用制动指令后，加入车重信号，对M车和T车组成的制动单元进行电空制动协调控制的数字计算。

制动电子控制单元（EBCU）进行电制动和空气制动的电空协调配合如图9-11所示。

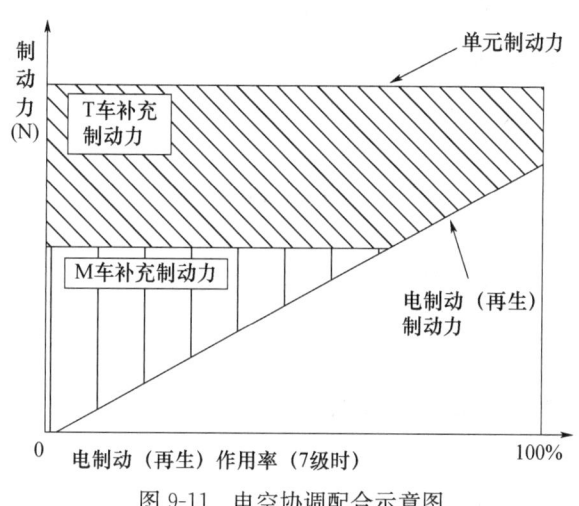

图9-11 电空协调配合示意图

制动力的计算：

1. 当电制动力反馈（A）大于M车所需的制动力（FM）时

M车：全部由电制动承担，空气补足为零。

T车：将T车所需的制动力减去电制动力反馈A与M车所需的制动力之差的值作为补足制动力输出，即 $F_T-(A-F_M)$。

2. 当电制动力反馈（A）小于M车所需的制动力（FM）时

M车：将M车所需的制动力与电制动力反馈A的差值用空气制动补足。

T车：全部由空气制动承担。

七、冲动控制功能

冲动控制功能是制动电子控制单元得到常用制动指令时，为提高乘客的舒适性，将制动模式的阶段跃升模式变为缓升模式。冲动控制的典型模式如图9-12所示。

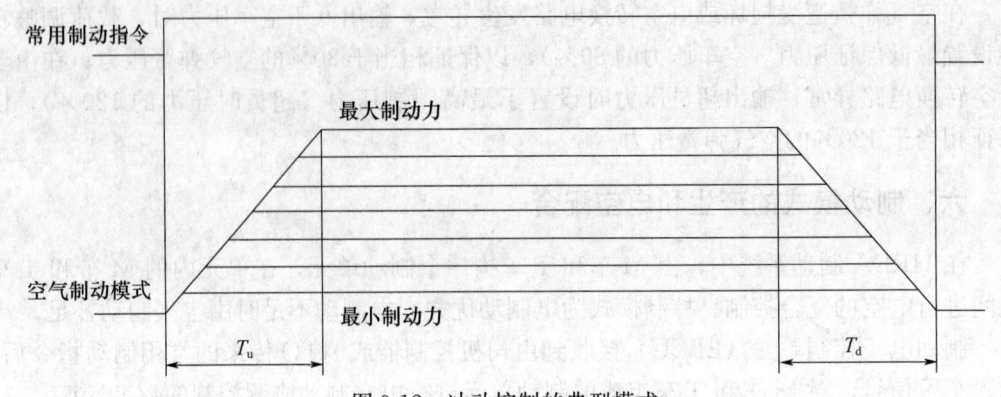

图 9-12 冲动控制的典型模式

八、电制动失效预告功能

电制动失效预告功能是减少列车将要停止之前,由于再生制动失效,而空气制动反应延迟而引起的冲动,改善了乘客乘坐列车的舒适性。有和没有预告功能的差别可以从图 9-13 看出。

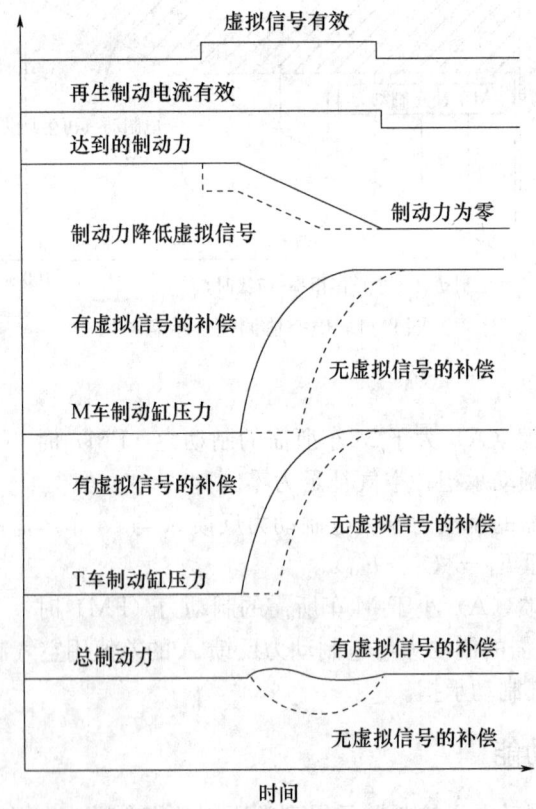

图 9-13 有和没有预告功能的差别

九、防滑控制功能

防滑控制功能是指装在各轴的速度传感器及脉冲发生器将与其速度相当的脉冲信号传送给制动电子控制单元,由制动电子控制单元通过检测各轴速度进行防滑控制。

各转向架的防滑电磁阀由制动电子控制单元控制,排出、保持或向制动缸供给压力空气。防滑控制用相关部件的连接如图 9-14 所示。

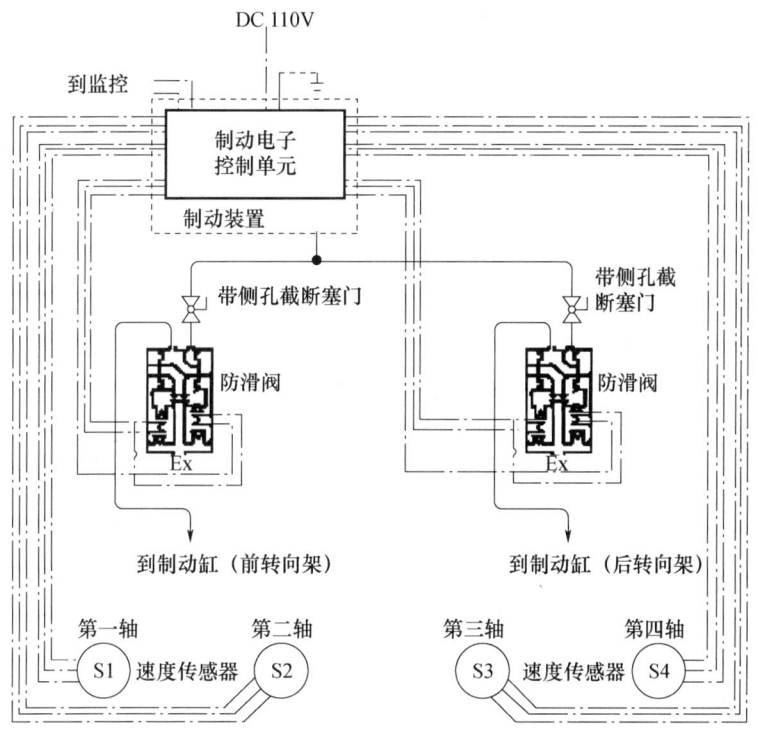

图 9-14 防滑控制用相关部件的连接

1. 减速度检测

当某一轴的减速度超过规定值即发生滑行时,电子控制单元就会发出缓解其转向架 BC 压力的指令,发生滑行轴的速度向黏着力恢复的方向加速,其加速度超过规定值时,制动电子控制单元就发出供给其转向架 BC 压力的指令。

2. 速度差检测

各轴的速度同最高轴的速度(4 个轴中)或模拟速度比较,其差值超过规定值时,制动电子控制单元就向这个转向架发出减少其 BC 压力的指令,其速度差小于规定值,充分恢复黏着后,制动电子控制单元(EBCU)就向这个转向架发出增加其 BC 压力指令。

EBCU 的两种检测方法(减速度检测法、速度差检测法)中任一个检测出滑行时,防滑控制装置都会控制防滑电磁阀产生防滑作用。防滑控制曲线图如图 9-15 所示,防滑控制系统的工作原理如图 9-16 所示。

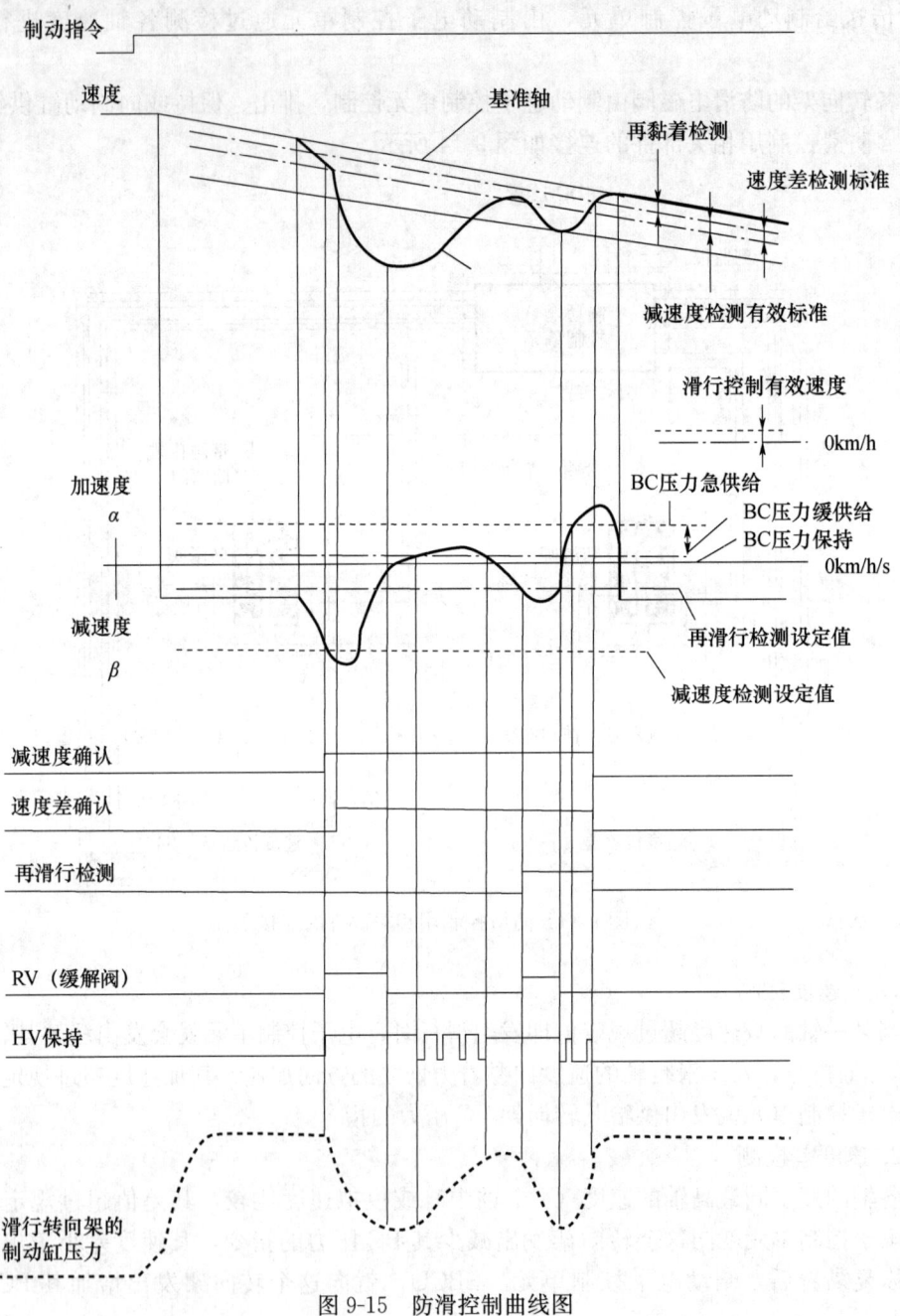

图 9-15 防滑控制曲线图

项目九 HRDA 数字式指令制动系统

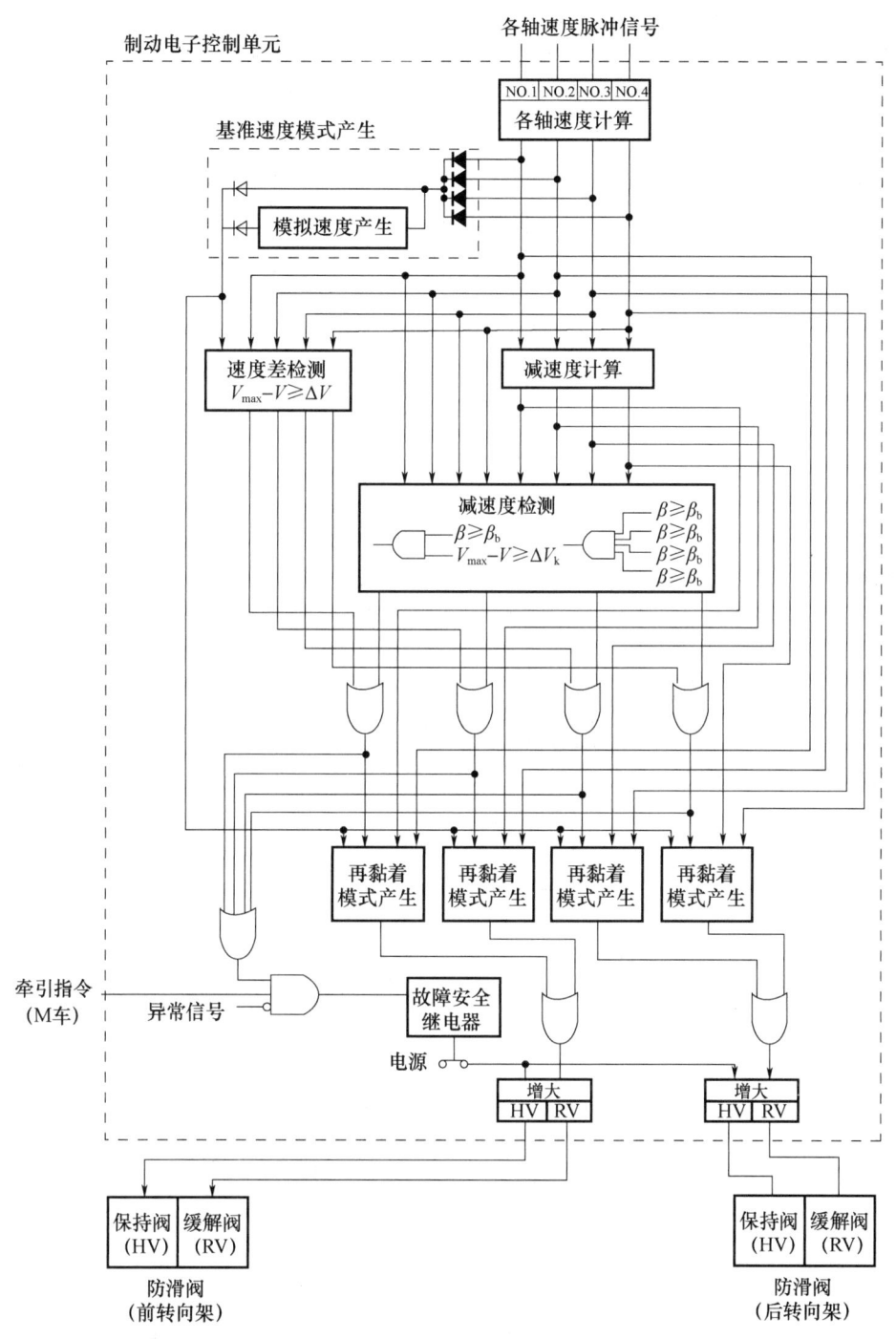

图 9-16 防滑控制系统工作原理

十、不缓解检测功能

不缓解检测功能如图 9-17 所示。

制动电子控制单元（EBCU）内设有独立的微机控制检测系统，它可根据不缓解检测线的输入状态，利用传感器监视制动缸压力。当不缓解检测线得电，经过 5s 后，制动缸压力仍然超过规定值压力时，就判断为发生制动不缓解。除向监控装置传送不缓解信号外，EBCU 还断开牵引控制车轴侧面灯用的继电器的电源。

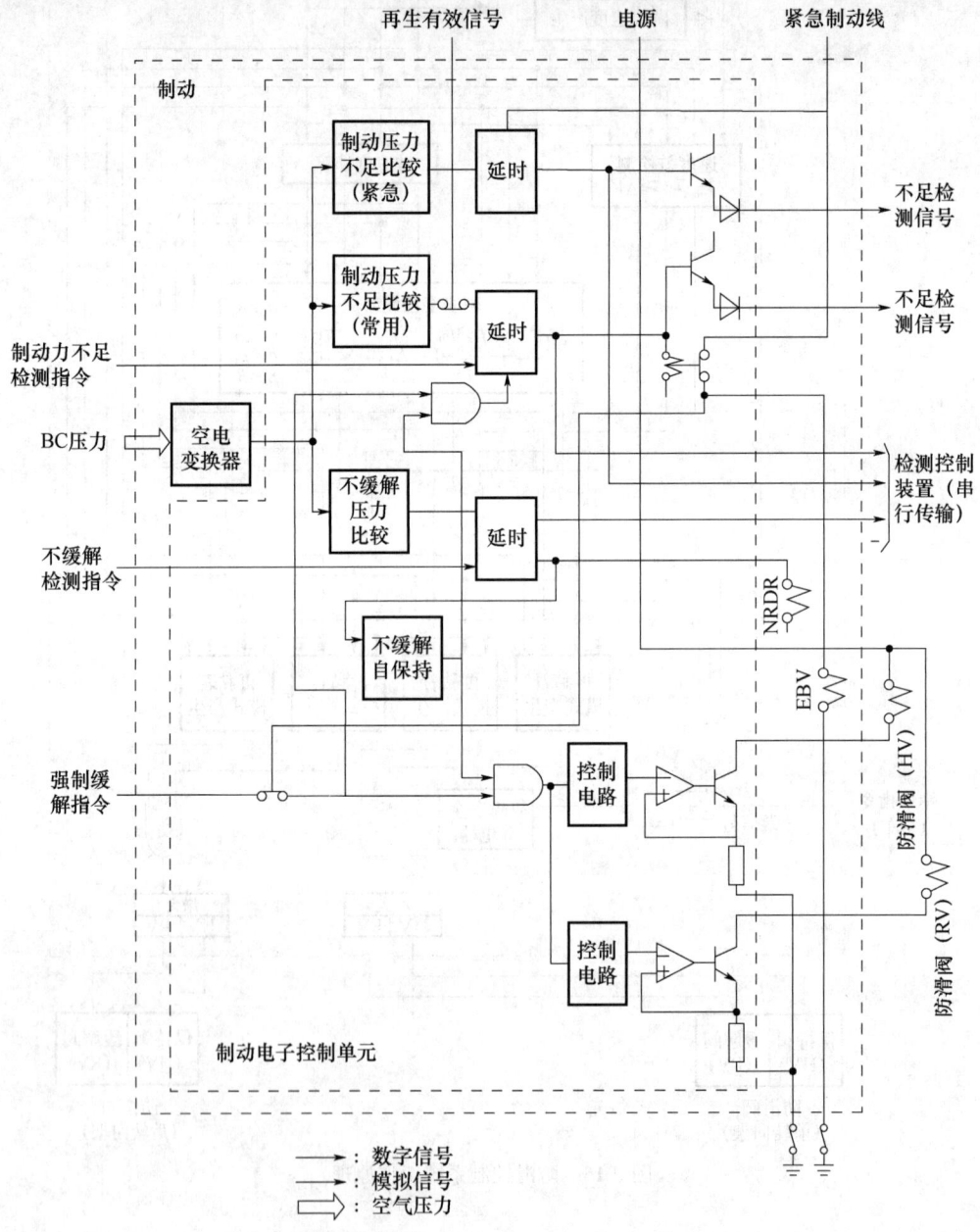

图 9-17　不缓解检测、强迫缓解、制动力不足检测

十一、强迫缓解功能

如图 9-17 所示,在发生制动不缓解时,司机可以操纵强迫缓解开关,使制动电子控制单元(EBCU)发出缓解制动指令,同时向监控装置传送强迫缓解信号。

十二、制动力不足检测功能

制动电子单元(EBCU)在没有再生制动时,不足检测线通电时进行不足检测。制动力不足检测线在以下情况时得电:①常用制动 4~7 级;②ATP 常用制动作用时。有制动力不足检测时,制动缸压力经过 3.5s 后还没有超过规定值,EBCU 就判断为发生了制动力不足,使紧急制动指令线失电,发生制动力不足的车辆产生紧急制动作用,同时向监控装置发出制动力不足信息,并使头车的 ATP 继电器得电,如图 9-17 所示。

当再生制动作用时,接收到 VVVF 的再生制动有效信号时,其 M-T 单元的制动电子控制单元(EBCU)则不进行制动力不足检测。

此外,为确认出库前制动力是否足够,还应检测紧急制动状态的制动力,当紧急制动力不足时,头车的 ATP 继电器得电。

十三、制动缸压力的磁滞补偿功能

磁滞补偿功能是对由于电空转换中继阀产生的制动缸压力的磁滞进行补偿。无磁滞补偿功能和有滞后补偿功能的制动缸压力曲线如图 9-18 所示。

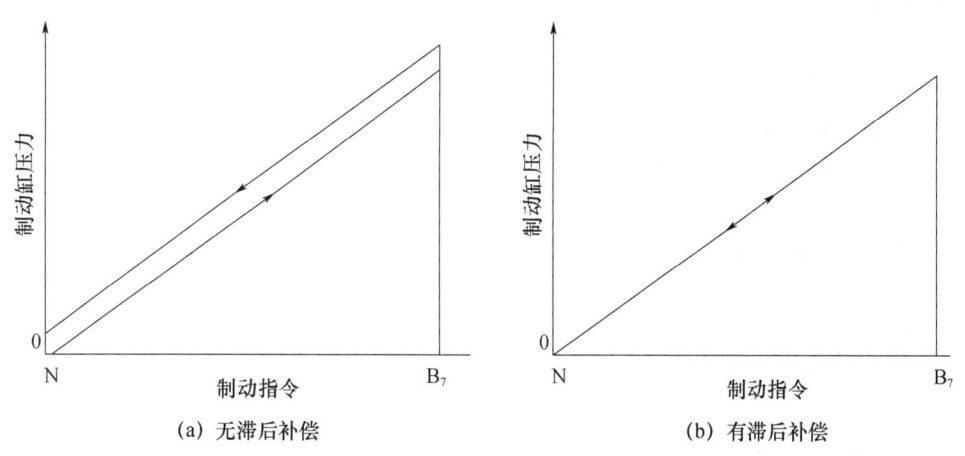

图 9-18 无磁滞补偿功能和有滞后补偿功能的制动缸压力曲线

十四、补充功能

补充功能是减少再生制动衰减时由于制动缸行程造成空气制动作用的延时。在常用制动作用中,电空制动可以充分协调配合,提高舒适性。有补充功能和没有补充功能时的制动缸压力曲线如图 9-19 所示。

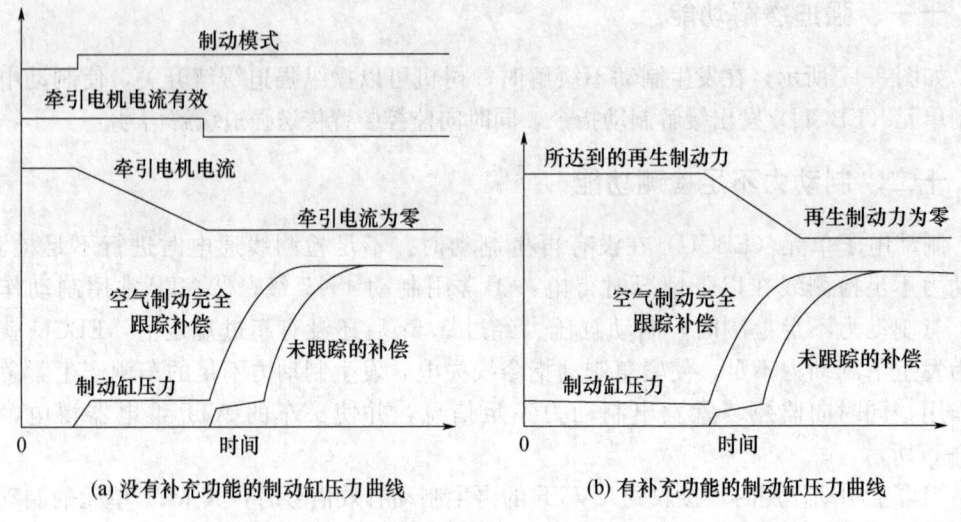

图 9-19　有补充功能和没有补充功能时的制动缸压力曲线

十五、自诊断功能

当列车发生故障时，制动电子控制单元（EBCU）会将故障信息传送给监控装置，并记录发生故障前后一段时间内的状态信息。

检查项目如下：

1. 控制电源
2. 程序出错
3. 空气弹簧压力
4. 牵引空重车信号
5. 再生制动模式信号（M 车）
6. 再生制动反馈信号（M 车）
7. 空气制动减算指令
8. AC 压力
9. BC 压力
10. 第 1 轴速度信号
11. 第 2 轴速度信号
12. 第 3 轴速度信号
13. 第 4 轴速度信号
14. 第 1 台转向架防滑阀保压指令
15. 第 1 台转向架防滑阀缓解指令
16. 第 2 台转向架防滑阀保压指令
17. 第 2 台转向架防滑阀缓解指令
18. RAM 检查

十六、监控信息

制动电子控制单元（EBCU）通过串行接口将各种制动数据信息（状态信息）送给列车的监控系统，以便随时了解制动系统的状态。

状态信息如下：

1. 常用制动指令
2. 再生信号
3. 牵引有效信号
4. 前转向架空气弹簧压力
5. 后转向架空气弹簧压力
6. AC 压力
7. BC 压力
8. 牵引空重车信号（仅 M 车）
9. 再生制动模式信号（仅 M 车）
10. 再生制动反馈信号（仅 M 车）
11. 空气制动减算指令
12. EP 阀电流
13. 车重
14. 不缓解检测信号
15. 强迫缓解信号
16. 制动力不足检测信号

课后习题

1. 简述 HDRA 制动系统的组成部分。
2. 简述 HDRA 制动系统中制动电子控制单元的功能。
3. 简述制动电子控制单元中电空转换中继阀、空重车调整阀、压力传感器单元的功能。
4. 简述 HDRA 制动系统中常用制动的工作过程。
5. 简述 HDRA 制动系统中紧急制动的工作过程。
6. 分析 HDRA 制动系统中载荷调整功能的特点。
7. HDRA 制动系统中进行防滑控制时可以采用哪种检测方式？
8. 简述 HDRA 制动系统中不缓解检测功能的实现过程。
9. 简述 HDRA 制动系统中制动力不足检测功能的实现过程。

项目十 KBWB 模拟式电气指令制动系统

任务一 KBWB 制动系统概述

KBWB 制动系统是由英国 Westinghouse 公司（现已并入 Knorr 公司）生产的模拟式电气指令制动系统，它通过列车总线贯通整个列车而形成连续回路。我国上海地铁 AC03 型列车和南京地铁 1 号线都在使用该制动控制系统。KBWB 模拟式电气指令制动系统按照整车模块化原则设计，集成度较高，微机制动控制单元（EBCU）、空气制动控制单元（ABCU）、风缸和风源等全部安装在一个集成架上。KBWB 制动系统的制动单元（设备）集成化分布如图 10-1 所示。

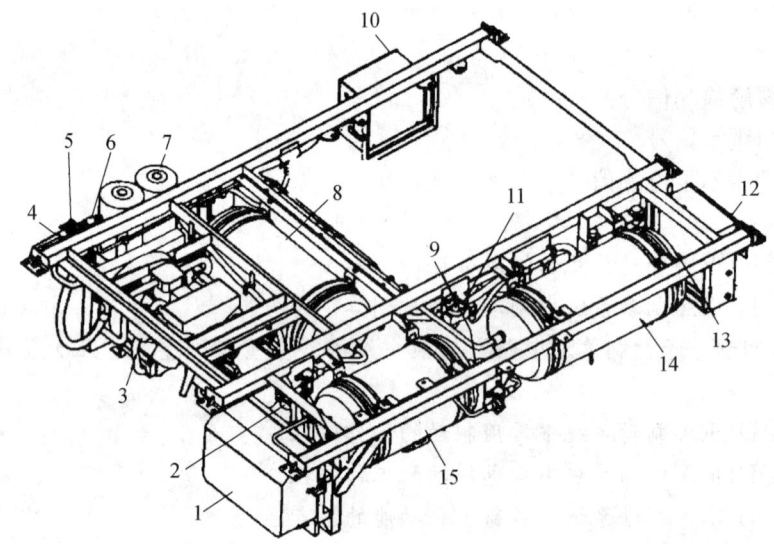

1—EP 制动控制板；2—均压阀；3—空气压缩机；4—测试口；5—空气压缩机开关隔断旋塞；
6—压力传感器；7—空气干燥器；8—制动储风缸；9—压力调整器；10—继电器箱；11—主风缸低压开关；
12—BCE；13—主风缸安全阀；14—主风缸；15—空气弹簧充气缸。

图 10-1 制动系统集成化分布

一、KBWB 模拟式电气指令制动系统的特点

为了适应城市轨道交通车辆运行速度高、站间距短、启动停车频繁等要求，KBWB 模拟式电气指令制动系统具有反应迅速、制动力大、制动距离短、停车精度高、安全可靠的特点，具体如下：

1. 采用模拟式电气指令制动控制系统，利用脉冲宽度调制进行无级控制。

2. 采用"拖车空气制动滞后补足控制"的制动控制策略。KBWB 制动系统的制动力的分配原则是,优先采用电制动,如果电制动不够,则先补动车(B 车,C 车)的空气制动(在黏着允许的条件下);若制动力仍不够,则再补拖车(A 车)的空气制动。

3. 采用充气、排气各 2 个电磁阀进行精确闭环控制实现 EP 信号转换。

4. 常用制动中加入空重车调整信号。

5. 紧急制动中根据空重车调整信号限制冲动,采用单独回路控制、失电控制和纯空气制动。

6. 防滑控制采用动力制动和空气制动分别控制。

7. 整个制动系统采用模块化,结构紧凑,质量小。

8. 制动控制系统具有故障诊断、故障存储及故障显示功能,同时通过网络进行数据交换和监控。

二、KBWB 空气制动系统构成

KBWB 空气制动系统(图 10-2)是由动力制动系统、空气制动系统及指令和通信网络系统组成,其中空气制动系统主要由供气单元、微机制动控制单元(EBCU)、空气制动控制单元(ABCU)、防滑控制单元、基础制动装置和空气悬挂辅助装置等组成。

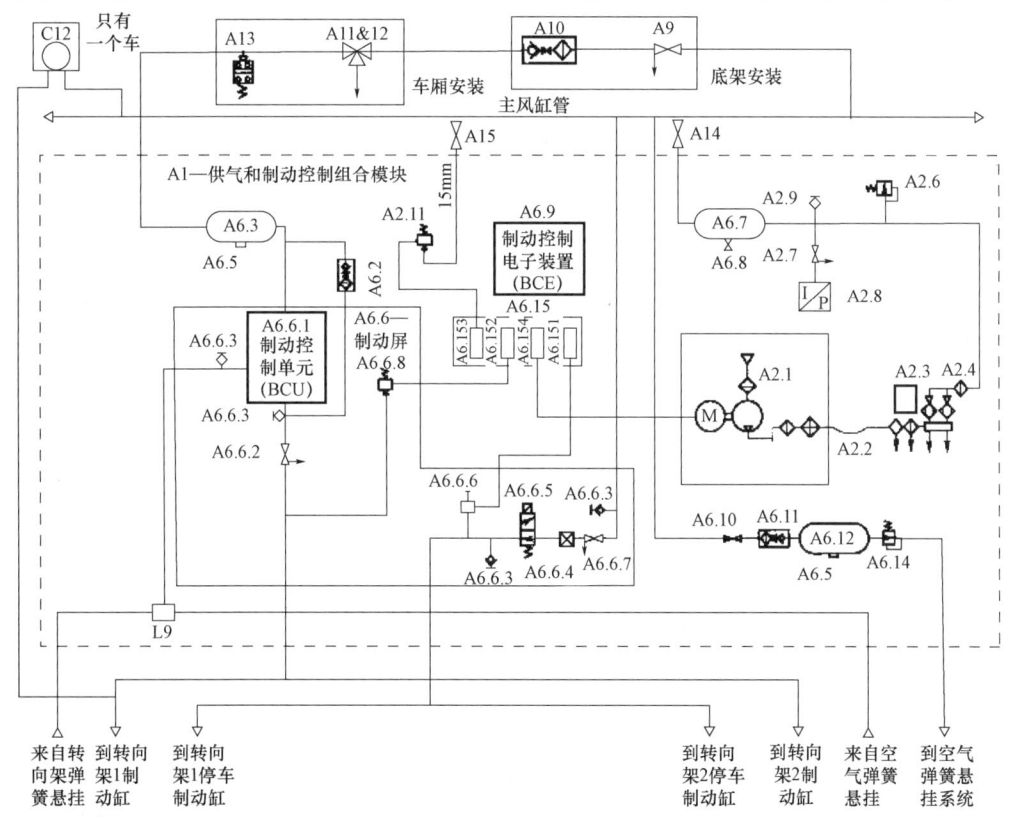

A2.1—空气压缩机;A2.3—空气干燥器;A2.6—主风缸安全阀;A2.8—压力传感器;A6.6.1—制动控制单元;A6.6.5—停放制动实施电磁阀;A6.6.6—停放制动缓解电磁阀;A6.7—主风缸;A6.9—制动控制电子装置(BCE)。

图 10-2 空气制动系统

1. 供气单元

列车上的两个驾驶室 A 车分别装有 1 套供气单元,被激活的驾驶室上的供气单元定义为主供气单元,另一端的驾驶室上的供气单元为辅助供气单元。每套供气单元由空气压缩机、控制装置和空气干燥器等组成。整个供气系统除了为空气制动供气外,还为受电弓升降、客室气动门、空气悬挂系统和刮雨刷等提供压缩空气。

(1) 空气压缩机

空气压缩机组(A2.1)选用 VV120 型,由 3 个往复式压缩气缸、中间冷却器、后冷却器以及驱动电动机(由静态辅助逆变器输出的 AC400V、50Hz 的三相交流电源供电)组成,通过弹簧索弹性地吊在 A 车辆底部,有效地缓冲并降低对车体的震动。在 $10\times10^5\text{Pa}$ 的压强下,空气压缩机组(A2.1)能为列车制动控制系统提供大约 950L/min 的冷却空气。

空气压缩机组工作过程为:空气先通过过滤器后经低压活塞压缩,流过中间冷却器,压力下降,温度升高。高压活塞对低压空气进一步压缩,经后冷却器流入气路系统,最后经空气干燥器干燥。

空气压缩机通过两个安全阀得到过载保护。一个安全阀位于低压活塞和中间冷却器之间(压强设定值为 $5\times10^5\text{Pa}$),另一个位于高压活塞和后冷却器之间(压强设定值为 $14\times10^5\text{Pa}$)。如果一个压缩机能够满足向列车供气的需求,则仅启动主供气单元;如果一个压缩机不能满足向列车供气的需求,并且空气压力下降到 700kPa 以下,则另一台压缩机启动。驾驶室被激活的信号通过列车 FIP 网络传送给微机制动控制单元(EBCU),如果激活的驾驶室发生改变,则空气压缩机的启用也随之变更,采取这样的措施,可以使空气压缩机的工作周期比较均等,可延长设备的使用时间。

(2) 控制装置

空气压缩机的启动和停止是通过微机制动控制单元(EBCU)进行控制的。每个供气单元和制动控制组合模块配有一个压力传感器(A2.8),用于检测总风管(靠近主空气压缩机侧的主风缸)的压力,并且传递信号给 EBCU,EBCU 根据压力传感器显示的总风管压强信号(通常为 $8.4\times10^5\text{Pa}\sim9.5\times10^5\text{Pa}$)来决定空气压缩机的启/停和启用台数,并通过控制空气压缩机的电机继电器的吸合或断开来实现。如果监测到主风缸压强持续下降到 $0.6\times10^5\text{Pa}$,列车安全保护系统会自动触发紧急制动。

该供气单元还装有安全阀(A2.6)来保证制动系统安全,安全阀动作压强为 $10.5\times10^5\text{Pa}$,防止因供风自动控制系统故障而导致主风缸(A6.7)过压。

(3) 空气干燥器

供气单元采用双塔再生式空气干燥器对压缩空气进行干燥,双塔交替工作。在正常工况下,首先向一个空气干燥塔增压,2min 后停止向该塔增压,另外一个空气干燥塔立即开始增压,同样持续增压 2min。也就是说,每一个空气干燥塔都轮流工作 2min。如果某空气干燥塔工作时间不到 2min,空气压缩机就停机了,那么空气干燥器的计时器便会记下该塔的已工作时间。当该空气压缩机再次启动时,计时器将从中断时刻开始计时,因此两个空气干燥塔的工作时间是均等的。

整个供气单元集中在一个安装框架内,空气压缩机吊挂在框内,双塔再生式空气干燥器则安装在框外的横梁上。干燥空气充入主风缸后再经由主风缸管送入各节车的主风缸,再分别进入制动储风缸和空气悬挂风缸等。

2. 微机制动控制单元（EBCU）

每节车都装有一套微机制动控制单元（EBCU）用于制动控制，它是双列车线需求信号、空气制动控制单元（ABCU）和牵引系统之间的界面和桥梁。EBCU控制所有空气制动的常用制动，包括随需求信号和车辆载荷变化而变化的压力值。如果使用电制动，EBCU为电制动和空气制动的混合控制提供了界面划分，从而形成一个完整的制动系统。

EBCU还提供正常运行管理和故障检测，这些信息通过FIP数据传给TIMS系统。数据线也可通过便携式计算机接口做简单的诊断和维修。

常用制动时，EBCU接收所有车辆的空气弹簧平均压力信号，根据该信号计算出该车辆制动所需的制动力，同时将反映车辆质量的载荷信号传送给FIP网络系统，拖车载荷信号通过FIP网络传送到动车的EBCU和牵引控制装置。动车的载荷信号也通过PWM线传送到相应的牵引控制电子装置；牵引控制电子装置经过综合计算后将决定制动力的分配。对于动车，动力制动系统和空气制动系统是同时存在的，这两种制动系统都是由司机控制器或ATO自动驾驶装置控制。无论采用哪种控制，动车随时都能得到连续的动力制动和空气制动。如果制动需求值超过动力制动能力，这时空气制动根据总的制动力要求补充动力制动不足的部分。混合制动的制动缸压力可以不一样，只要动力制动和空气制动的和达到制动所需的值即可。

EBCU还对空气压缩机（A2.1）和空气干燥器（A2.3）进行控制。

3. 制动控制单元（BCU）

制动控制单元（BCU）一般由3部分组成，EP控制板、称重阀和主控阀，具体结构如图10-3所示。安装在拖车A和动车B、C上的BCU由于车辆载荷不同而略有不同。

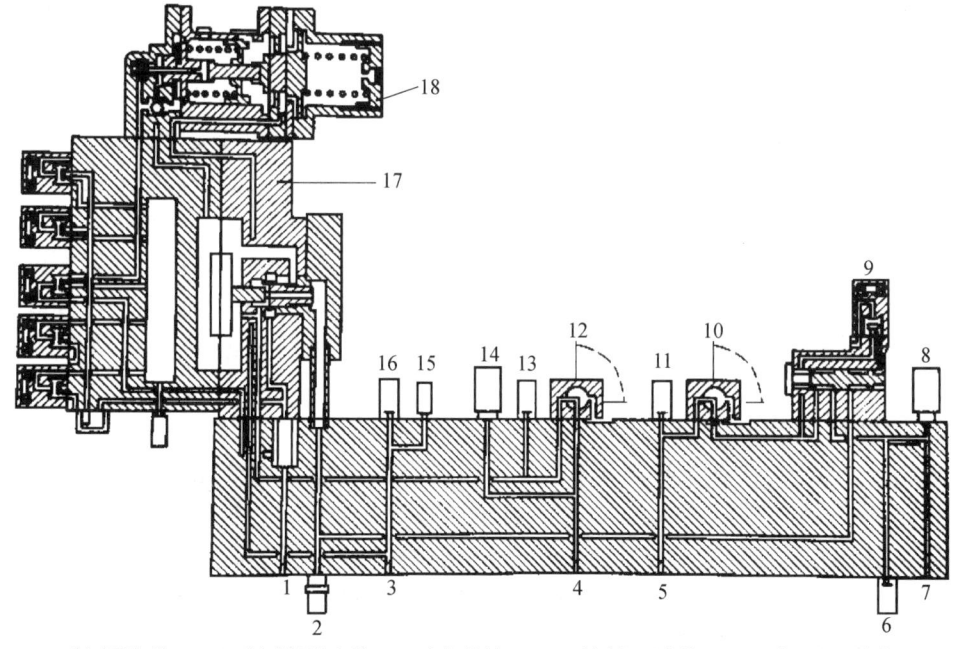

1—制动风缸接口；2—制动机消声器；3—空气簧接口；4—制动机压力接口；5—主风缸压力接口；
6—停车制动测试点；7—停车风缸接口；8—停车制动缓解开关；9—停车制动消声器；10—停车制动截断塞门；
11—主风缸压力测试点；12—主风缸截断塞门；13—单元制动机风缸压力测试点；14—制动机压力开关；
15—空气簧压力转换器；16—空气簧压力测试点；17—主控阀；18—称重阀。

图10-3 制动控制单元（BCU）结构示意图

(1) EP 控制板

EP 控制板是制动控制单元的基座，它是一个阳极氧化铝的管道接口座，除了管道接口外，座上还安装了称重阀、主控阀等其他部件。

EP 控制板上装有钢盖，用以保护 EP 控制板上的各种设备。钢盖上涂有灰色油漆，装在管道接口座的前端，由两个不锈钢插销进行固定，为了保证插销失效时钢盖不会跌落，钢盖上还设有两个安全挂钩。

在管道接口座的背面有 5 个气路连接口（1、3、4、5、7），每个接口都是内螺纹 BSP 型接口，分别连接制动储风缸、空气弹簧、单元制动风缸、主风缸、停放制动风缸。除了这些接口，EP 控制板背面还有一个制动风缸排气端口，该端口前装有一消声器。管道接口座的背面有两个电气接口插座，分别是空气压力转换信号接口 C1 和空气制动控制单元（ABCU）制动信号接口 C2。管道接口座的背面有一个 M10 的安装孔，用于安装接地线；在端盖上部有两个 M6 安装孔，用于元件接地的端口。

管道接口座有 4 个压力测试点（6、11、13、16），可以在不拆除端盖的情况下分别对停车制动风缸压力、主风缸压力、单元制动机风缸压力和空气弹簧压力进行测试。其中停车制动测试点（6）在管道接口座的背面，主风缸压力测试点（11）、单元制动机风缸压力测试点（13）和空气弹簧压力测试点（16）在管道接口座的前面。

(2) 主控阀

主控阀与气-电转换器、制动储风缸、空气弹簧、单元制动机和称重阀等制动设备气路连接。

主控阀的结构组成如图 10-4 所示，主要结构由两部分组成：一部分是电-气转换部分，类似于制动控制系统 KBGM 中的电空制动机的 EP 阀；另一部分是输出放大部分，类似于制动控制系统 KBGM 的均衡阀。

① 电-气转换部分

电-气转换部分主要包括 5 个电磁阀、控制腔室 X（6）和气-电转换器（4）。5 个电磁阀分别是两个缓解电磁阀、两个充气电磁阀和一个紧急电磁阀。缓解电磁阀和充气电磁阀又分粗调和精调。5 个电磁阀的一端都与控制腔室 X（6）连接，两个缓解电磁阀的另一端通向大气，两个充气电磁阀的另一端与制动储风缸连接，紧急电磁阀的另一端与称重阀连接。控制腔室 X（6）除了与电磁阀连通外，还接有一个气-电转换器（4），其功能是将腔室内的气压转换成电信号并反馈给微机制动控制单元（EBCU）。

② 输出放大部分

输出放大部分主要包括控制膜板（3）、控制腔室 Y（8）、控制腔室 A（7）、操纵杆（9）和充/排气阀（10）。控制膜板（3）将主控阀下部隔成两个控制腔室，即控制腔室 Y（8）和控制腔室 A（7）。控制腔室 Y（8）通过称重阀与控制腔室 X（6）连接。控制腔室 A（7）上部有一个操纵杆（9）固定在控制膜板（3）下面，下部有一个进/排气阀（10）。操纵杆在控制膜板的动作下可以上、下移动，向下可顶开进/排气阀（10）的上口并堵住进/排气阀（10）的排气通道；向上则关闭进/排气阀（10）并打开排气通道。当进/排气阀（10）上口被顶开时，制动储风缸（1）和控制腔室 A（7）与单元制动机连接，根据控制腔室 Y（8）的压力向单元制动机输出给定的制动压力空气，实施制动施加。当进/排气阀（10）上口关闭时，制动储风缸（1）和控制腔室 A（7）与单元制动机的连接被切断，排气通道被打开，单元制动机的压力空气从排气通道排出，实施制动缓解。

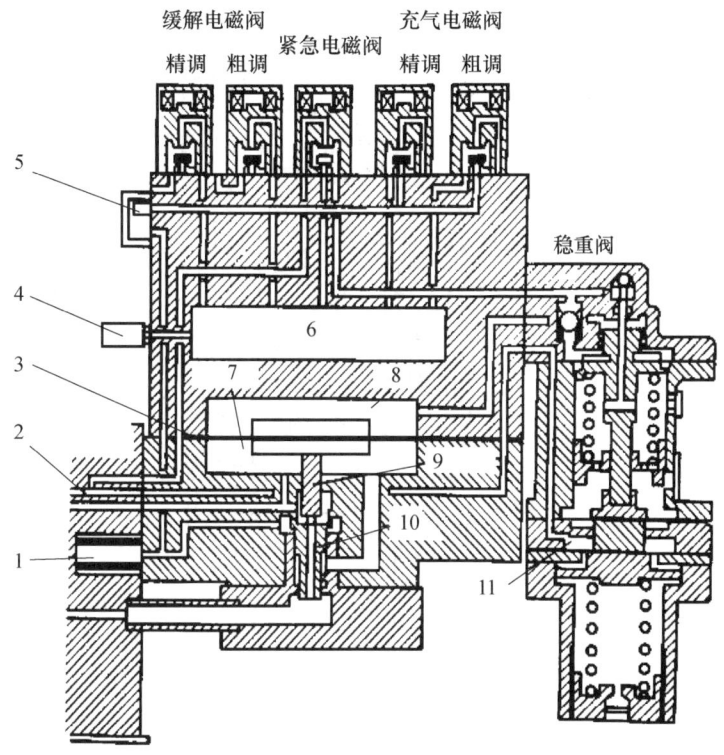

1—制动储风缸；2—通向单元制动机；3—控制膜板；4—气-电转换器；5—过滤网；6—控制腔室 X；
7—控制腔室 A；8—控制腔室 Y；9—操纵杆；10—充/排气阀；11—空气簧压力信号。

图 10-4　主控阀的结构组成

（3）称重阀

称重阀是一种混合压力限制装置，它接收来自空气弹簧系统的控制压力信号，限制 ABCU 向单元制动机输出的空气压力。如果空气弹簧压力信号因某种原因消失，称重阀就假定列车为超载状态，使 ABCU 给出最大超载信号，进而使列车触发紧急制动。称重阀有 3 种规格，可根据车辆载质量进行选择。

称重阀的构造如图 10-5 所示，其上部有一个进/排气阀，与主控阀上的紧急电磁阀连通。来自制动储风缸的压力空气通过紧急电磁阀进入进/排气阀的进气阀座。进/排气阀下是一个输出口，连接主控阀的控制腔室 Y。此外，输出口还连接着一个输出压力室（12）和一个检测阀（11）。阀体中间是两个膜板腔室。主膜板（8）与上膜板（14）之间是排气腔室，里面有一个可上下移动的排气杆（13）。排气杆中间有排气通道（9），主弹簧（7）使排气杆（13）具有恒定的向上作用力。上膜板（14）与下膜板（16）之间是一个控制腔室（15），来自空气弹簧的压力空气就进入这个控制室。下膜板（16）有一个活动阀片，偏置弹簧（5）使下膜板（16）具有向上作用力。当称重阀无来自空气弹簧压力信号时，上膜板、主弹簧、主膜板和排气杆叠加在一起，形成一个向上的力，用排气杆的排气阀座口顶开进/排气阀，使从紧急电磁阀来的压力空气通过进气阀座口进入输出压力室，并通过输出口进入主控阀的控制腔室 Y。这时进入控制腔室 Y 的空气压力最大，可产生最大紧急制动力。

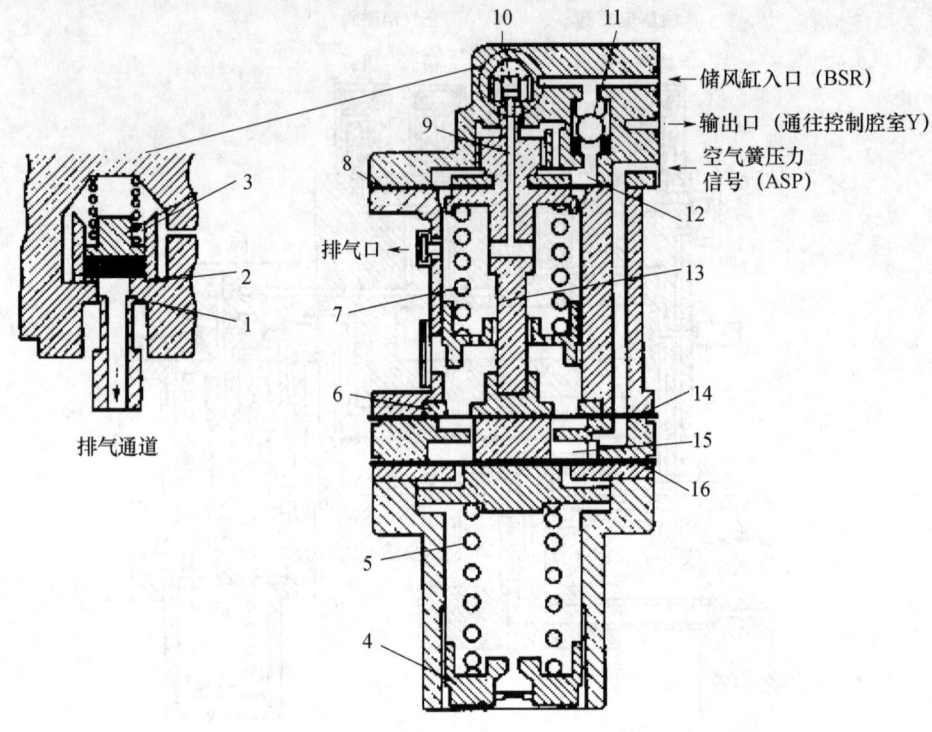

1—排气阀座口；2—进气阀座口；3—进/排气阀；4—偏置弹簧座；5—偏置弹簧；6—膜板圈；7—主弹簧；8—主膜板；9—排气通道；10—进/排气阀；11—检测阀；12—输出压力室；13—排气杆；14—上膜板；15—控制腔室；16—下膜板。

图 10-5 称重阀的构造

当称重阀有来自空气弹簧压力信号时，上膜板（14）和下膜板（16）都与中间滑动块分离，它们之间充满压力空气。压力空气对下膜板（16）和偏置弹簧（7）有向下的作用力，对上膜板和排气杆有向上的作用力，此作用力与空气弹簧压力信号成正比。这时进入控制腔室 Y 的空气压力随着空气弹簧压力变化产生与车辆负载成正比的制动力。

4. 基础制动装置

基础制动采用单侧双闸瓦踏面单元制动机，每个轮对设有 2 个基础制动装置，每台转向架设有 4 个，其中一半带有停放制动功能，在转向架上对角安装。

停放制动由单元制动机上的储能弹簧提供制动力。在车辆无电、无压力空气的情况下，可使列车安全可靠地停放在 35‰ 的坡道上。停放制动可由司机在司机驾驶室内进行整列车的施加操作，或进行充气缓解操作。检修作业或更换闸瓦时，也可通过拔出停放制动缸上的弹簧卸载销进行手动缓解。

任务二　KBWB 模拟式电气指令制动系统的作用原理

一、空气制动控制单元的工作原理

列车在施加常用制动时,微机制动控制单元(EBCU)发出充气指令,两个充气电磁阀得电,开始对控制腔室 X 充气。在充气过程中,气-电转换器不断地把控制腔室 X 内的压力转换成电信号并反馈给 EBCU。EBCU 也不断发出调整指令,直到控制腔室 X 内的压力与指令值精确一致。这时紧急电磁阀处于得电状态,控制腔室 X 与称重阀的进/排气阀相通。如果有来自空气弹簧的压力信号,上膜板和下膜板都与中间滑动块分离,它们之间充满压力空气。排气杆将顶开进/排气阀进气阀座口,使控制腔室 X 的压力空气经输出口进入控制腔室 Y。控制腔室 A 的操纵杆在控制膜板的动作下向下顶开进/排气阀的上口并堵住进/排气阀的排气通道,制动储风缸和控制腔室 A 与单元制动机连接,根据控制腔室 Y 的压力向单元制动机输出给定的制动压力空气,直到控制腔室 A 和控制腔室 Y 平衡,进/排气阀的上口关闭,并堵住进/排气阀的排气通道,施加的制动力与 EBCU 发出的充气指令一致,常用制动时主控阀和称重阀的状态如图 10-6 所示。

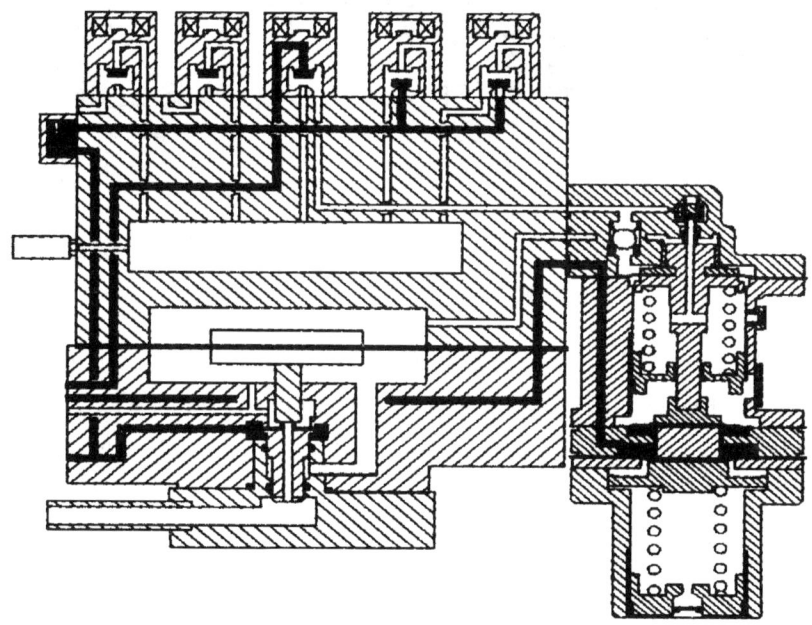

图 10-6　常用制动时主控阀和称重阀的状态

称重阀的功能是用来限制对列车施加过大的制动力,主要在列车施加紧急制动时发挥作用。紧急制动时主控阀和称重阀的状态如图 10-7 所示。在紧急制动时,紧急电磁阀失电,压力空气从制动储风缸直接经紧急电磁阀到达称重阀,中间不受主控阀的控制,而紧急电磁阀也仅仅作为压力空气的通路,对压力大小没有控制作用。此时,如果有来自空气弹簧的压力信号,上膜板和下膜板都与中间滑动块分离,它们之间充满压力空气，称重阀的排气杆顶开进/排气阀的进气阀座口，压力空气从制动储风缸进入输出控制室和控制腔室 Y。输出控制室里的空气压力克服主弹簧和上膜板与中间滑动块间压力，使排气气杆向下移动，直到上膜板与中间滑动块之间的压力消失，进/排气阀的进气阀座口关闭。控制腔室 Y 的压力比常用制动时要高，并且空气弹簧的压力信号越强，控制腔室 Y 的压力也越大。控制腔室 A 的操纵杆在控制膜板的动作下向下移动，顶开进/排气阀的上口并堵住进/排气阀的排气通道。制动储风缸和控制腔室 A 与单元制动机连接，根据控制腔室 Y 的压力向单元制动机输出给定的制动压力空气，直到控制腔室 A 和控制腔室 Y 的空气压力平衡，进/排气阀的上口关闭并仍堵住进/排气阀的排气通道，施加的制动力为受称重阀限制的紧急制动压力。

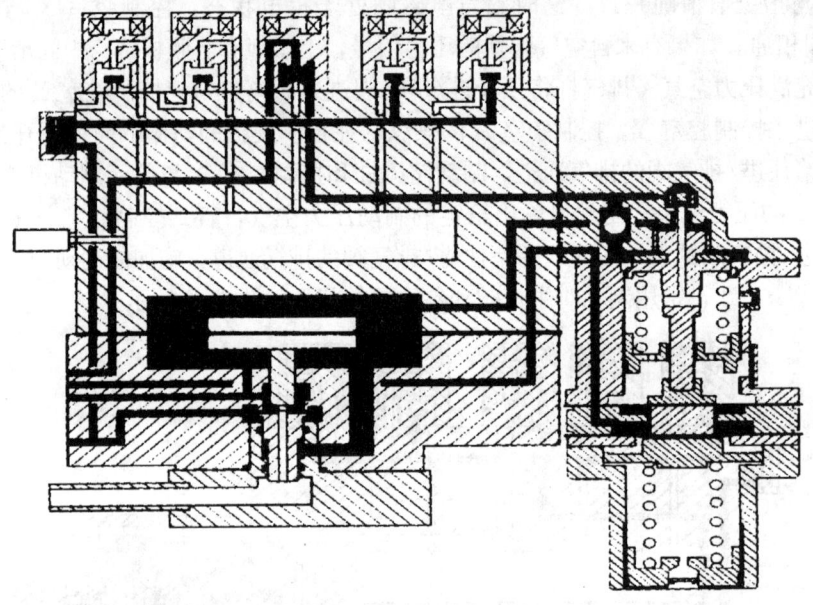

图 10-7　紧急制动时主控阀和称重阀的状态

列车在施加常用制动时，由于控制腔室 X 内的压力是受微机制动控制单元（EBCU）的控制，而 EBCU 的制动指令又是根据车辆负载、车速和制动要求给出的，因此称重阀在施加常用制动的情况下几乎不起作用，仅仅起到预防作用，防止主控阀的 5 个电磁阀控制失灵。

二、防滑控制单元

防滑控制单元（WSP）是微机制动控制单元（EBCU）功能中的一部分。在列车每根车轴的一侧轴箱内都装有一个速度传感器，列车制动时，速度传感器将检测到的速度信号送入 EBCU。EBCU 中的 WSP 接收到速度信号后进行以下两项计算和比较：

① 一根车轴的减速度是否超过了预先设定的参数；
② 所有车轴相对速度水平与预设值比较。

一旦 WSP 监测到某根车轴减速度过快或是某根车轴转速与最大转速的车轴转速之差超出某个值，即判定该轴发生了滑行，需要进行防滑控制。在进行防滑控制时，WSP 通过减小该车轴的制动缸压力来控制车轮滑行的深度。WSP 通过对制动压力的修正能自动将车轮转速调整到最佳水平，以便最大限度地利用黏着系数。

列车的微机牵引控制和EBCU各有一套车轮滑行监测和防护系统。当实施电制动时，微机牵引控制会通过减小电制动力来防止车轮滑行；同时向EBCU提供一个EDB低电位信号，防止EBCU使用空气制动力来补偿。但如果滑行信号持续时间超过2s，将取消电制动，只采用空气制动。

在实施空气制动时，防滑控制是通过微机制动控制单元对安装在转向架上的双防滑阀的通气和排气的控制来实现的。双防滑阀实际上是两个完全对称的单防滑阀的组合，因此每个转向架只需配置一个双防滑阀对两个轮对进行控制。双防滑阀的结构如图10-8所示。

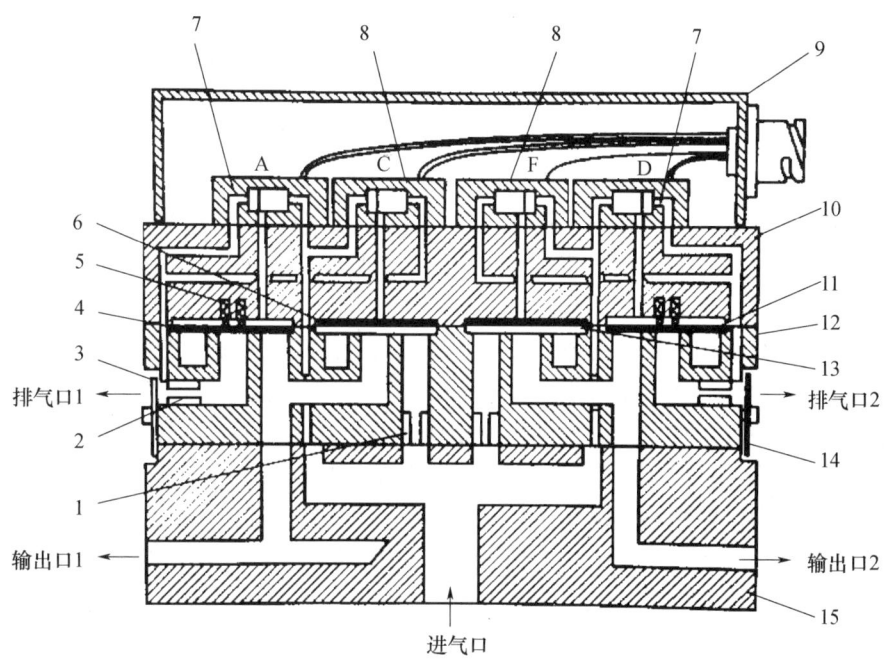

1—进气塞块；2—排气塞块；3—排气阻塞盘；4—膜板排气阀；5—弹簧；6—膜板通气阀；7—排气电磁阀；8—通气电磁阀；9—盖头；10—膜板盖；11—膜板排气阀；12—阀体；13—膜板通气阀；14—排气阻塞盘；15—管板。

图10-8 双防滑阀的通气和排气控制

因为双防滑阀是由两个完全对称的单防滑阀组合而成，所以双防滑阀的工作原理和单防滑阀完全相同，为了叙述方便，下面以单防滑阀为例讲解双防滑阀的工作原理和工作过程。

由图10-8所示，单防滑阀上部有两个电磁阀：通气电磁阀（8）和排气电磁阀（7）。在正常工作时，防滑阀具有3种工况，即通气、保压和排气，对于防滑阀的不同工况，通气电磁阀（8）和排气电磁阀（7）的状态为得电或失电。

1. 通气工况

排气电磁阀（7）A失电（阀板向左），压力空气通过底部的进气口，经过排气电磁阀（7）A作用到膜板排气阀（4）的顶部，加上弹簧（5）的向下压力，膜板排气阀（4）被关闭，排气口1和输出口1也被关闭。同时，通气电磁阀C失电（阀板向左），穿过底部进气口的压力空气不能进入通气电磁阀C。通气电磁阀C的另一端通排气口1，不能作用在膜板通气阀（13）上。进气口的压力空气顶开膜板通气阀（13）的底部，使阀芯离开阀座，进气口和输出口1形成通路，从空气制动控制单元传来的压力空气通过防滑阀进入单元制动机的风缸内。

2. 保压工况

排气电磁阀A失电（阀板向左），压力空气从进气口穿过，作用在膜板排气阀（11）顶部，加上弹簧（5）的向下压力，膜板排气阀（4）被关闭，排气口1和输出口1也被关闭。同时，排气电磁阀C得电（阀板向右），通过底部进气口的压力空气进入通气电磁阀C，作用到膜板通气阀（6）的顶部，膜板通气阀关闭，进气口和排气口的通路同样被关闭，防滑阀保持压力，也就是保证了单元制动机风缸的压力。

3. 排气工况

通气电磁阀C得电（阀板向右），压力空气进入通气电磁阀C，作用到膜板通气阀（13）顶部，膜板通气阀被关闭，进气口和排气口的通路同样被关闭。同时，排气电磁阀A得电（阀板向右），通过膜板排气阀顶部传递的进气压力被切断，原先进入单元制动机风缸的空气压力反过来克服弹簧的向下压力，顶开膜板排气阀，使输出口的压力空气从排气口排出。膜板排气阀顶部的压力空气也经排气电磁阀A排入大气。从进气口来的压力空气不能通过防滑阀，而原先进入单元制动机风缸的压力空气被排放到大气中去。

防滑阀在通常情况下处于失电的状况，即通常处于通气状态。这时，从空气制动控制单元主控阀来的压力空气全部经过防滑阀进入单元制动机风缸，产生预定的制动力。如果某个轮对出现滑行现象，微机制动控制单元将进行相应的动作，使该轮对对应的防滑阀开始排气动作，将单元制动机风缸中的部分空气排向大气，直至滑行现象消除后再分阶段恢复制动力。防滑阀的动作反应速度由安装在进/排气口内的阻塞盘的大小决定。由于防滑阀串联在制动通路上，紧急制动期间防滑功能依然有效。当紧急制动缓解时，制动缸内的空气经EP控制板上的消声器排向大气。

为确保制动系统的安全性，每个转向架的双防滑阀的输出量都受到控制，并且每个速度信号都被监视。在正常情况下，动力制动引起的滑行由微机牵引控制系统控制，空气制动引起的滑行由空气制动控制单元控制。在动力制动模式下，如果出现较大距离的滑行，制动控制单元将发送给微机牵引控制系统的防滑控制单元的信号设为高电平。当微机牵引控制系统检测到该输入信号为高电平时，制动力就迅速降为零。当制动力保持为零时，电制动失效。当防滑控制单元输入信号再次变为低电平时，制动力逐渐恢复。

进行防滑控制时，制动力分两个阶段逐渐回升：第一阶段，以接近冲击极限的速率回升，直到制动力达到设定值；第二阶段，制动力再逐渐回升，直至达到滑行出现时的制动力值，此时防滑控制完成。这个滑行修正的参数能达到优化系统控制的目的，并将反复出现滑行的可能性降到最低。

三、制动控制过程

KBWB模拟式电气指令制动系统采用模拟电-空联合制动控制方法。其控制原理如图10-9所示。每个微机制动控制单元（EBCU）控制同一节车的两个转向架。电气指令由驾驶台上的司机控制器（DCH）发出，采用脉宽调制（PWM）的方式进行无级控制。

项目十 KBWB 模拟式电气指令制动系统

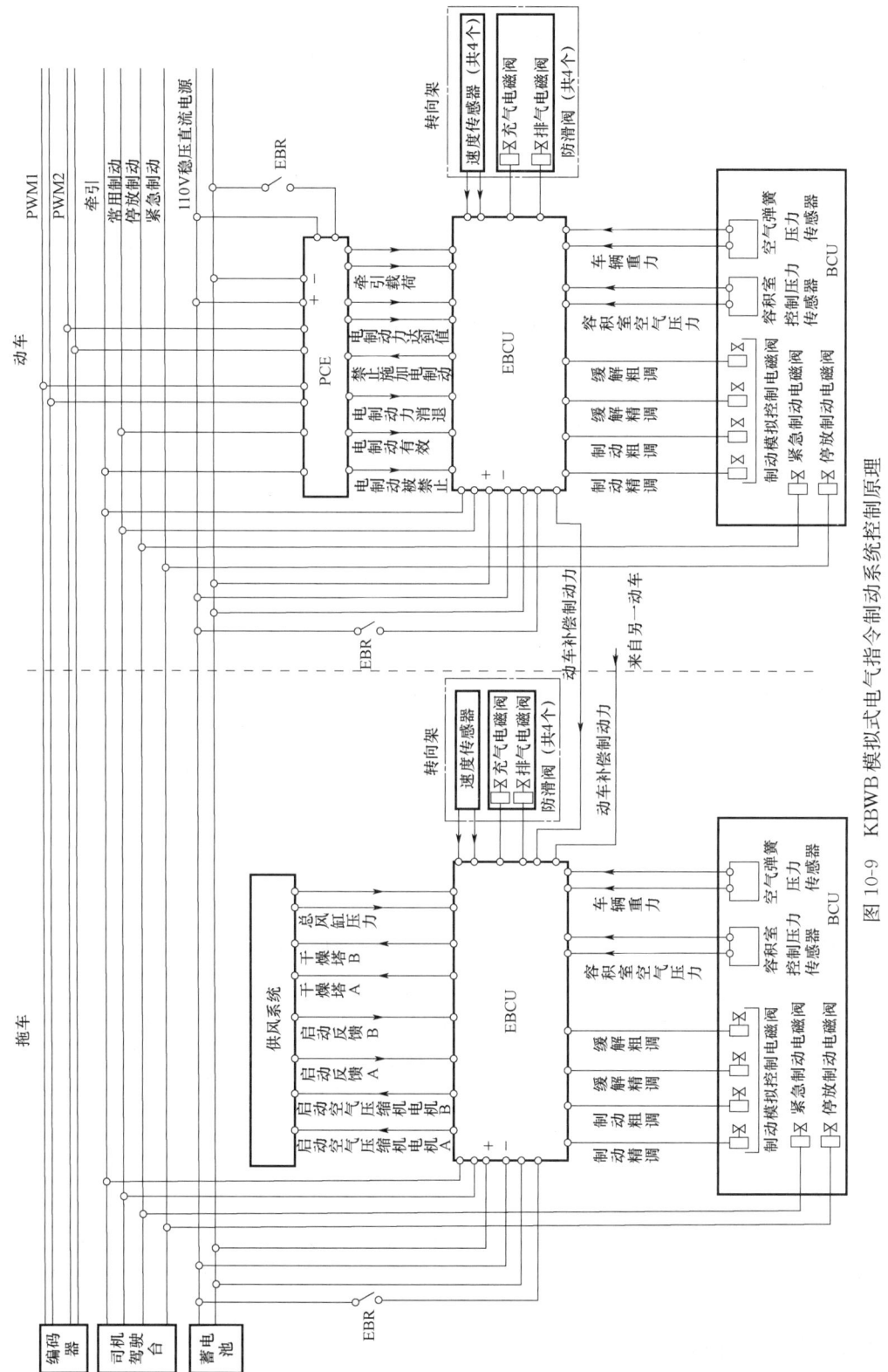

图 10-9 KBWB 模拟式电气指令制动系统控制原理

1. 输入信号

(1) 制动指令线：根据司机手柄的位置由 Encode 编码器下达的指令，该指令是两个脉宽调制信号（2PWM）。

(2) 制动信号 LV：高电平时保持制动命令，防止车辆停车前的冲动，使车辆平稳停车。

(3) 负载信号的传递线：拖车载重信号将通过 FIP 线传输到动车的微机制动控制单元的装置上。

(4) 紧急制动控制信号：跳过电子制动控制信号系统，直接驱动微机制动控制单元中的紧急阀动作时安全保护信号。

(5) 保持制动信号：防止车辆在停止时溜车。

2. 控制原理

(1) 司机控制器或 ATO 发出制动信号，制动列车线被激活，发出制动指令。动车微机牵引控制单元、微机制动控制单元及拖车微机制动控制单元经过对电制动信号、电制动实际值和电制动滑行等综合计算后进行判断，如果运行速度在 18km/h 以上时，使用的主要制动模式是电制动，空气制动为辅；当列车运行速度在 18km/h 以下时，电制动失效，空气制动单元发出空气制动指令，制动控制功能由空气制动单元独立完成。

(2) 控制制动力大小的电流信号被编码器编译成两个 PWM 信号，PWM 信号由 PWM 列车线输出。

(3) PWM 信号触发牵引系统单元的逆变元件，所有电机减速。为了使制动力效果最好，同时兼顾冲击极限的限制，总的制动力应综合考虑空气制动的载荷要求。

(4) 当司机控制手柄发出最大制动力指令时，制动列车线被激活，它将提供最大制动力（快速制动），达到紧急制动性能（减速度为 $1.3m/s^2$）。快速制动和紧急制动最大的区别是，快速制动是可逆的，当司机控制手柄离开快速制动位置时，快速制动失效；紧急制动是不可逆的，一旦发生紧急制动，紧急制动将一直保持直到列车停止。

3. 控制过程

(1) 常用制动和快速制动

微机牵引控制单元、微机制动控制单元同时接收来自牵引和制动列车线的信号，并根据这些信号判定列车的运行工况。列车制动时，微机牵引控制单元、微机制动控制单元会同时接收到 PWM 制动减速度脉宽调制信号（一个来自 PWM1，一个来自 PWM2），并判断这两个信号的大小，取其中较大值作为制动减速度需求值。拖车的微机制动控制单元根据本车载重计算出所需制动力的大小，通过 FIP 网络向动车微机牵引控制单元发送本车的车载信号（PWM）。动车的微机牵引控制单元根据动车的载重再加上 50% 的拖车载重计算出所需电制动的大小。

列车在实施电制动时，再生制动和电阻制动交替使用。在再生制动的条件不满足的情况下（网压高于 DC180V 或附近没有其他车辆能够接受电能），再生制动能平稳地转到电阻制动。在整个运行速度范围内，电阻制动能单独满足制动的要求。当电制动力不足时，动车和拖车分别根据各自车辆所接收的制动指令，同时施加空气制动。制动过程中可能出现以下 3 种情况：

① 如果电制动有效，微机牵引控制单元会给本车微机制动控制单元发送"电制动

有效"指令,禁止微机制动控制单元施加空气制动。当电制动持续施加到需求值后,微机牵引控制单元向微机制动控制单元发送"电制动力已施加××"的PWM信号。如果电制动力足够,微机制动控制单元控制空气制动控制单元不动作;如果电制动力达不到减速度要求,微机制动控制单元会控制空气制动控制单元进行空气制动补偿。

② 当电制动开始关闭时,微机牵引控制单元会向微机制动控制单元发送"电制动关闭"信号,微机制动控制单元立即进行补偿,最终可实现电空制动的平滑过渡。

③ 如果电制动无效,微机牵引控制单元会给本车微机制动控制单元发送"电制动被禁止"指令,微机制动控制单元立即施加空气制动,同时向拖车微机制动控制单元发送"动车补偿制动力无效"指令,通知拖车自行施加所需制动力。在电制动失效或紧急制动过程中,空气制动将替代电制动且根据列车车载质量全部施加空气制动。当列车低速运行时,由空气制动代替电制动,实施"保持制动"使整列车停车。当车辆起动时,"保持制动"由牵引指令根据车辆牵引力的不断增大进行缓解,防止因牵引力不足时制动先完全缓解而造成列车倒退。如果某车的空气制动缓解出现故障,可以操作安装在车端电气柜内的三通阀,隔断该车制动储风缸与总风管的通路。这时,制动储风缸的进气口会与车体底架下的排气口相通,排出制动储风缸内的空气。当制动储风缸空气压力下降后,制动控制单元主控阀旁通管上的止回阀(检测阀)打开,单元制动机缸内的压力空气经三通阀排向大气,实现强迫缓解。

(2) 紧急制动

列车的紧急制动是指在某些特殊情况下,对列车采取的紧急停车措施,或者因为某些故障或失误,造成的列车紧急停车。能够引起列车进行紧急制动的情况有:①人工驾驶时,松开(一般超过5s)司机控制室内的警惕装置;②按下司机控制台上的紧急制动按钮;③列车脱钩;④紧急列车线环路中断或失电;⑤主风缸压力过低;⑥列车控制系统ATC发出紧急制动指令等。

在电气控制线路中有一个EBR触点与列车自动保护(ATP)及模式开关等联锁。列车正常运行中EBR触点始终吸合,紧急制动列车线与紧急制动电磁阀常得电。当触发紧急制动,EBR触点断开,动车微机制动控制单元(EBCU)接收到紧急制动信号后立即向牵引控制电子装置(PCE)发出"禁止电制动"信号,实施空气制动。在紧急制动期间,所有动车的牵引电源被立即切断,只有当列车完全停下来后才可以缓解。

紧急制动电磁阀是一种双入口大口径电磁阀,列车运行时常带电。在正常状态下,紧急制动电磁阀与制动储风缸相连的入口关闭,与控制腔室X相通的入口打开。触发紧急制动时,紧急制动电磁阀失电,与制动储风缸相通的入口立即开启,与控制腔室X相通的入口关闭,制动储风缸内的空气经空重车调整阀进入主控阀控制腔室Y,顶开进/排气阀,快速响应紧急指令,施加紧急制动压力。紧急制动力的大小由空重车调整阀根据车辆载荷来进行调整。

(3) 停放制动

停放制动是列车在停车时,为了防止列车溜坡而施加的制动。停放制动不受微机制动控制单元(EBCU)的控制。司机按下停放制动按钮,停放制动列车线与停放制动电磁阀失电,立即施加停放制动(此时的制动力是依靠制动缸里产生的弹簧的弹力)。当司机再次按下停放制动按钮时,停放制动列车线得电,只要总风管空气压力高于某设定值,将压力空气送入停放制动缸便能克服停车弹簧压力,使停放制动缓解。

EP 控制板内有一个停放制动缓解压力开关来显示停放制动的施加和缓解。司机可通过控制停放制动电磁阀来实施停放制动,以测试停放制动的性能及状态。

四、列车制动力分配

在列车编组中,动车具有动力制动和空气制动,而拖车只能进行空气制动。在制动工况情况下,各车之间存在着制动力协调的问题。根据动力制动优先的原则,最大限度地利用动车的电制动,尽可能少地采用空气制动。因此,列车制动力的分配十分重要。

上海明珠线 AC03 型列车采用的是"拖车空气制动滞后控制"(分散式滞后充气制动控制)。这种控制方法的原则是:列车所需制动力首先由动车的电制动承担,根据空电联合制动运算,不足部分先由动车的空气制动力进行补充;如果仍然不足,最后使用拖车的空气制动再次进行补充。

以上海明珠线 AC03 型列车的制动过程为例,进行如下说明。

列车制动开始,首先由全部动车进行电制动,如果动车电制动力不能满足制动减速度的要求,那么由动车上的空气制动进行补充。在超载工况(一般指车载量达到 AW3 工况)下,如果动车总制动力(动力制动与空气制动的制动力之和)不能满足制动减速度的要求,拖车空气制动立即自动补足。

动车空气制动的补充受到该车载质量的限制,因为电制动力的设定不能超过空气制动力的黏着限制,而空气制动力的黏着限制比电制动的期望黏着系数低得多。AC03 型列车设计规定:如果动车电制动力不能满足制动减速度的要求,那么动车空气制动立即进行补充。动车上的电制动力和空气制动力的总和最大可利用到 15% 的黏着。因此,当列车减速度为 $1.0 m/s^2$ 时,动车空气制动力限定只能使用到 10.2% 的黏着,不足部分立即由拖车自动补充;当列车运行速度低于 5km/h 时,电制动全部关闭,这时只有空气制动;当列车运行速度低于 0.5km/h 时,空气制动力开始减小;当列车完全停车时,空气制动减小到常用全制动力的 70%,并一直保持到列车重新开始牵引为止。

在电制动正常关闭之前,每辆动车的微机牵引控制单元会向本车微机制动电子单元发送电制动关闭的信号。微机制动电子单元根据该信号逐渐增加空气制动进行补足。

课后习题

1. 简述 KBWB 模拟式电气指令制动系统的特点。
2. 简述 KBWB 模拟式电气指令制动系统的组成部分。
3. 简述空气压缩机的工作过程。
4. 主控阀主要由哪两部分构成?它们各自的功能是什么?
5. 分析防滑阀工作时的三种工况。
6. 简述 KBWB 制动系统中常用制动的工作过程。
7. 简述 KBWB 制动系统中紧急制动的工作过程。
8. 分析 KBWB 制动系统中停放制动的工作原理。
9. 简述上海明珠线 AC03 型列车的制动过程。

项目十一　城市轨道交通车辆制动系统检修

任务一　城轨车辆制动系统检修工艺的基本认知

制动系统是城市轨道交通车辆至关重要的安全系统，必须时刻保持良好的状态，因此做好制动系统的维护保养工作是城市轨道交通车辆检修工作的重点之一。城市轨道交通车辆的制动系统的维修保养工作必须做到：①每天出车之前必须对车辆的制动系统仔细检查，回库后必须进行必要的维护保养工作，对运营中出现的故障必须查找出原因，及时修理并记录；②在车辆定期检查和修理时，包括定修、架修和大修，严格按照检修规程对制动系统各零部件进行检查、更换、测试和修理，这也是保证制动系统安全运营的重要一环；③为了保证制动系统维修的质量，还必须配备一些精度高、效率高的专用检修和检测设备。

我国的城市轨道交通车辆的制动系统借鉴了现行铁路行业机车车辆定期检修与日常维修保养相结合的检修制度。按城市轨道交通车辆的主要零部件的损伤规律，制订了日检、月检、定修、架修和大修等由初级到高级、不同级别的检修修程。各个修程的作业范围和检修程度不同，合理分工，既保证车辆的安全运行，又能减少不必要的重复修。

一、日检

日检是每天必须对城市轨道交通车辆进行的检查。日检一般放在每天的运营结束，且列车回库后进行。日检的目的是保证车辆的正常运营，所以日检的主要内容是针对车辆运营安全至关重要的部位，例如走行部的转向架、轮对、齿轮箱悬挂装置、联轴器和轴承箱，制动系统的空气压缩机组、单元制动机的闸瓦，车门控制系统，以及车载信号设备等进行例行检查，保证在第二天出车前，车辆能够处于良好状态，所以过去也将日检称为例检。

空气制动系统对城市轨道交通车辆的安全是非常重要的，制动系统从某种意义上来说，甚至比牵引系统更重要。制动系统日检的主要内容为以下4项。

1. 空气压缩机组

用眼观测空气压缩机组外表，应无外伤或悬挂松动；用耳聆听空气压缩机组工作声音，应无明显异常杂音。驱动直流电机换向器和碳刷应无烧灼痕迹。

2. 空气干燥器

检查空气干燥器（塔）悬挂是否松动，排气口是否堵塞。

3. 单元制动机

检查闸瓦是否破碎或磨耗到限；检查锁紧片、橡胶保护套、闸瓦卡簧及其螺栓是否脱落或损伤。

4. 各种阀门和管路

检查各种阀门开闭位置是否正确,阀门和管路的连接处是否有泄漏。

二、月检

月检是城市轨道交通车辆日常维修的重要一环,是每个月进行一次的车辆保养和检查。月检对制动系统的检查与日检基本相同。但月检与日检最大的区别是需要做动态牵引试验和制动试验。试验在试车线上进行,牵引试验包括 0~36km/h、0~60km/h、0~80km/h;制动试验包括 40km/h、60km/h、80km/h 常用制动及 40km/h、60km/h 快速制动。如果试车线较长,还应做 80km/h 快速制动试验。

三、定修

定修属于计划修,是一种预防性的检修,一般每 10 万公里或每一年进行一次。定修对重要的大部件做较细致的检查;对检查后发现故障的部件进行修理;对易损零件进行更换。

城市轨道交通车辆制动系统的定修主要包括以下内容:

1. 空气压缩机组

(1) 检查悬挂吊绳是否完好、连接是否牢固。

(2) 更换空压机油。

(3) 清洗油浴式过滤器。

2. 空气干燥器(塔)

(1) 清洗排污口。

(2) 用湿度计测量检查出口空气的湿度,一般不能大于 35%。

3. 单元制动机

(1) 测量闸瓦与踏面之间的间隙,测量闸瓦厚度,如果到限位应立即更换。

(2) 检查停车制动功能,包括人工缓解。

4. 风缸

对风缸排水,检查塞门是否泄漏。制动系统的其他检查与月检相同。此外,定修列车最后还要进行静态和动态的调试与试验。对制动系统的静态调试包括以下 4 项:

(1) 复核、调整制动空气压缩机的压力开关。

(2) 检查防滑阀功能。

(3) 常用全制动和紧急制动功能试验。

(4) 停车制动及缓解试验。

对城市轨道交通制动系统的动态调试和试验包括以下 3 项:

(1) 动车启动及收车试验。

(2) 低速牵引、制动试验。

(3) 制动试验,包括以下内容:

① 40km/h、60km/h 和 80km/h 常用制动;

② 40km/h、60km/h 紧急制动。

四、架修和大修

1. 架修和大修的性质

城市轨道交通车辆的架修和大修都属于高级别的定期维修,即时间性预防维修。架修和大修是以使用时间或运行里程作为检修期限的;只要车辆使用到预先的时间或运行里程,无论车辆的技术状态如何,都要进行规定的检修工作,这是一种带强制性的预防维修方式。

架修和大修的主要依据为机件的磨耗规律,即当车辆运用一定时间或走行一定里程后,某些零部件会产生一定程度的磨损,磨损严重时会影响其正常工作和安全,甚至会出现故障或造成事故。通过对车辆零部件损伤的大量统计资料进行分析研究后,把车辆的不同损伤规律和损伤速度的零部件科学地划分成若干组,并确定出不同零件的损伤极限,从而规定出不同修程的修理期限和修理范围。这样,使车辆在运用中得到有计划的修理,即零件尚未达到极限损伤之前就加以修复或更换,所以是预防性的、有计划的修理。

我国城市轨道交通车辆的架修一般是每 50 万公里或每 5 年进行一次;架修和铁路客车的段修类似。车辆架修主要是恢复性修理,架修时应对车辆进行全面检查,但重点是车辆的走行部(转向架)、车钩缓冲装置和空气制动系统等部件。对车辆在运营中已发现的各种故障和损伤应彻底修复,按架修限度规定更换磨损过限的零件,保证各零部件作用良好,减少架修后投运中的临修作业,以提高车辆的使用效率。架修时首先将列车解钩,然后对其大部件进行拆卸,如转向架、牵引电机、车钩、空调机组、车门、制动控制单元和单元制动机等。这些拆卸下来的大部件分别送入各个专业班组进行检查和修理。还有一些大部件则留在车上进行检查,如牵引斩波器(逆变器)、辅助逆变器等。此外,有些只能在现场作业的项目,如地板、内饰等也在车上修理。架修的最后阶段是进行组装和调试。

大修是最高级别的车辆修理,一般是每 100 万公里或每 10 年进行一次。城市轨道交通车辆的大修与铁路客车的大修类似,大多在轨道车辆修理厂内进行,也有送回原车辆制造厂进行大修的。车辆大修的目的是对车辆做彻底的检查和修理,使其恢复新车出厂时的功能和标准。大修除了覆盖架修内容外,还要更换车轮、轴承、内饰和橡胶件等零部件。大修时对车辆进行全面细致的检查,对主要部件按大修限度进行更换或彻底修理。大修还有一个额外任务,如果通过长期运营后发现车辆的个别部件设计有问题,应请求相关部门修改设计方案并重新制造部件,在大修过程中更换;如果有的零部件其应用技术经过 10 年时间后已经被淘汰,相关部门还需对车辆进行必要的现代化新技术改造,以提高城轨车辆的质量;最后,车体还要进行整修和油漆喷涂。

2. 制动系统的架修和大修

在车辆的架修和大修过程中,制动系统既是个重要的环节,又是个庞大的工作量。架修和大修中制动系统的内容及零件数量很多。有的部件虽然由其他专业拆装,例如单元制动机由转向架负责拆装,但检修仍由制动组负责完成;有的部件不属于制动系统,例如车门驱动气缸,也由制动组进行检修。

(1) 空气压缩机组

无论架修还是大修,都要拆解空气压缩机组。将空气压缩机组拆解后,清洗各个零部件，检查内部零部件是否有损坏或损伤，尺寸是否符合要求。清洗空气压缩机外表及冷却器叶片。冷却器叶片应无积垢，外表补漆时应该均匀完整。对需要润滑的各零部件用油脂润滑。组装空气压缩机，并与电机重新连接后上空气压缩机综合试验台进行整机试验。

（2）空气干燥器（塔）

分解空气干燥器，清洗零部件并检查其是否完好、有无堵塞，特别是排污机构。重新组装空气干燥器，更换干燥剂。对排污功能进行测试，测试功能应良好。空气干燥器外表重新油漆。

（3）单元制动机

对单元制动机做外观清扫并冲洗积尘和污垢。松开闸瓦连接螺栓、螺母，取下挡圈环，抽出扭簧心轴，取下吊臂。拧下定位弹簧螺套，对弹簧片进行清洁后涂上薄层钙基润滑脂（黄油）。

将单元制动机吊至试验台进行功能及泄漏测试。其试验步骤如下：

① 安装吊臂、扭簧心轴和扭簧并将挡圈环扣好，扭簧和心轴涂上薄层黄油，螺杆表面也涂上黄油。

② 将闸瓦托连接螺栓插上，并将螺母加一弹簧垫圈拧紧。清洁和检查皮腔，有无裂纹、损伤，并对其润滑。更换闸瓦、安装应牢固。

③ 架修时不分解制动缸，大修时应分解制动缸并清洁内腔和活塞，检查活塞和弹簧，更换活塞环。

（4）空气制动控制系统

将空气制动控制系统的各种阀和压力开关分解，对阀进行检查、清洁和润滑；对气动单件在组合单元试验台上测试其电磁阀和气动阀的功能。重新组装阀及压力开关，安装位置正确，安装牢固。

① 防滑阀：清洁防滑阀的表面，应无积垢、无灰尘。对防滑阀进行检查、清洁和润滑，应无损伤、裂纹。测试防滑阀的功能，功能应良好，且无泄漏，电磁线圈绝缘性能良好。

② 双针压力表：拆卸并清洁压力表，外部面应无积尘、无积垢，表面玻璃清晰、干净。对压力表进行检查，应无损伤、无裂纹、无变形，玻璃无碎裂。校验压力表，使其指示正确，性能良好。表面安装位置正确。

③ 各种测试接头：清洁各种测试接头，应无积垢、无灰尘。对各种测试接头进行检查，有无损伤、裂纹和变形。检查各种测试接头的功能，功能应良好，无泄漏。

④ 过滤器：

a. 拆卸过滤器，去除滤网面及内部的杂物，清洗后擦拭干净。

b. 安装过滤器，安装位置正确、牢固。

⑤ 安全阀：架修和大修后，一般应更换所有的安全阀。

⑥ 其他：除了制动系统外，一般制动组（工段、车间）还要承担其他气动部件的修理，例如车门驱动气缸、刮雨器、气喇叭和二系悬挂高度阀等。

3. 制动系统架修和大修后的调试

城市轨道交通车辆与铁路车辆最大的不同就是列车有固定的编组，而不是像铁路客车或货车可任意编组。因此，架修或大修后的列车必须进行列车调试。制动系统是架修和大修后的调试重点，调试分为静调和动调。

（1）与制动系统有关的静调

静调在静调线上进行。静调线上有接触网 DC1500V，下有检修地沟，还有可登车顶的梯子，检查和作业都很方便。制动系统静调的主要内容有以下 8 个方面：

① 列车初始状态的检查：检查所有开关、闸刀的位置。

② 列车得电检查：检查供电是否正常，蓄电池电压测量。

③ 驾驶室得电检查：用司机钥匙打开主控制器。

④ 停车制动检查：驾驶室操作。

⑤ 牵引控制单元静调：用便携式计算机发出模拟指令，检查牵引和制动电路输出响应。

⑥ 气路和压力表检查（2kg）。

⑦ 制动压力检查（3kg）。

⑧ 轮径设置。

（2）与制动系统有关的动调

动调在试车线上进行。制动系统动调的主要内容有以下 8 个方面：

① 库内低速运行和制动试验：列车出静调线时要低速运行，检查列车动作是否正常，驾驶室面板信号显示是否正常，各种指示灯显示是否正确。

② 车轮直径校正运行：速度低于 28km/h。

③ 紧急牵引试验：全牵引工况。

④ 常用制动试验：40km/h、60km/h 和 80km/h 常用全制动。

⑤ 快速制动试验：在 20km/h、40km/h、60km/h 和 80km/h 条件下，制动距离分别小于 17m、65m、130m 和 190m。

⑥ 紧急制动试验：在 20km/h、40km/h、60km/h 和 80km/h 条件下，制动距离分别小于 17m、56m、120m 和 180m。

⑦ 电制动失效制动试验：切除部分动车制动，检查空气制动补偿作用。

⑧ 牵引特性试验：检查列车在全牵引、全制动运行下的工况。

任务二　城轨车辆制动系统维修设备的认知

城市轨道交通车辆的维修要达到高质量、高水平，仅有工艺的保证还不够，还需要有设备方面的保证。一个好的工艺过程要靠好的设备来配合。因此，维修制动系统必须有一套完整的、齐备的设施和设备，同时还应拥有运输、动力等辅助设备及仪器、仪表和工具等各种检测手段。

根据制动系统工艺的过程，配置的工具和设备为专用拆装工装、清洗设备、液压机和空气压缩机检修套装工具等；配置的专用试验设备为空气压缩机综合试验台、单元制动机试验台、电磁阀和气动阀试验台等。

此外，制动系统维修后要做动态试验，必须配置试车线。试车线长度一般要超过

2km，越长越好，且不应小于 1.5km，否则不安全。若试车线小于 1.5km，80km/h 速度的牵引和制动试验几乎不能做。如果轨道黏着差，高速度情况下制动距离拉长，容易冲出线路止挡。同时，试验线一般要求道岔少些，轨道平直些，试验结果才比较准确。

试车线两侧应竖立停车、缓行、鸣号和限速等警示标志，随时提醒司机和测试工作人员注意安全。有些试车线在端头设计有地沟，供试车时临时检查车底用。

制动系统维修用的拆装工装、清洗和检修工具及设备与一般机修维修基本相同，本书不再专门介绍。

一、空气压缩机综合试验台

空气压缩机综合试验台用于对空气压缩机总成的试验，对维修后的空气压缩机进行磨合，检测排气量、工作温升降台，压缩机启动性能等综合测试。

空气压缩机综合试验台设备的外观如图 11-1 所示，主要由空气压缩机组、操作控制台、电源柜、稳压缸、储风缸等组成。整个测试过程中，试验数据由计算机进行记录并存储。

图 11-1 空气压缩机综合试验台设备

架修和大修时，空气压缩机是必须完全拆解的。拆解后的各个零部件经清洗、检查、修理和更换后再重新组装起来。空气压缩机组装后，要对需要润滑的各零部件用油脂润滑，并与电机重新连接后至空气压缩机综合试验台进行整机试验。

一般空气压缩机综合试验台是一个用钢铁型材焊接的架子，可以用螺栓或螺丝将空气压缩机和驱动电机一起固定在架子上。空气压缩机和驱动电机用联轴节连接。空气压缩机输入与压力控制装置、空气过滤装置以及空气压缩机输出与储风缸都采用软管连接。驱动电机和试验电源用电缆连接。温度传感器、压力控制装置与试验台用控制电线连接。

空气压缩机的功能和压力、温度参数由空气压缩机制造商提供，用于选择压力传感器和温度传感器。驱动电机的输入电压如果是 DC1500V，还需要增加一套直流高压开关装置。

试验一般进行 3h 左右，也可以按照制造商或用户的特别要求指定。试验时，空气压缩机上的测温点温度、储风缸压力受到空气压缩机控制装置控制并且被显示和记录。

由于空气压缩机和电机运转时的噪声很大，试验操作人员应在一个带隔声玻璃观察窗的隔断室内工作。

二、单元制动机试验台

单元制动机试验台是用于对单元制动机的常用制动缸和停车制动缸的动作测试、漏泄测试、制动杆机械力测试、自动间隙调整器测试和停车缓解装置测试等。

单元制动机试验台（图 11-2）是一个用钢材焊接成的平台，一侧用于固定单元制动机，另一侧为测量装置。测量装置有一根导轨，导轨上有一个行程限制器，可顺着导轨前后移动或固定。行程限制器对着单元制动机一侧装有一个压力传感器，导轨上有标尺刻度，可读出行程限制器移动的距离。

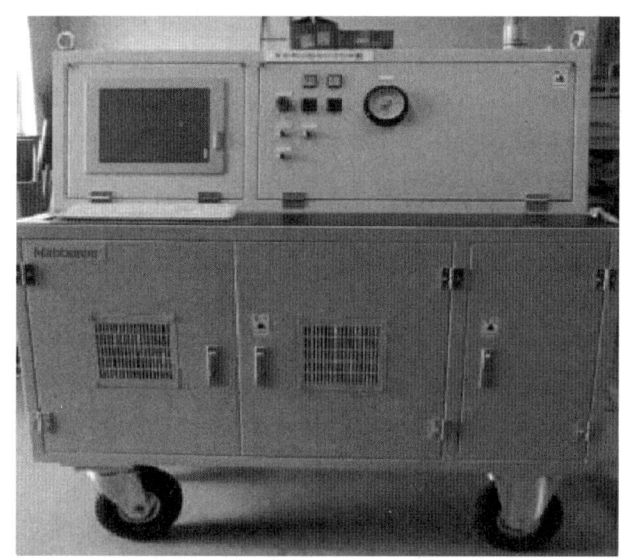

图 11-2 单元制动机试验台设备

试验时，首先将单元制动机拆去闸瓦托，只留下制动缸和制动杆。用螺栓或螺丝把制动缸固定在试验台上，用软管连接压缩空气源和制动缸，进气时可推动制动缸活塞使制动杆推伸。

将行程限制器固定在导轨某个位置，对制动缸充气，进行单元制动机的常用制动缸的动作测试。对制动缸保压一段时间并观察压力表数值，计算制动缸漏泄参数。

在制动缸充气时，制动杆顶住压力传感器，可以读出制动杆机械力的数值并进行记录。调整行程限制器的位置，观察制动杆机械力和制动杆延伸距离，可以测试制动缸活塞行程和自动间隙调整器是否符合要求。

对带有停车制动的单元制动机，也将单元制动机拆去闸瓦托，只留下制动缸和制动杆。试验过程与上述相同，只是增加停车制动缸的试验。对停车制动缸充气，进行停车制动缸的制动缓解动作测试。对停车制动缸保压一段时间并观察压力表数值，计算漏泄参数。排气后，施加停车制动，观察制动杆机械力，即弹簧动力的大小。拔出停车制动销，观察缓解停车制动弹簧后制动杆的动作和距离。放回停车制动销，再次对停车制动缸充气和排气，观察恢复停车制动功能后的制动和缓解动作。

用于设计单元制动机试验台的单元制动机功能和压力参数，以及安装尺寸应由单元制动机制造商提供。为了试验的安全，应在被试验的制动机风缸和测量装置上面加盖一个金属网罩，防止试件断裂飞出伤人。

三、气动单件及组合单元试验台

气动单件及组合单元试验台用于对空气干燥器（塔）、制动电磁阀、缓解电磁阀、中继阀、紧急电磁阀和空重车调整阀等各种气动单件及组合单元的测试，包括功能测试、漏泄测试和电气测试等。

气动单件及组合单元试验台实际上是一个气源加显示的多路接口架。各种电磁阀及气阀可以在该试验台上找到合适的电源和气源，然后根据功能和压力、电气参数输入气流或电流，模拟该阀在制动系统中的各种状态，压力表则显示输出的气流压力数值。输入电源或气源可细调，输入输出参数可以通过记录仪画出曲线。

气动单件及组合单元试验台不仅可以测试单个阀，也可以通过特殊接口测试组合气阀。

气动单件及组合单元试验台的总气源是经过过滤和干燥的压缩空气，通过分配网将特定的压力输送到接口。空气压力参数、电气参数以及各气动单件及组合单元的安装尺寸应由制造商提供，用于测试接口的连接和固定。

任务三　城轨车辆制动系统调试

一、概述

对新造和修竣的城市轨道交通列车，其制动系统的调试是非常重要的工作。只有经过对整个系统制动性能的综合调试合格后，城轨列车才可以上线运行。

调试试验目的：

(1) 确认压缩空气设备的气密性和动作是否正常。

(2) 确认车辆在静止和动态状态下制动性能和动作是否正常。

一般调试试验所需的设备见表 11-1。

表 11-1　一般调试试验所需的设备

序号	设备（仪表）名称	数量	序号	设备（仪表）名称	数量
1	数字压力表	1块	9	司机钥匙	1把
2	风管	1套	10	三角钥匙	1把
3	管路连接件及塞门	1套	11	四角钥匙	1把
4	数字万用表	1块	12	钳工工具	1套
5	相序表	1块	13	秒表	1个
6	插针	1根/人	14	1~5V 可调电源	1个
7	头灯	1个/人	15	电空演算专用试验连接器	1套
8	对讲机	2部			

二、城轨车辆制动系统静态调试

城市轨道交通列车静态调试是在列车组装完成或者检修完成后进行，通常是在专门的调试车间进行。

1. 静态调试流程

管路检查→空气压缩机系统试验→检查双针压力表→列车泄漏试验→总风低压开关试验→停放制动试验→常用制动强迫缓解塞门试验→空气制动试验→电空演算试验→制动监视回路试验→车静止防滑试验

2. 制动系统静态调试步骤

（1）管路检查

检查确认所有车管路，确认安装连接正确，关键部件应无损伤、无缺失。

（2）空气压缩机系统试验

空气压缩机运转前准备：

① 对空气压缩机以及干燥器的外观检查，确认安装连接正确、固定。

② 空气压缩机油位检查，观察油镜，确认油位在规定位置。

③ 确认U、V、W三相无混相。

（3）空气压缩机控制线路及启动线路的检查

① 闭合接地开关箱内所有与空气压缩机有关的接地开关。

② 闭合空气压缩机压力控制断路器，按下空气压缩机按钮，相应端子处应有110V。

③ 闭合空气压缩机控制单元内部开关，当总风压力低于（800±10）kPa时，压力控制继电器应得电。

④ 测量空气压缩机控制断路器上应有110V。

⑤ 闭合空气压缩机控制断路器，其接触器应得电，空气压缩机正常启动。

⑥ 闭合空开，空气压缩机干燥单元应该工作。

⑦ 将空气压缩机启动按钮复位，通过点动空气压缩机启动按钮，每次5~10s，观察扇叶转向方向是否与标志一致。

⑧ 如一切正常，使空压机连续运转2~3min，检查各部位是否有异常。

⑨ 关闭的空气压缩机，用前8个步骤对其进行检查。

（4）空气压缩机启动试验

① 将总风管侧排风截断塞门关闭。

② 按下空气压缩机启动按钮，闭合空气压缩机压力控制断路器、空气压缩机控制断路器、空气压缩机断路器、干燥器开关。

③ 检查空气压缩机压力开关的动作压力值。

④ 在空气压缩机正常停止工作时，打开总风缸排水塞门时，总风压力下降。

⑤ 当总风压力下降至830kPa时，缓慢排风。

⑥ 当总风压力下降至（800±10）kPa时，空气压缩机压力开关动作，空气压缩机开始工作，关闭总风缸排水塞门。

⑦ 当总风压力下降至（900±10）kPa时，空气压缩机压力开关动作，空气压缩机停止工作。

⑧ 断开空气压缩机控制断路器，按照以上步骤对空气压缩机进行试验，试验结束恢复所有塞门和空开。

(5) 空气压缩机同时启动试验

① 闭合空气压缩机压力控制断路器，空气压缩机同时启动断路器，按下空气压缩机启动按钮，闭合空气压缩机控制断路器、空气压缩机断路器。

② 截断总风缸截断塞门。

③ 打开总风缸排水塞门排风，当风压降至（800±10）kPa时，空气压缩机应同时启动。

④ 恢复总风截断塞门，当风压升至（900±10）kPa时，空气压缩机应同时停止工作。

(6) 空气压缩机强迫启动试验

① 闭合空气压缩机压力控制断路器CMGN，按下空压机启动按钮2SB01，分别闭合另外两车的CMCN空压机控制断路器、CMN空压机断路器。

② 当总风缸压力高于800kPa，低于900kPa时，即空气压缩机处于正常停止状态。

③ 一直按压司机台上的强迫启动按钮，两台空气压缩机应同时启动。

④ 松开司机台上的强迫启动按钮，两台空气压缩机应同时停止工作。

(7) 安全阀动作试验

① 截断总风截断塞门。

② 闭合空气压缩机压力控制断路器CMGN，按下空气压缩机启动按钮2SB01，分别闭合另外两车的CMCN空气压缩机控制断路器、CMN空气压缩机断路器。

③ 在司机室按下强迫启动按钮，空气压缩机强迫启动。

④ 当总风压力达到（900±20）kPa时，安全阀应打开，开始排风。

⑤ 松开强迫启动按钮，断开CMGN空气压缩机控制断路器，闭合另外一个CMGN空气压缩机控制断路器。

⑥ 在司机室按下强迫启动按钮，使之强迫启动。

⑦ 当总风缸压力达到（900±20）kPa时，安全阀应打开，开始排风。

⑧ 试验结束，恢复所有塞门和空开。

3. 检查双针压力表

看两车的双针压力表管路连接是否正确。

4. 列车泄漏试验

(1) 车辆处于缓解状态，将总风缸压力充至900kPa，当压力稳定（压力下降50kPa）后，开始保压。

(2) 保压5min，总风缸压力下降不得超过15kPa。

(3) 车辆处于缓解状态，将总风缸压力充至900kPa，当压力稳定（压力下降50kPa）后，开始保压。

(4) 截断由总风缸向制动风缸供风的截断塞门C5、C7，车辆施加紧急制动，制动缸压力保持5min，压力下降不得超过10kPa。从制动风缸排水塞门接压力表进行测量。

5. 总风低压开关试验

(1) 启动空气压缩机，向系统充入900kPa压力空气。

(2) 关闭2车的空气压缩机。

（3）司机控制器置于缓解位。

（4）打开 1 车总风缸排水塞门使总风压力降至 650kPa，然后将总风缸排水塞门调至微微排风的状态，缓慢降低总风压力，当总风压力降到（600±20）kPa 时，总风缸压力不足继电器失电，列车出现紧急制动。

（5）启动 2 车的空气压缩机，司控器打在 FB 位。

（6）总风压力升至（700±20）kPa 时，总风压力不足，继电器应得电，车辆紧急制动应被缓解。

（7）重复以上步骤对总风压力开关进行试验。

6. 停放制动试验

（1）停放制动动作确认

① 列车总风缸压力在 800~900kPa。

② 司控器手柄打在 FB 位，确认所有车辆施加快速制动。

③ 在司机室将停放制动施加缓解按钮置于 ON 位，监控屏内停车制动应显示 ON。

④ 将司控器手柄置于缓解位，确认紧急制动被缓解，停放制动仍然施加。

⑤ 将司控器手柄置于 FB 位。

⑥ 牵拉手动缓解绳。

⑦ 司控器手柄置于缓解位。

⑧ 确认停放制动被缓解。

⑨ 司控器手柄置于紧急位。

⑩ 在司机室将停放制动施加缓解按钮置于 OFF 位。

⑪ 司控器手柄置于缓解位，确定停放制动被缓解。

（2）停放制动用压力开关确认

① 列车总风压力为 800~900kPa。

② 关闭空气压缩机的电源，打开总风缸排水塞门，使总风压力下降。

③ 测试停放制动用的空气开关动作值。

④ 当总风管压力下降至（500±10）kPa 时，停放制动用压力开关应动作，在监视屏上显示 ON。

⑤ 启动空气压缩机为制动系统充风。

⑥ 当总风管压力下降至（700±10）kPa 时，停放制动用压力开关应动作，在监视屏上显示 OFF。

7. 常用制动强迫缓解塞门试验

（1）将司控器手柄置于最大常用制动位。

（2）按顺序截断各个转向架附近电触点截断塞门。

（3）截断时，本转向架上的制动应被缓解，并且监控屏上显示 OFF。

（4）按顺序恢复各个转向架附近的电触点截断塞门。

（5）恢复之后，本转向架上的制动应被重新施加，并且监控屏上显示 ON。

8. 空气制动试验

（1）准备工作

① 所有管路塞门处于正常位置。

② 截断空气簧的截断塞门 B4。
③ 通过 QI 调整模拟空气簧压力。
④ AS 压力，T_c、T 车空车（AW0）为 200kPa；满车（AW3）为 455kPa。
⑤ AS 压力，M_p、M 车空车（AW0）为 230kPa；满车（AW3）为 450kPa。
(2) 常用制动试验

以某数字指令式的制动系统为例测定各级常用制动时的 BC 压力见表 11-2，公差为 ±20kPa。

表 11-2 各级常用制动时 BC 压力值表 （单位：kPa）

级位	缓解	B1	B2	B3	B4	B5	B6	B7	快速
T_c、T 车 AW0	0	32	64	96	129	161	193	225	260
M_p、M 车 AW0	0	41	81	122	163	204	244	285	325
T_c、T 车 AW3	0	57	114	171	229	286	343	400	465
M_p、M 车 AW3	0	62	124	186	249	311	373	435	500

(3) 紧急制动试验
① 测定紧急制动压力，列车施加紧急制动时的压力。
② 通过操作警惕装置，在缓解或制动 1~3 级，应该施加紧急制动，压力表应指示正确。
③ 按下紧急制动按钮，列车应施加紧急制动，压力表应指示正确。
④ 当总风压力低于（600±10）kPa 时，列车应施加紧急制动，压力表应指示正确。各级紧急制动时的 BC 压力见表 11-3。

表 11-3 各级紧急制动时的压力值表 （单位：kPa）

级位	空车	满车
T_c、T 车	260±20	460±20
M_p、M 车	325±20	500±20

(4) 坡道启动制动试验
① 按下坡道启动按钮，测定坡道启动施加制动压力。
② 坡道启动时的压力相当于最大常用制动压力的 3/7。
9. 电空演算试验
(1) 准备
① 关闭本车的 VVVF 和本单元的 BECN。
② 将其中 2041、2411 号线短路。
③ 拆下 VVVF 的插头，接上试验用的插头。
④ 截断空气簧的截断塞门，通过 QI 调整模拟车辆空气簧压力。
⑤ 准备结束，回复 VVVF 和 BECN 空开。
(2) 试验开始
① 将司控器手柄置于 B7 位。
② 用可调电源调整电压值，通过制动控制单元观察输出的 BC 压力是否符合标准。

③ AS压力、T_c、T车空车（AW0）为200kPa，满车（AW3）为455kPa。
④ AS压力、M_p、M车空车（AW0）为230kPa，满车（AW3）为450kPa。
（3）电气制动力指令的确认
① 测定各常用指令时的电气制动力指令压力。
② 通过司控器手柄给出常用制动指令。
③ 测量试验装置上的2420号线（＋）号线和2421（－）号线之间的指令电压，见表11-4。

表11-4 制动指令电压表

缓解	B1	B2	B3	B4	B5	B6	B7	快速
空车	2	2.95	3.90	4.85	5.79	6.40	6.40	6.40
满车	2	3.55	5.11	6.66	8.22	8.98	8.98	8.98

（4）牵引载重试验
① 测定对应空气簧压力的牵引载重信号。
② 测量试验装置上的2420（＋）号线和2421（－）号线之间的指令电压，见表11-5。

表11-5 牵引指令

级位		AS电压
空车	T_c、T车 M_p、M车	200 230
满车	T_c、T车 M_p、M车	455 450

10. 制动监视回路
（1）制动不足回路试验
① 将司控器手柄置于缓解位。
② 截断指控控制单元后的制动供风塞门。
③ 将司控器手柄从位迅速打到常用最大，测定此时到紧急制动施加的时间。
④ 测定时间为（3.5±1）s。
⑤ 确认监视器是否显示了检测出制动不足。
（2）制动不缓解回路试验
① 按下紧急制动按钮，拆下制动控制单元内部的连接器。
② 恢复紧急制动按钮，将司控器手柄打到快速制动位后迅速打到缓解位，测定此时到监控器显示不缓解的时间。
③ 监控屏内部缓解指示应显示ON，同时，车侧的制动不缓解指示灯应该亮。
④ 不缓解反应时间为（5.0±1）s。
⑤ 操作司机台上的强迫缓解按钮，确认制动缸排气。
⑥ 恢复所有按钮及连接器，指示灯该灭。

11. 车辆静态防滑试验
确认防滑阀的动作。

(1) 按下制动控制单元内 ASC TEST 开关。

(2) 车辆按照1轴→2轴→3轴→4轴的顺序进行防滑阀动作确认。

12. 司机台上的制动不缓解指示灯

(1) 当司控器手柄在 N 位和制动位时，该灯亮。

(2) 当司控器手柄在牵引位时，该灯熄灭。

13. 试验后整理

试验后整理是试验后一个比较重要的环节，同时也是关系到地铁的质量与性能较关键的一步，故务必细心完成。要求如下：

(1) 被调试完成的部位一定要按要求恢复其原样，被螺丝紧固的设备应重新被紧固，对设备作维护。

(2) 将试验所用工具整理收拾齐整，以备下次试验时使用。

14. 注意事项

(1) 在车下进行试验时注意人身安全，防止夹伤及意外发生。

(2) 注意用电安全，尤其是中压试验时，要确认好相序后再送电。

(3) 输入和检查软件时，要确认好版本。

(4) 试验完毕后要及时准确地填写记录本，并由本人签字确认。

三、制动系统动态调试步骤

1. 动态调试流程

车辆迁至动调环线→开始运行→常用制动→快速制动→紧急制动→填写记录

2. 动态调试步骤

(1) 常用制动

① 施加牵引，列车开始运行。

② 列车在运行状态下分别施加各个级位常用制动，确认列车减速、停车。

③ 停车后，手柄回到零位，列车处于保持制动状态。

④ 再次施加牵引，保持制动缓解，列车可以牵引。

(2) 快速制动

① 施加牵引，列车开始运行。

② 列车在运行状态下施加快速制动，确认列车减速、停车。

(3) 紧急制动

① 施加牵引，列车开始运行。

② 列车在运行状态下施加紧急制动，确认列车减速、停车。

③ 在另一个司机室重新做以上试验。

课后习题

1. 城轨车辆制动系统的检修修程一般有哪些？各自的特点是什么？

2. 制动系统维修常用设备有哪些？具体作用是什么？

3. 简述城轨车辆制动系统的静态调试步骤。

4. 简述城轨车辆制动系统的动态调试步骤。

参考文献

[1] 张喜全. 电力牵引传动及控制[M]. 北京：中国铁道出版社，2012.
[2] 华平，唐春林. 城市轨道交通车辆电气控制[M]. 北京：机械工业出版社，2017.
[3] 王月明. 城市轨道交通列车制动[M]. 北京：科学出版社，2014.
[4] 王慧. 城市轨道交通车辆制动系统[M]. 成都：西南交通大学出版社，2015.
[5] 杨鲁会，卢桂云. 城市轨道交通车辆制动系统[M]. 北京：中国铁道出版社，2012.
[6] 应云飞，秦娟兰. 城市轨道交通车辆制动系统[M]. 成都：西南交通大学出版社，2016.
[7] 刘柱军，佟关林. 城市轨道交通车辆制动系统[M]. 北京：人民交通出版社股份有限公司，2013.
[8] 谢维达. 电力牵引与控制[M]. 北京：中国铁道出版社，2010.
[9] 殳企平. 城市轨道交通车辆制动技术[M]. 北京：知识产权出版社，2011.
[10] 史富强，曹双胜. 城市轨道交通车辆制动技术[M]. 重庆：重庆大学出版社，2014.
[11] 饶忠. 列车制动[M]. 北京：中国铁道出版社，2012.
[12] 王月明. 动车组制动技术[M]. 北京：中国铁道出版社，2010.